西安鱼化寨

(肆)

西安市文物保护考古研究院　编著

科学出版社

北京

内 容 简 介

本书系西安鱼化寨遗址田野考古发掘报告。鱼化寨遗址位于西安西郊皂河西岸的二级台地上，发现于1937年，是关中地区发现较早的史前遗址之一。2002年10月至2005年5月，西安市文物保护考古研究院对鱼化寨遗址进行了全面勘探和重点发掘，总发掘面积2861平方米，共发现各类遗迹531处，其中房址107座、灰坑255座、灶址29座、窑址1座、壕沟2条、土坑墓14座，瓮棺墓123座，文化内涵十分丰富，时间跨度较大，是一处大型史前环壕聚落遗址。本书全面系统地公布了此次考古发掘的遗迹与遗物，为研究关中地区老官台文化、仰韶文化和龙山文化提供了重要的实物资料。

本书适合于新石器时代考古、先秦史的研究人员以及大专院校相关专业师生参考、阅读。

图书在版编目（CIP）数据

西安鱼化寨 / 西安市文物保护考古研究院编著. —北京：科学出版社，2017.2
ISBN 978-7-03-044319-9

Ⅰ.①西… Ⅱ.①西… Ⅲ.①史前文化-文化遗址-发掘报告-西安市 Ⅳ.①K878.05

中国版本图书馆CIP数据核字（2015）第103290号

责任编辑：张亚娜 / 责任校对：邹慧卿 钟 洋 彭 涛
责任印制：肖 兴 / 封面设计：美光制版

科学出版社 出版
北京东黄城根北街16号
邮政编码：100717
http://www.sciencep.com

北京新华印刷有限公司 印刷
科学出版社发行 各地新华书店经销

*

2017年2月第 一 版　　开本：889×1194　1/16
2017年2月第一次印刷　　印张：97　插页：144
字数：3 290 000

定价：1800.00元（全四册）

（如有印装质量问题，我社负责调换）

彩版一

1. 鱼化寨遗址地貌

2. 鱼化寨遗址发掘前地貌（由东北向西南）

鱼化寨遗址地貌

彩版二

1. 石兴邦（左一）、巩启明（左三）先生在发掘现场

2. 张宏彦先生（左三）在整理现场

3. 张弛（左四）、戴向明（左五）、任晓燕（左三）、乔红（左二）在报告整理期间参观

4. 赵春青（左一）、魏兴涛（左三）在整理期间参观

5. 胡松梅（左二）在鉴定动物骨

6. 2003年全国省级考古所所长培训班学员参观鱼化寨遗址

发掘与整理期间指导、参观的专家

彩版三

1. 筹划

2. 观察

3. 绘图

4. 绘图

5. 制作卡片

6. 器物照相

报告整理工作

彩版四

1. F8

2. F79

F8、F79陶器组合

彩版五

1. F97

2. M2

F97、M2陶器组合

彩版六

1. M3

2. M8

M3、M8随葬陶器组合

1. M10

2. M12

M10、M12随葬陶器组合

彩版八

1. M14

2. W40

M14、W40随葬陶器组合

彩版九

1. W70

2. W73

W70、W73随葬陶器组合

彩版一〇

1. H235:14
2. H200:15
3. F63:3
4. F79:13
5. H106:7
6. M2:1

陶瓶

彩版一一

1. M3:4
2. M5:1
3. W70:5
4. W73:6
5. H76:23
6. H187:16

陶瓶

彩版一二

1. H146:7
2. W89:2
3. W86:2
4. W42:2
5. W1:2
6. W43:2

陶盆

彩版一三

1. W68:2

2. H82:3

3. T0717G1⑩:4

4. W104:2

5. H120:1

6. H35:27

陶盆

彩版一四

1. M10:4
2. M9:3
3. M12:4
4. F79:14
5. M3:3
6. M13:2

陶罐

彩版一五

1. M8:3
2. M14:2
3. W40:5
4. W44:4
5. T0712⑥:4
6. H183:2

陶罐

彩版一六

1. F8:18
2. F8:17
3. F20:50
4. F79:21
5. F79:22
6. W44:5

陶罐

彩版一七

1. F28:17

2. F84:25

3. F84:31

4. F1:6

5. T0917③:14

6. F97:25

陶罐

彩版一八

1. F97:34
2. F11:9
3. T0517②:9
4. H129:4
5. H72:8
6. H130:16

陶罐

彩版一九

1. F76:10
2. H202:6
3. W116:2
4. W47:2
5. W73:3
6. W73:4

陶钵

彩版二〇

1. W40:3
2. W123:2
3. M2:3
4. M5:2
5. M12:2
6. M9:1

陶钵

彩版二一

1. M10:1
2. M14:4
3. F8:7
4. F79:60
5. W62:2
6. W67:2

陶钵

彩版二二

1. W110:2

2. T0716G1⑫:1

3. F77:11

4. W77:2

5. H123:1

6. H204:1

陶钵

彩版二三

1. W87:1
2. W71:1
3. W90:1
4. W49:1
5. W50:1
6. W52:1

陶瓮

彩版二四

1. 瓮（W70:1）
2. 瓮（F84:9）
3. 瓮（W68:1）
4. 瓮（W3:1）
5. 壶（M12:1）
6. 壶（M10:3）

陶器

彩版二五

1. 壶（M14:1）　　　2. 壶（M4:1）
3. 壶（F8:45）　　　4. 壶（F8:44）
5. 壶（F8:43）　　　6. 盂（M7:1）

陶器

彩版二六

1. 盂（M9:2）
2. 盂（M11:1）
3. 釜（F97:27）
4. 釜（T0916G1⑤:20）
5. 瓿（H222:1）
6. 杯（H59:34）

陶器

彩版二七

1. 器盖（F84:33）

2. 器盖（H43:34）

3. 器盖（H63:35）

4. 器盖（H72:18）

5. 漏斗（H64:12）

6. 陶塑（H36:29）

陶器

彩版二八

1. 圆陶片（T0916G1⑪:14）

2. 圆陶片（T0809G2⑧:16-2）

3. 圆陶片（0620③:19-1）

4. 刀（T0916G1⑦:8）

5. 刀（H130:40）

6. 锉（F8:55）

陶器

彩版二九

1. 斧（T0719③:1）
2. 锛（T0809G2⑥:23）
3. 笄（H35:71）
4. 笄（H90:40）
5. 笄（H137:32）
6. 坠饰（T1312⑤:3）

玉器

彩版三〇

1. T0617G1⑤:1
2. T0314⑧:10
3. F77:14
4. F79:67
5. H29:23
6. M8:5

石锛

彩版三一

1. 铲（H225:8）　　2. 铲（T1014③:38）
3. 凿（T0314⑩:14）　　4. 磨棒（T0717G1⑧:14）
5. 纺轮（H119:30）　　6. 砧（F8:52）

石器

彩版三二

1. 研磨器 (H185:7)

2. 刮削器 (T0717G1⑤:26)

3. 饰件 (T0314⑧:1)

4. 坠饰 (T1013⑦:20)

5. 坠饰 (H179:10)

6. 坠饰 (W18:3)

石器

彩版三三

1. 铲（T0816⑪:23正面）

2. 铲（T0816⑪:23背面）

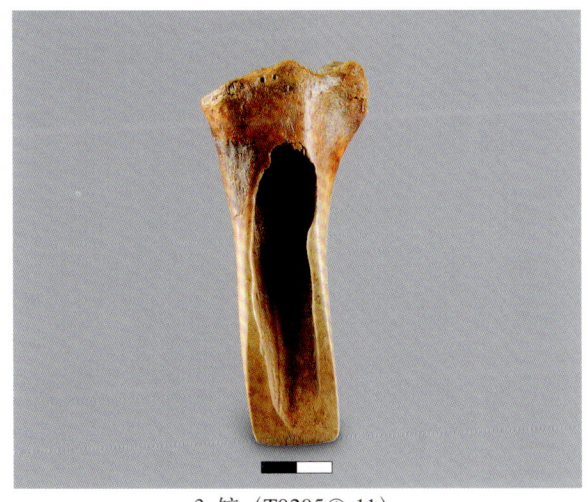

3. 铲（T0205④:11）

4. 凿（T0314③:31）

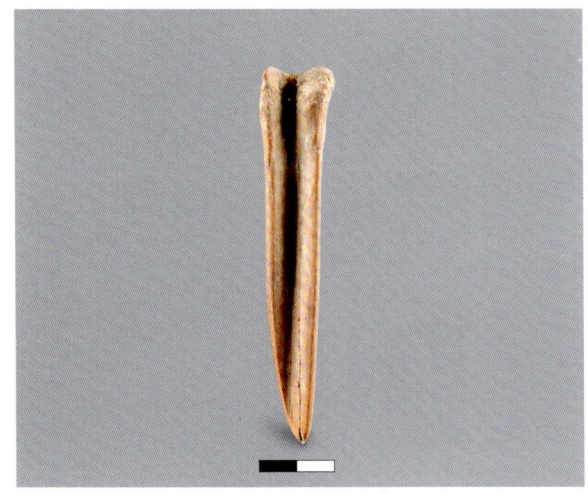

5. 锥（T0611⑨:15）

6. 锥（H177:10）

骨器

彩版三四

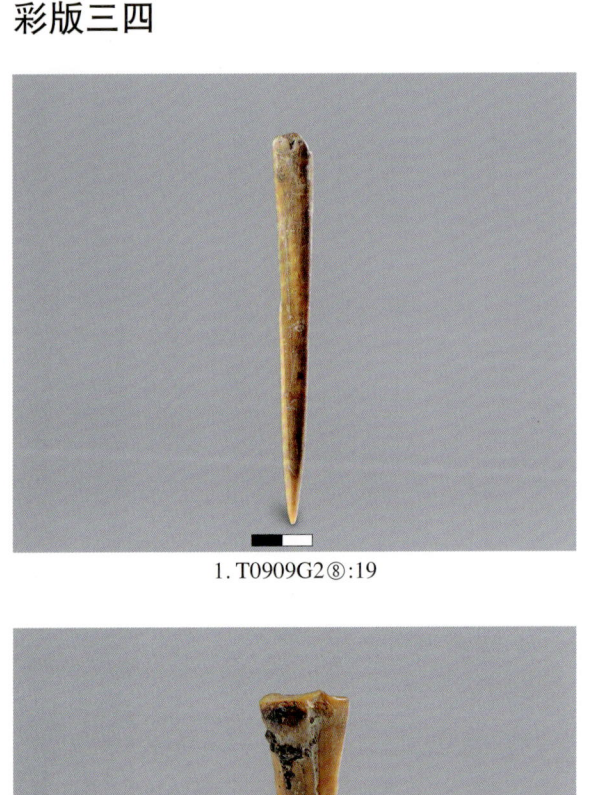
1. T0909G2⑧:19

2. T0916G1⑧:15

3. T0512⑧:1

4. T0809G2⑥:25

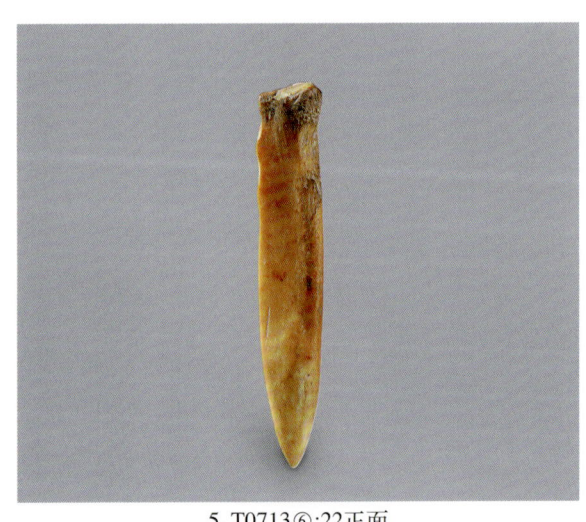
5. T0713⑥:22正面

6. T0713⑥:22背面

骨锥

彩版三五

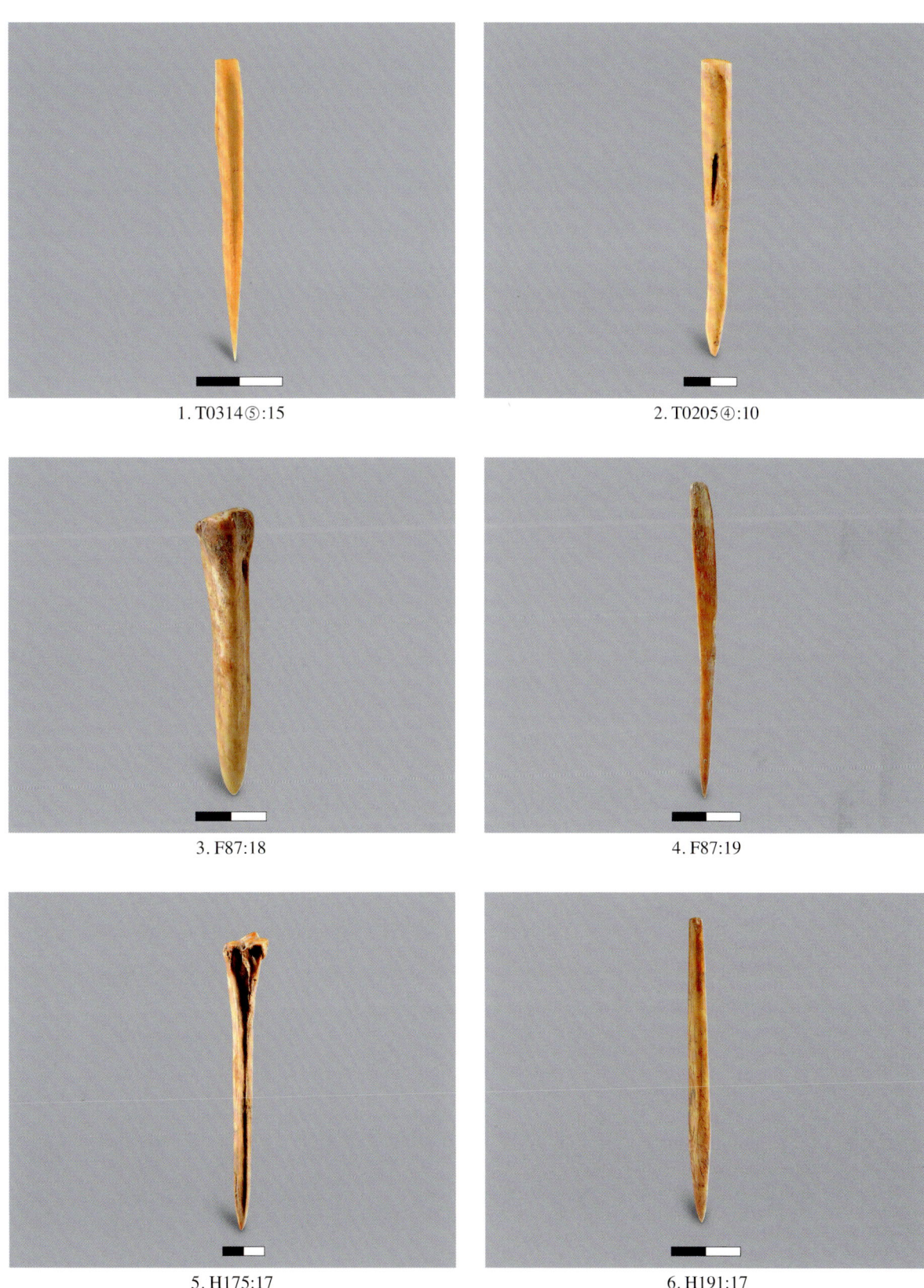

1. T0314⑤:15
2. T0205④:10
3. F87:18
4. F87:19
5. H175:17
6. H191:17

骨锥

彩版三六

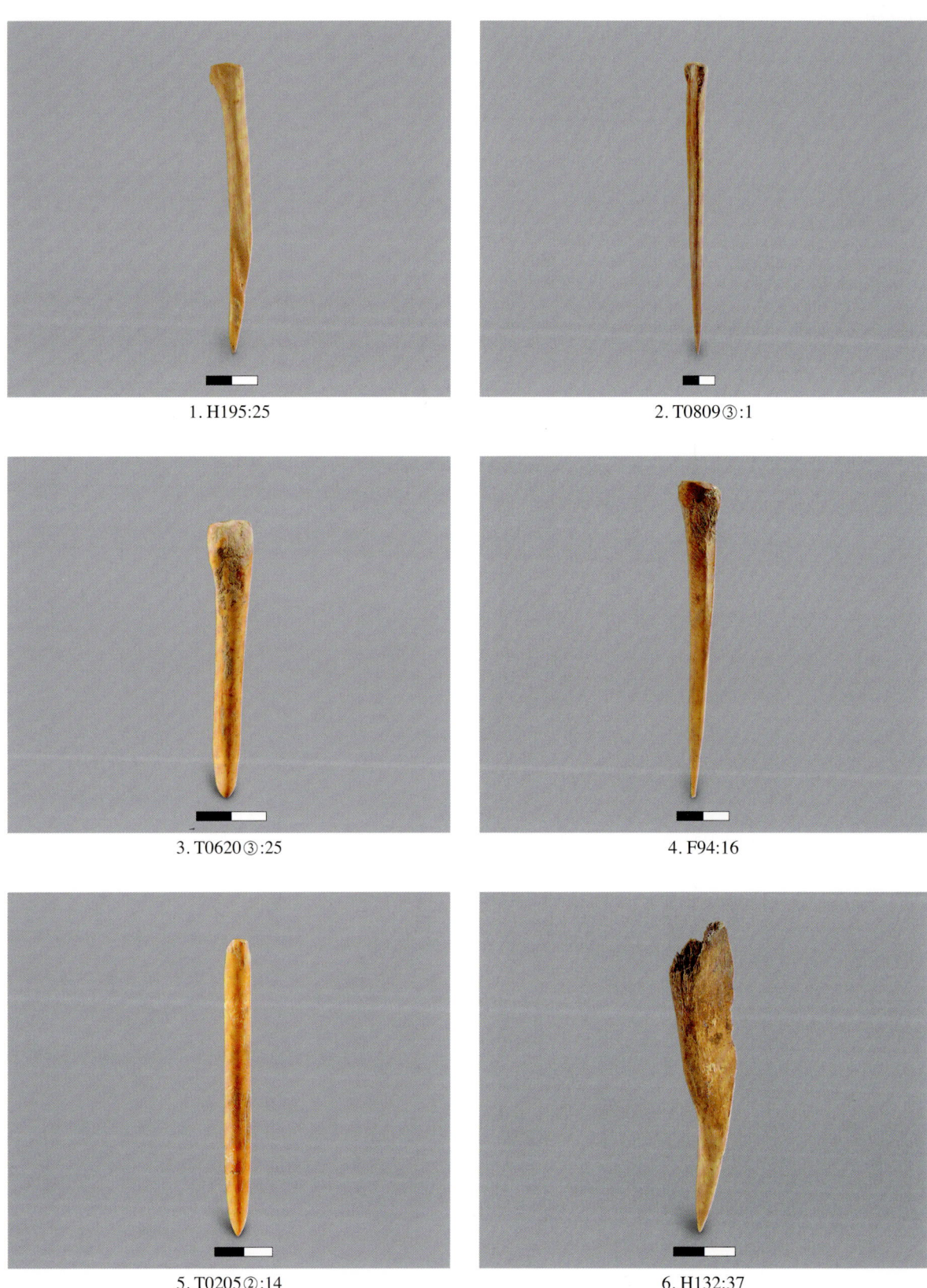

1. H195:25
2. T0809③:1
3. T0620③:25
4. F94:16
5. T0205②:14
6. H132:37

骨锥

彩版三七

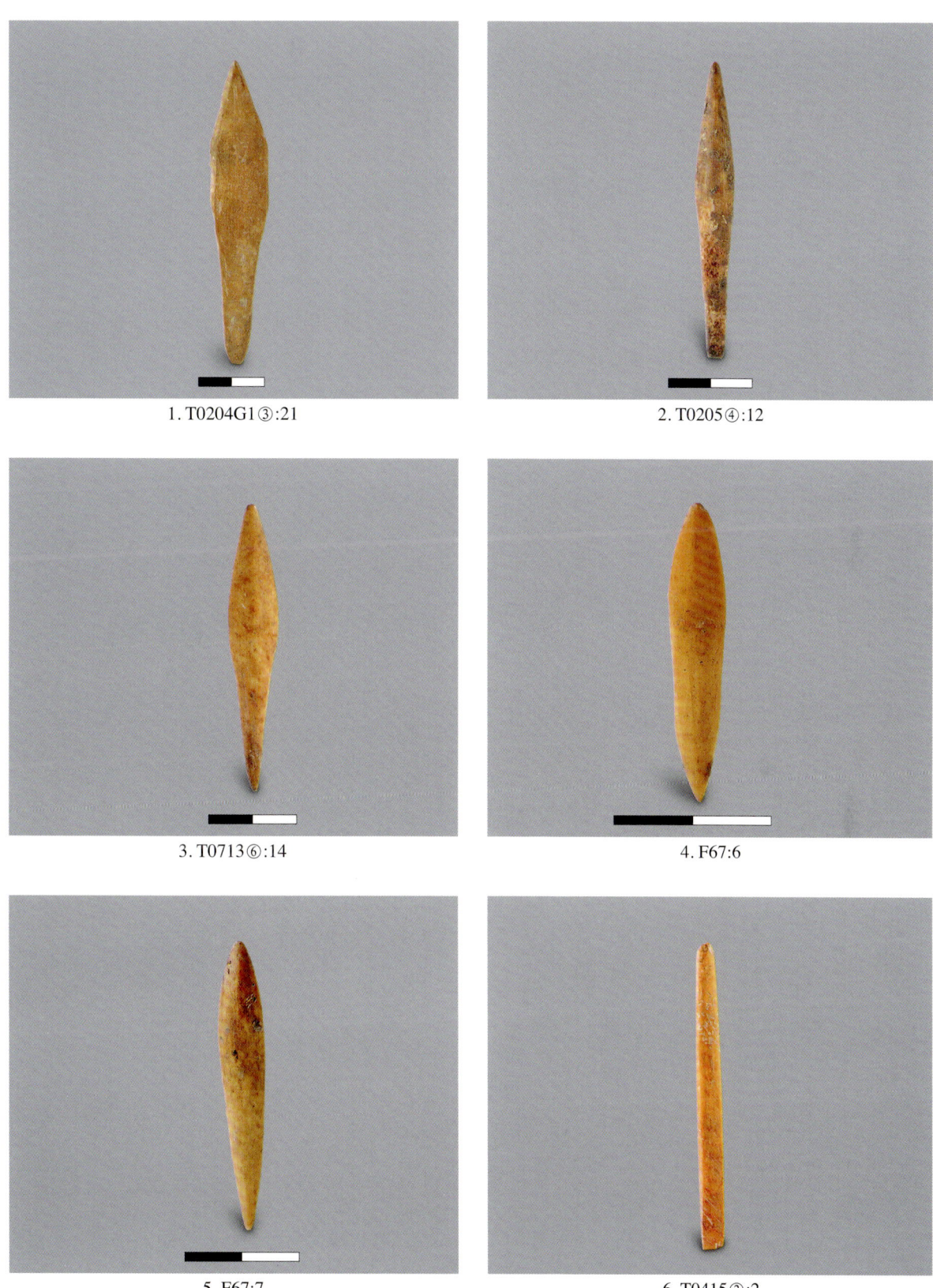

1. T0204G1③:21
2. T0205④:12
3. T0713⑥:14
4. F67:6
5. F67:7
6. T0415③:2

骨镞

彩版三八

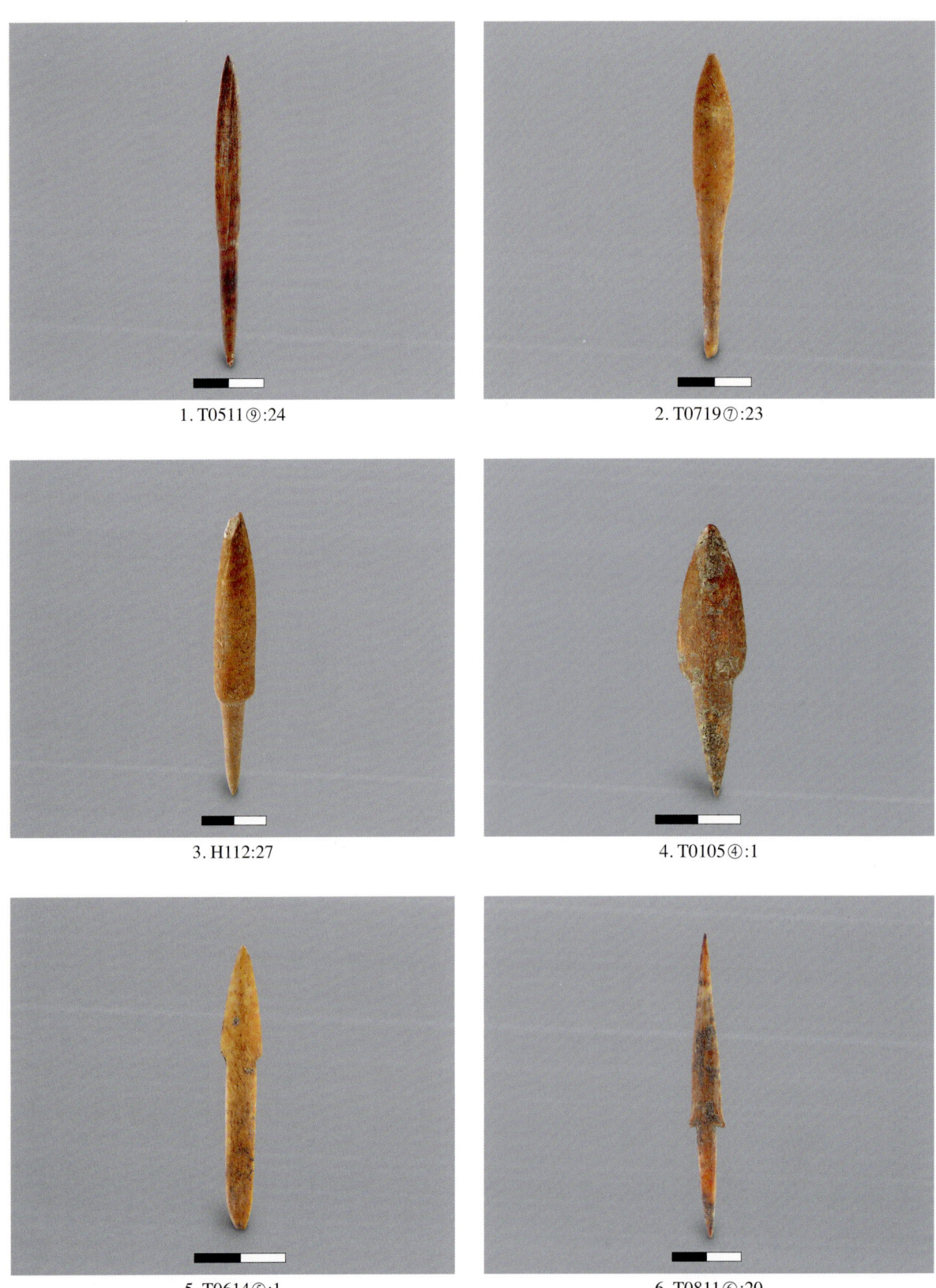

1. T0511⑨:24
2. T0719⑦:23
3. H112:27
4. T0105④:1
5. T0614⑤:1
6. T0811⑥:20

骨镞

彩版三九

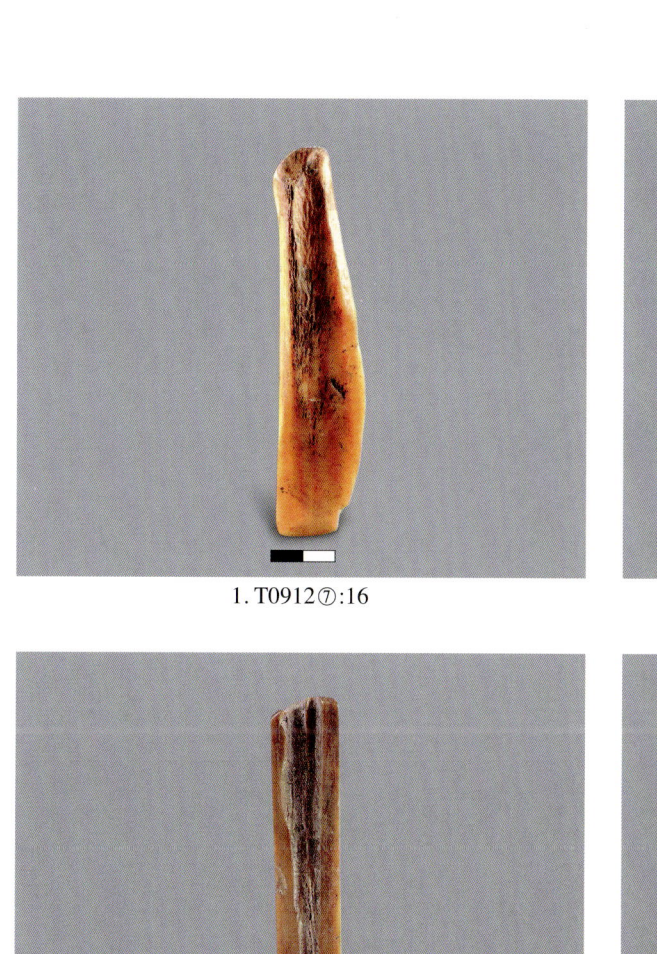
1. T0912⑦:16

2. T0719⑦:11

3. T0909G2⑦:24

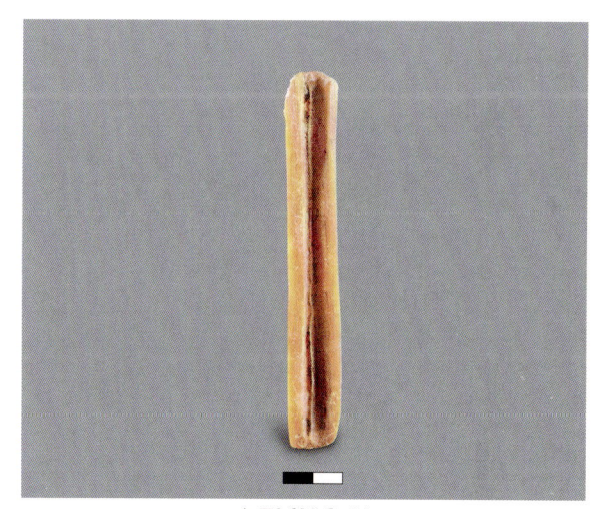
4. T0620③:24

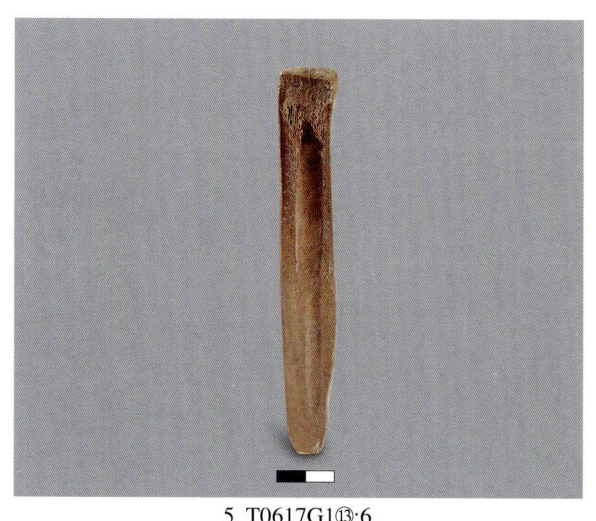
5. T0617G1⑬:6

6. T1311②:3

骨匕

彩版四〇

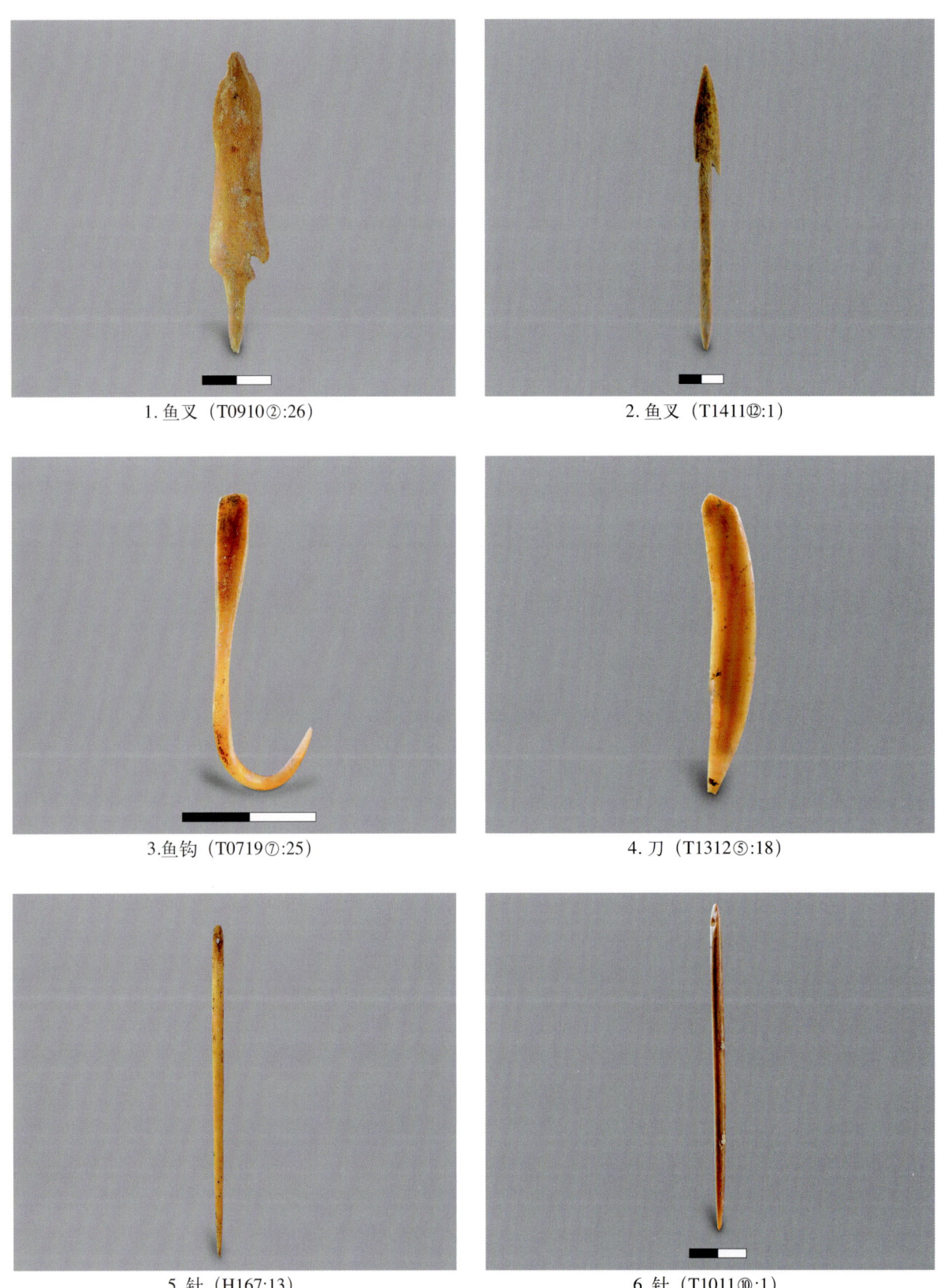

1. 鱼叉（T0910②:26）
2. 鱼叉（T1411⑫:1）
3. 鱼钩（T0719⑦:25）
4. 刀（T1312⑤:18）
5. 针（H167:13）
6. 针（T1011⑩:1）

骨器

彩版四一

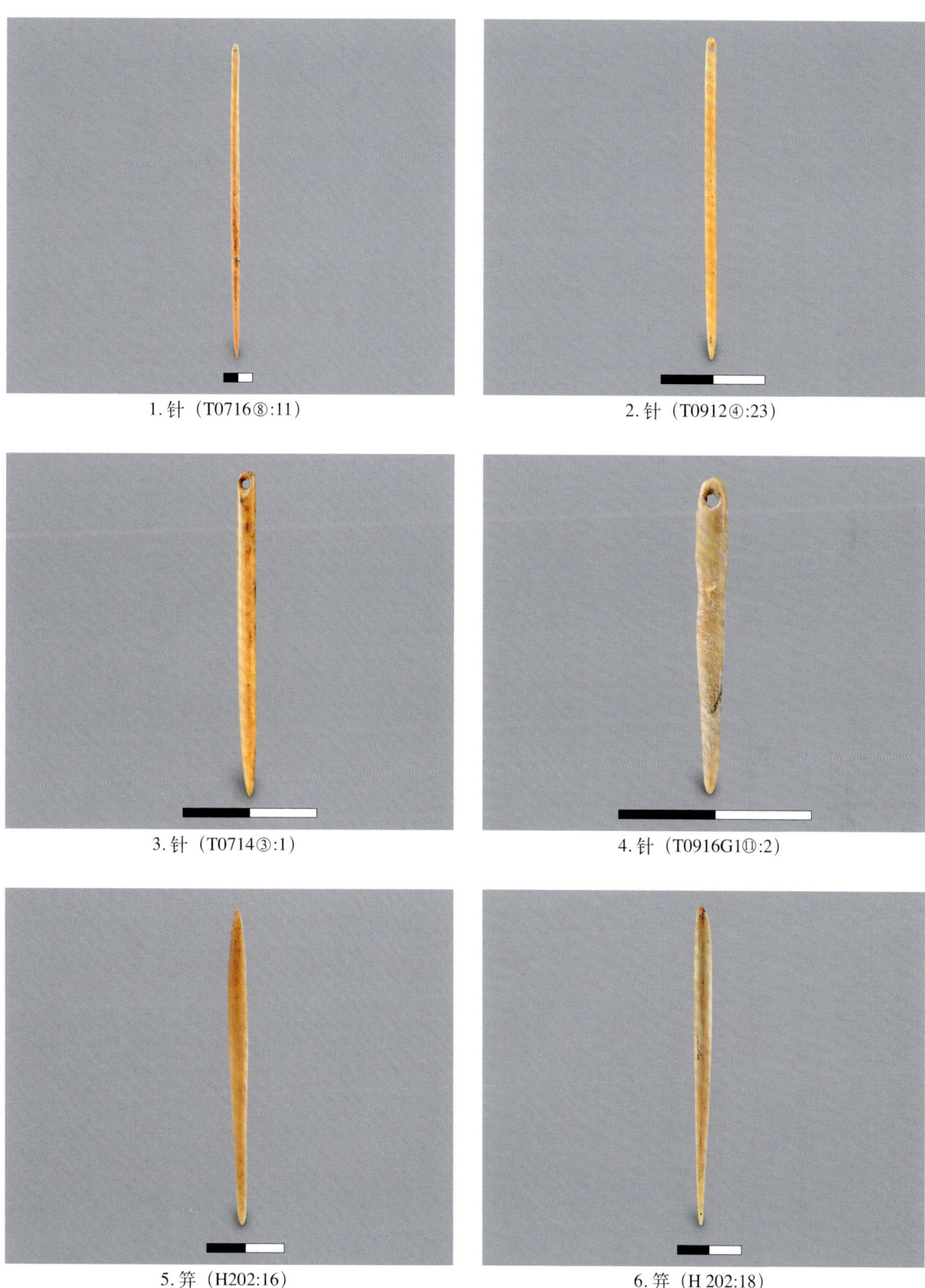

1. 针（T0716⑧:11）
2. 针（T0912④:23）
3. 针（T0714③:1）
4. 针（T0916G1⑪:2）
5. 笄（H202:16）
6. 笄（H202:18）

骨器

彩版四二

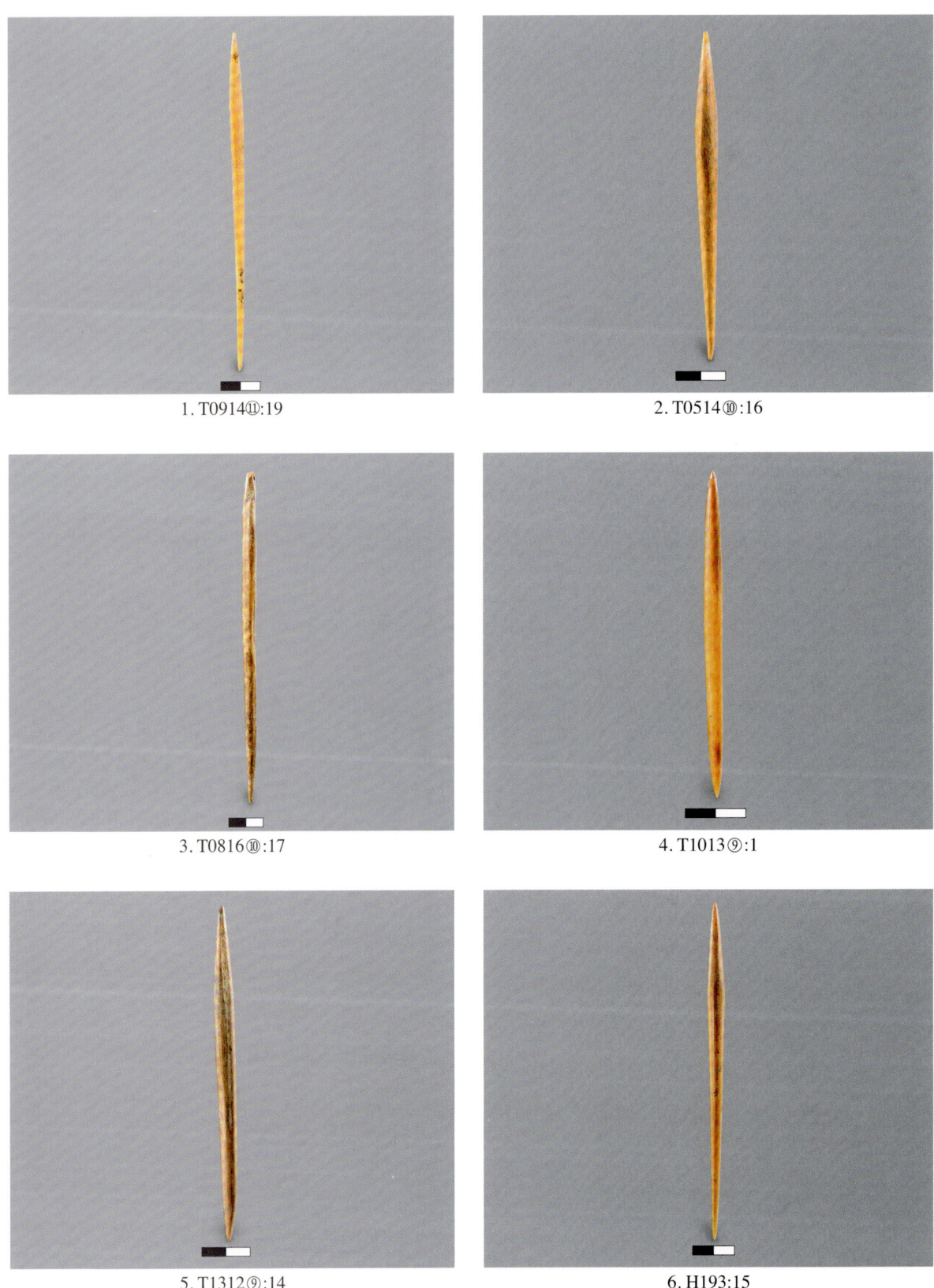

1. T0914⑪:19
2. T0514⑩:16
3. T0816⑩:17
4. T1013⑨:1
5. T1312⑨:14
6. H193:15

骨笄

彩版四三

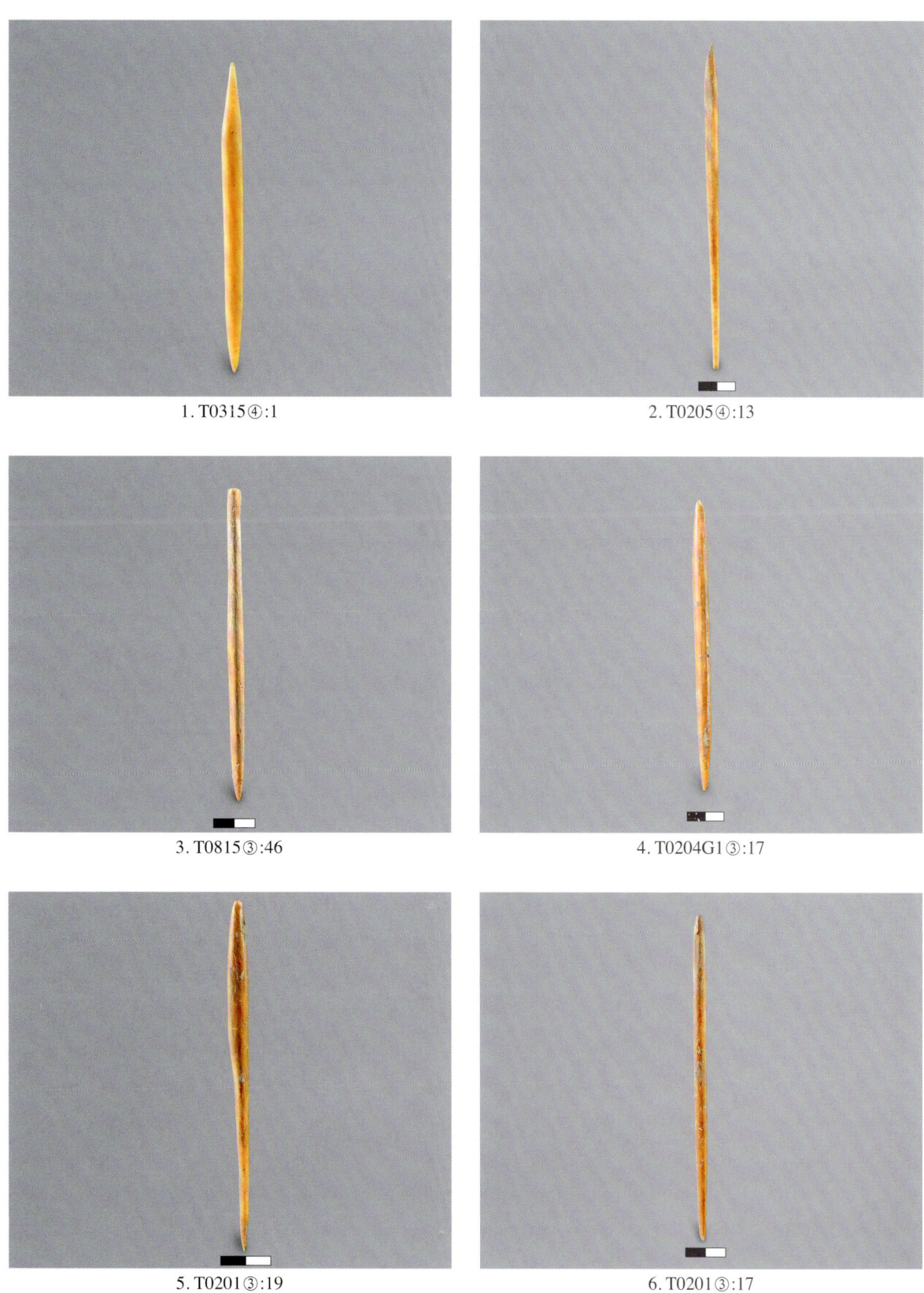

1. T0315④:1
2. T0205④:13
3. T0815③:46
4. T0204G1③:17
5. T0201③:19
6. T0201③:17

骨笄

彩版四四

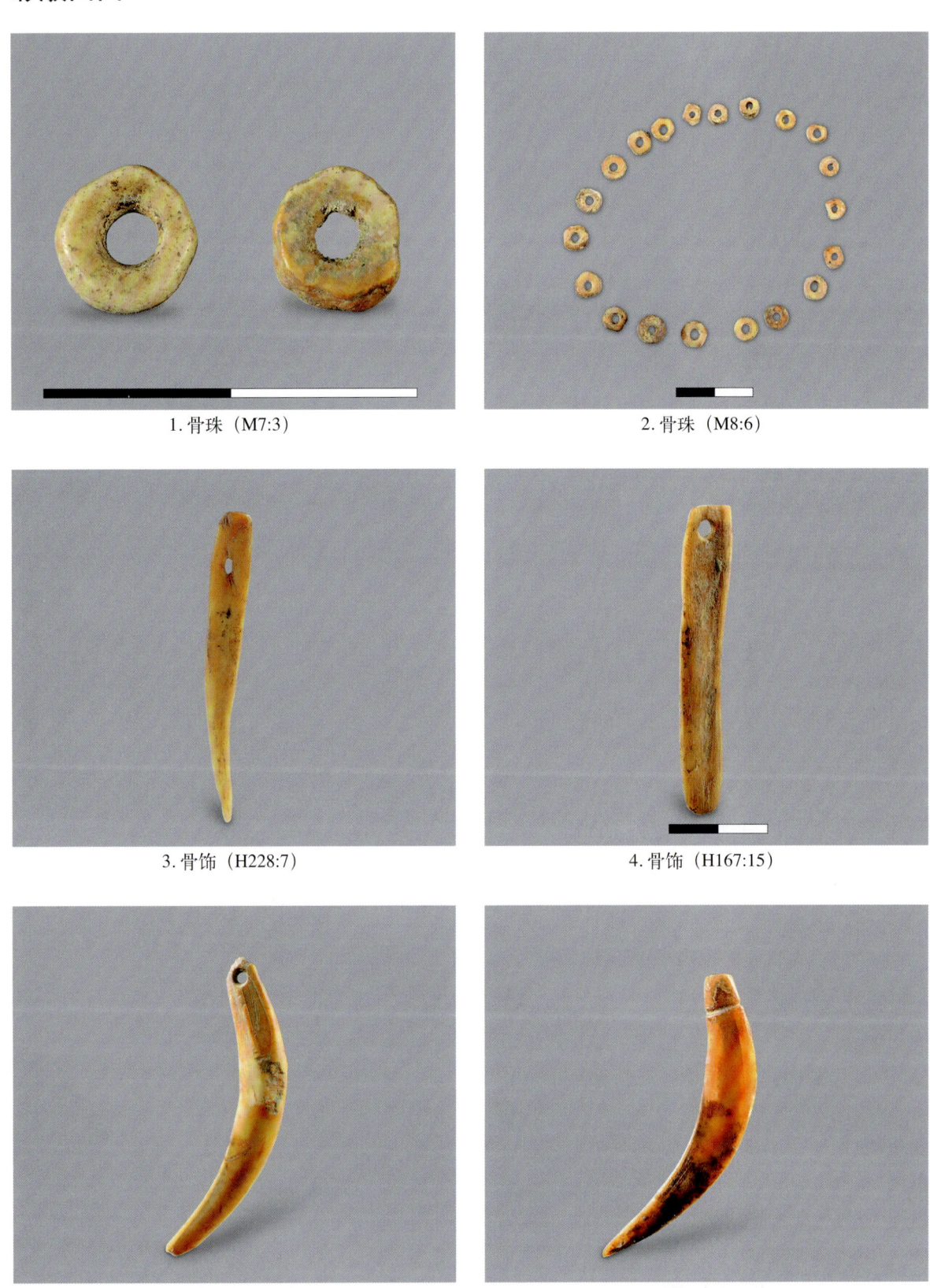

1. 骨珠（M7:3）
2. 骨珠（M8:6）
3. 骨饰（H228:7）
4. 骨饰（H167:15）
5. 牙饰（H21:13）
6. 牙饰（F15:23）

骨、牙器

彩版四五

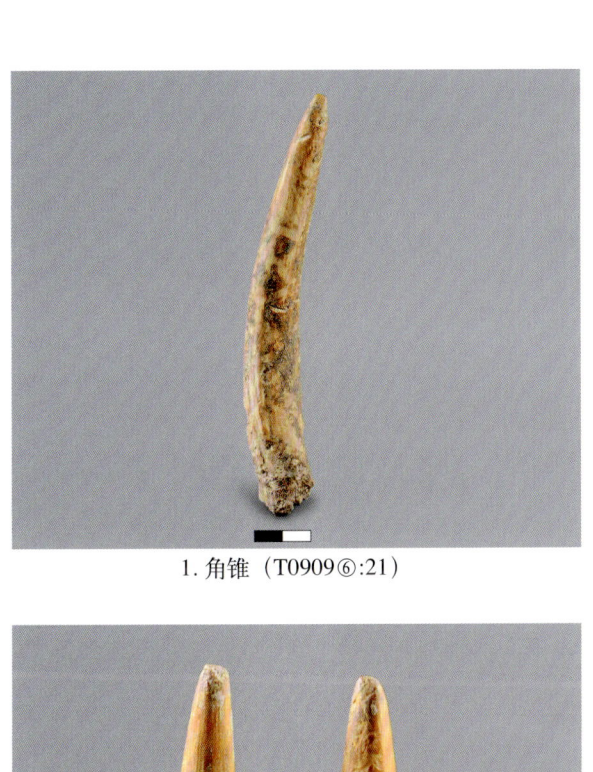

1. 角锥（T0909⑥:21）

2. 角锥（T0913⑦:9）

3. 角器（T0416G1①:16）

4. 蚌刀（T0717G1⑧:9）

5. 蚌饰（T0206G1③:1）

6. 蚌饰（T0714⑥:2）

角、蚌器

彩版四六

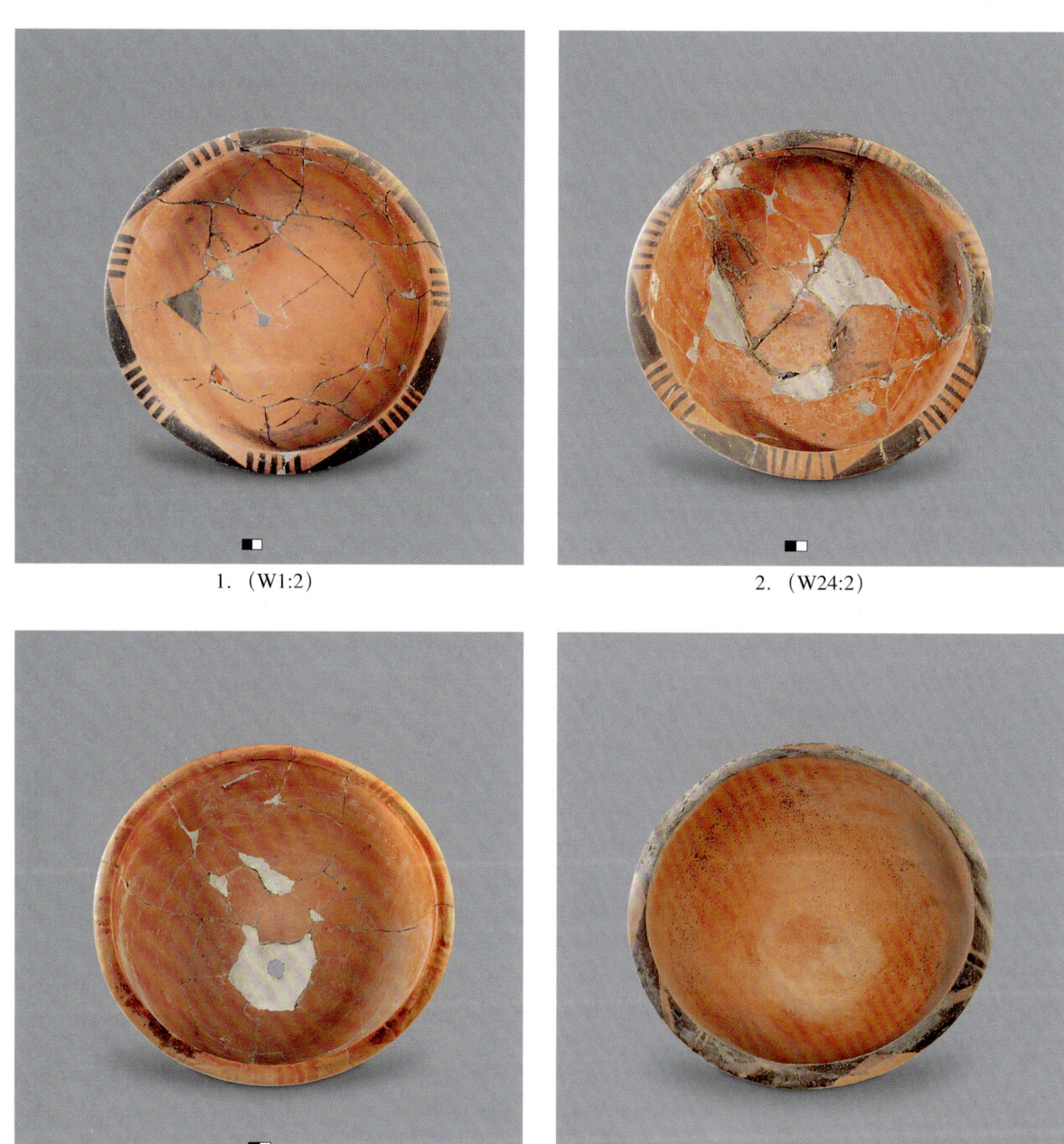

1. (W1:2)　　2. (W24:2)

3. (W42:2)　　4. (W70:2)

彩陶盆

彩版四七

1. T0517⑦:1
2. H18:4
3. H21:5
4. H25:5
5. H98:11
6. H217:11

彩陶片

彩版四八

1. H220:5

2. T0916G1①:6

3. T0716G1①:17

4. T0916G1②:4

5. T0816G1②:6

6. T0916G1⑨:10

彩陶片

彩版四九

1. T0809G2⑤:8

2. T0713③:2

3. T0719③:2

4. H35:9

5. H126:1

6. H129:1

彩陶片

彩版五〇

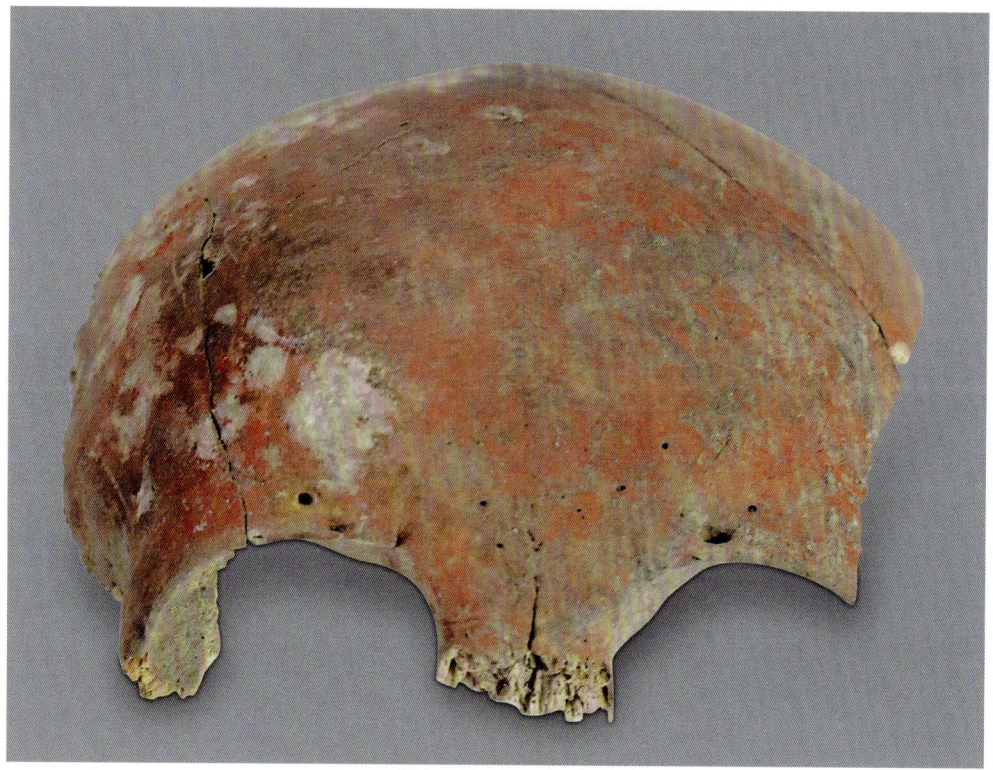

1. W12额部顶部遍涂朱砂（前）

2. M8额部涂满朱砂

人骨涂朱

彩版五一

1. 菱角壳残块

2. 栎果仁

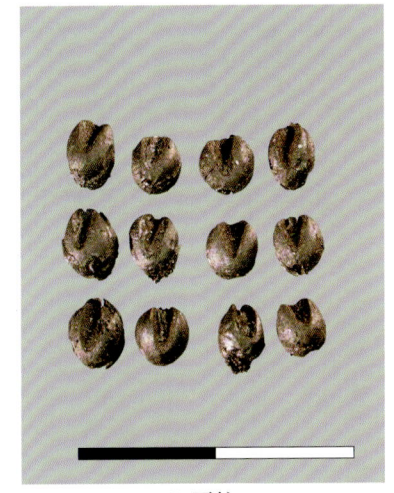
3. 粟粒

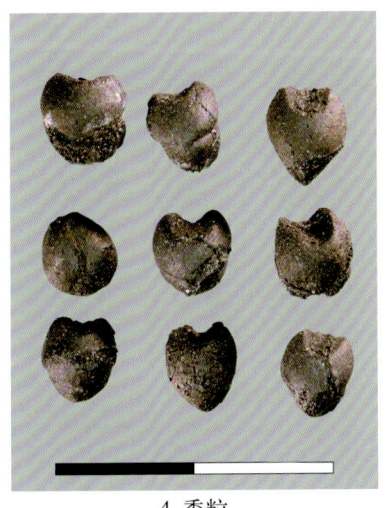
4. 黍粒

5. 稻米（碎粒）

6. 稻谷基盘

7. 小麦粒

8. 狗尾草籽

9. 野燕麦粒

植物遗存

彩版五二

1. 野大豆粒

2. 藜属种子

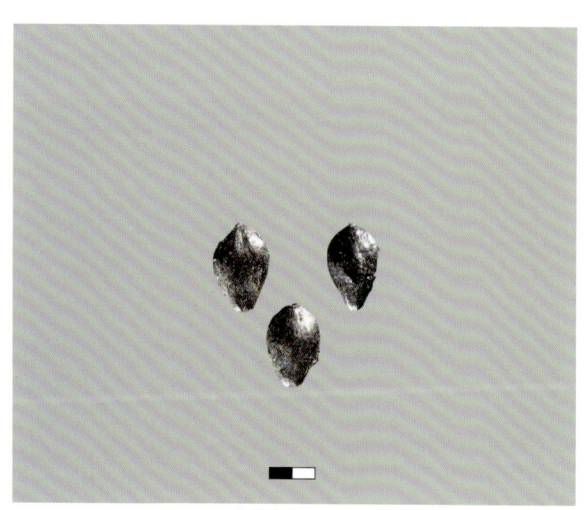

3. 蕉草属植物种子

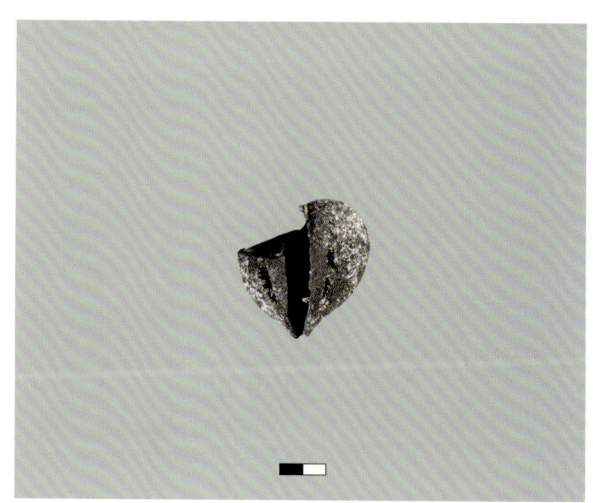

4. 葡萄籽

5. 猕猴桃籽

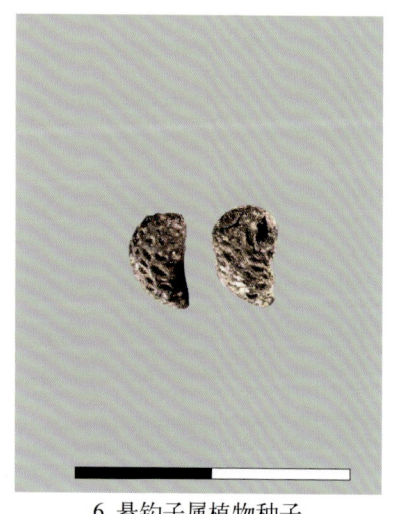

6. 悬钩子属植物种子

7. 朴树籽

植物遗存

图版一

1. Ⅲ区全景（由西向东）

2. Ⅲ区全景（下为北）

Ⅲ区探方分布

图版二

1. 东西向大剖面（西南—东北）

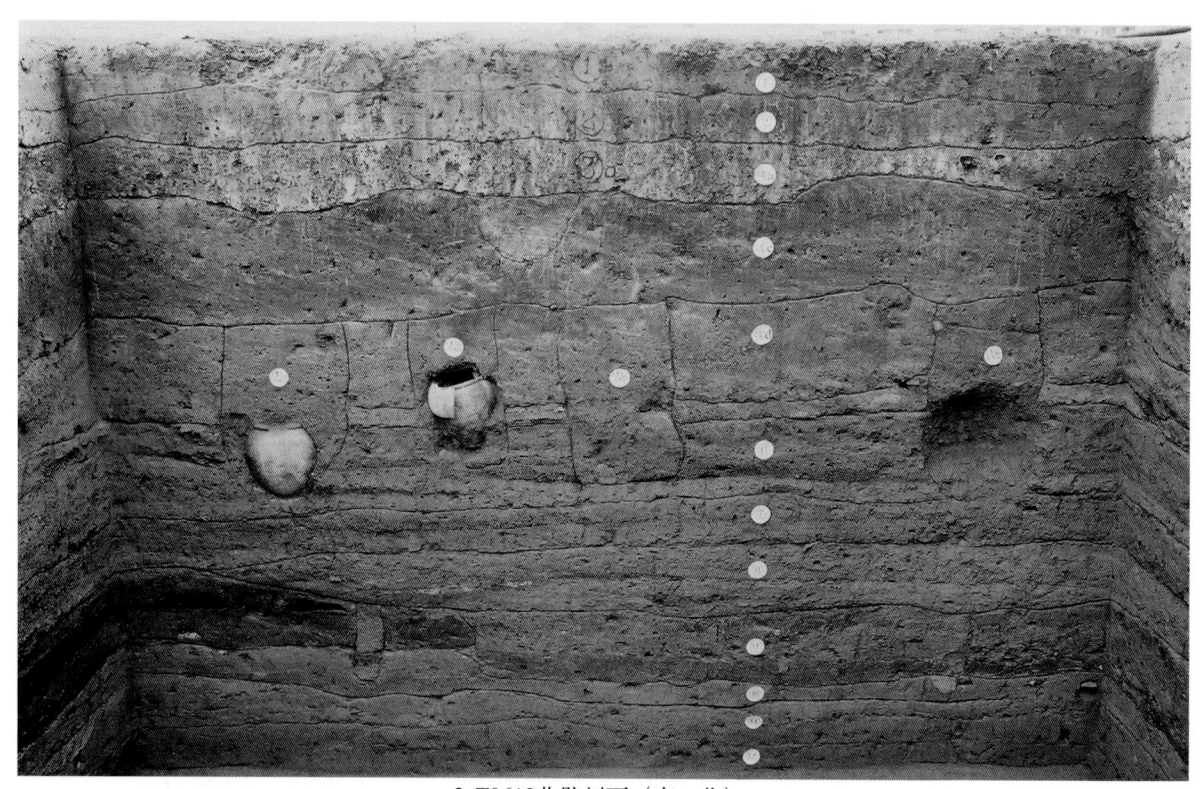

2. T0612北壁剖面（南—北）

地层堆积

图版一

1. Ⅲ区全景（由西向东）

2. Ⅲ区全景（下为北）

Ⅲ区探方分布

图版二

1. 东西向大剖面（西南—东北）

2. T0612北壁剖面（南—北）

地层堆积

图版三

1. F41全景（东—西）

2. F79现场出土遗物（南—北）

F41、F79

图版四

1. H160（西—东）
2. H170（东南—西北） 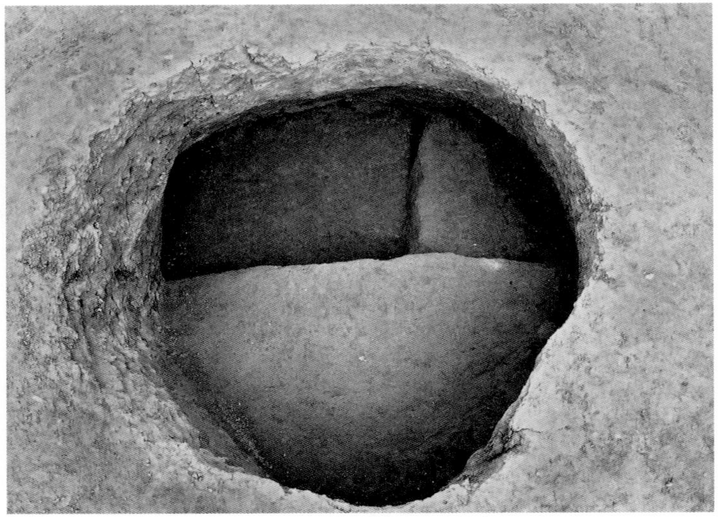
3. H173（东—西） 
4. H115（南—北） 

灰坑

图版五

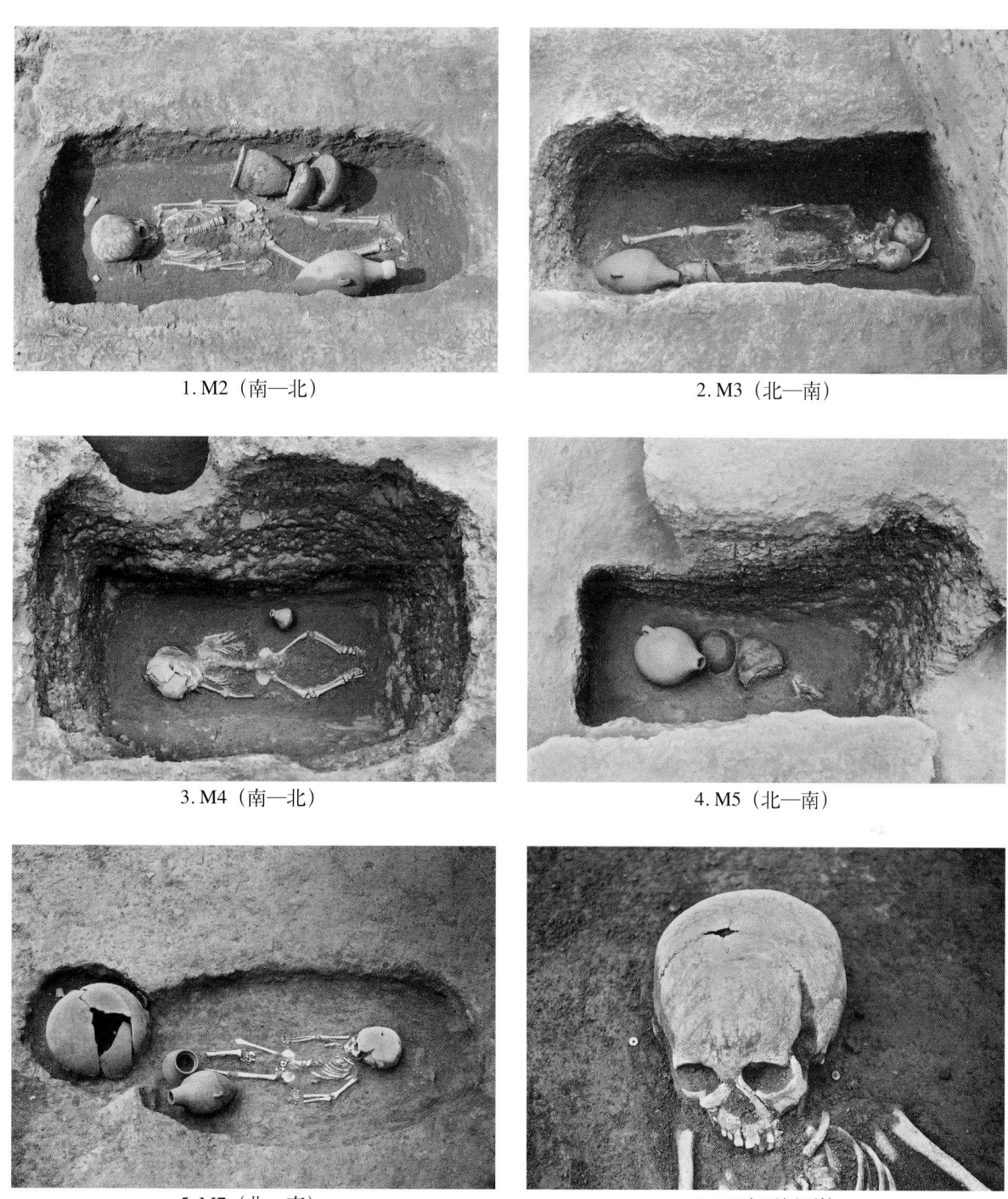

1. M2（南—北）
2. M3（北—南）
3. M4（南—北）
4. M5（北—南）
5. M7（北—南）
6. M7头两侧耳饰

土坑墓

图版六

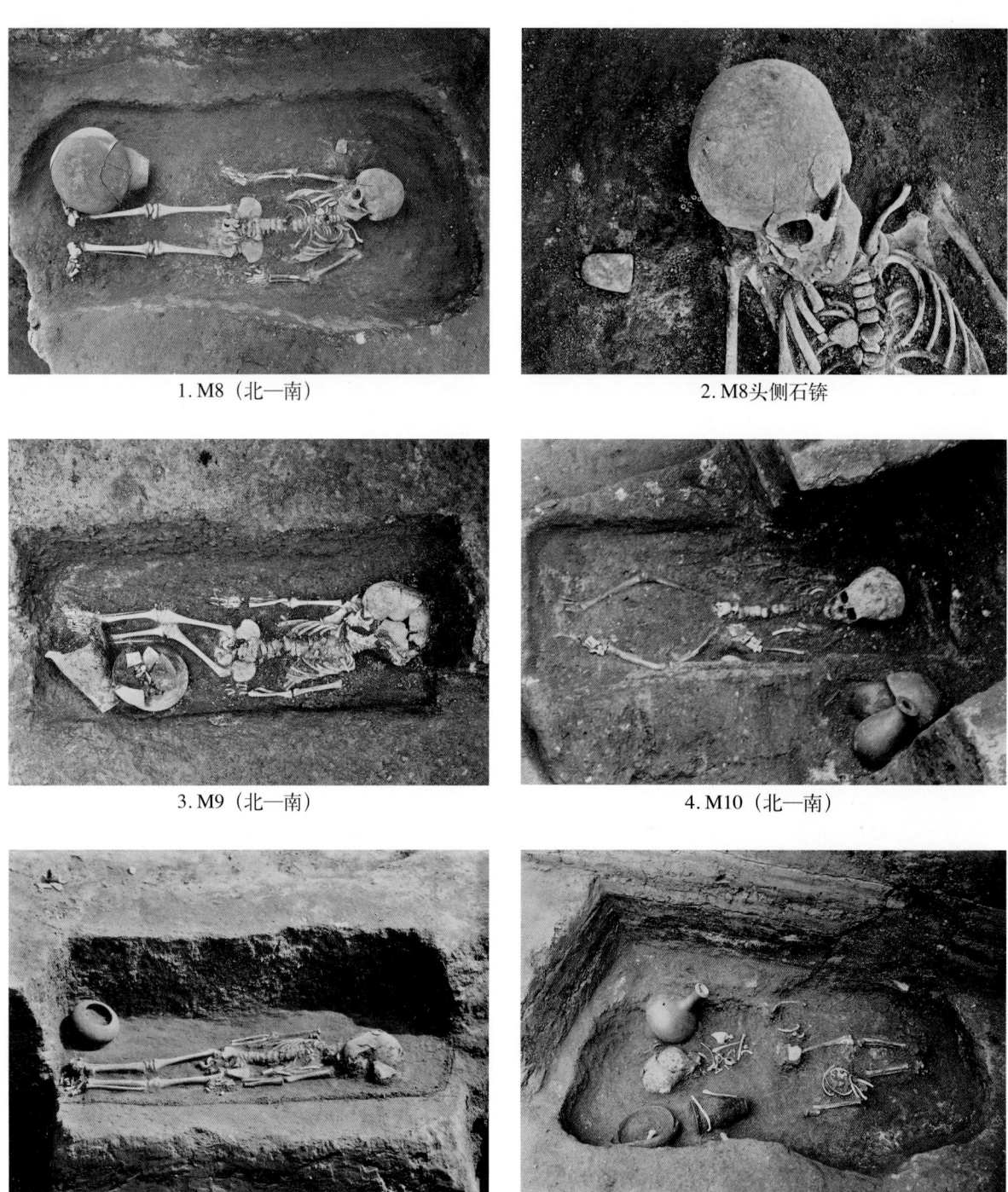

1. M8(北—南)
2. M8头侧石锛
3. M9(北—南)
4. M10(北—南)
5. M11(北—南)
6. M12(南—北)

土坑墓

1. M1（北—南）

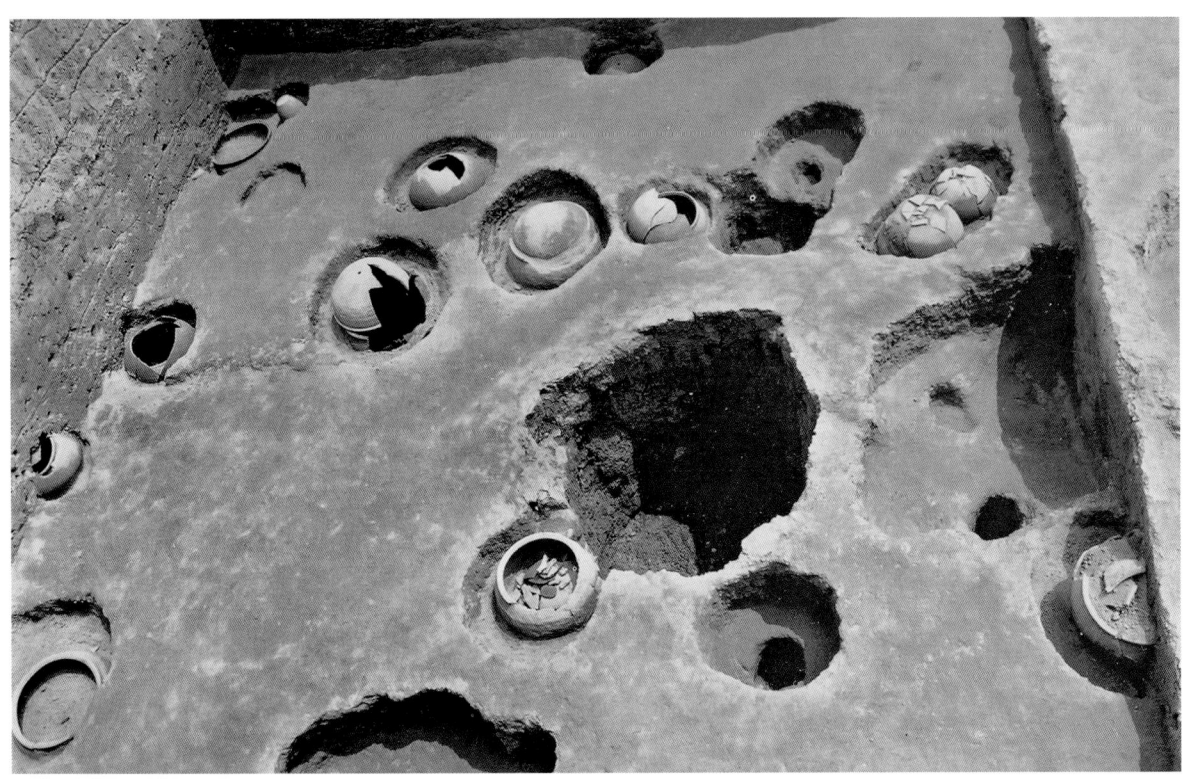

2. ⅢT0612内瓮棺分布（西—东）

M1及部分瓮棺墓分布

图版八

1. ⅢT0612内部分瓮棺（南—北）

2. W12（南—北）

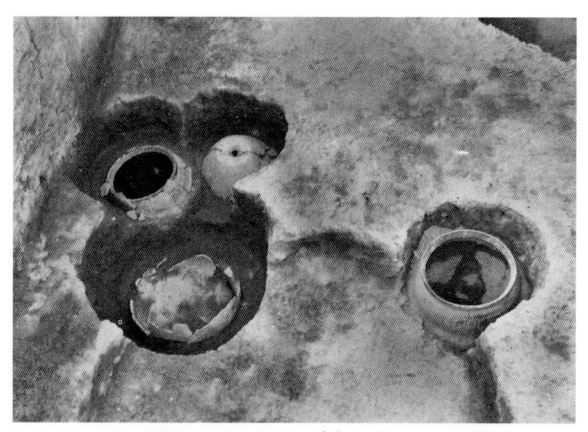

3. W7、W8、W9、W10（南—北，左上W9，中W10，左下W8，右W7）

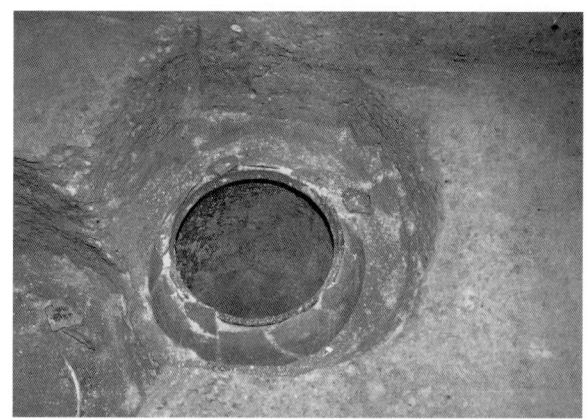

4. W9（东—西）

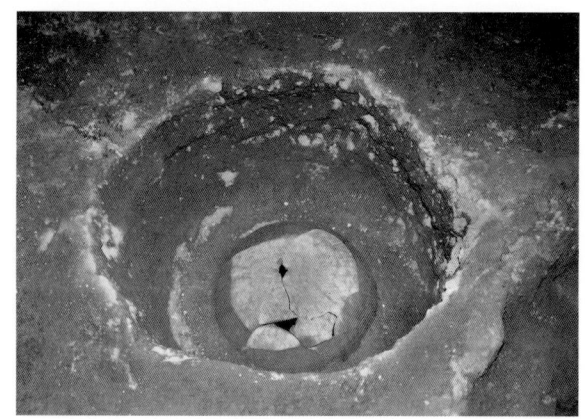

5. W15（西—东）

6. W23（南—北）

图版九

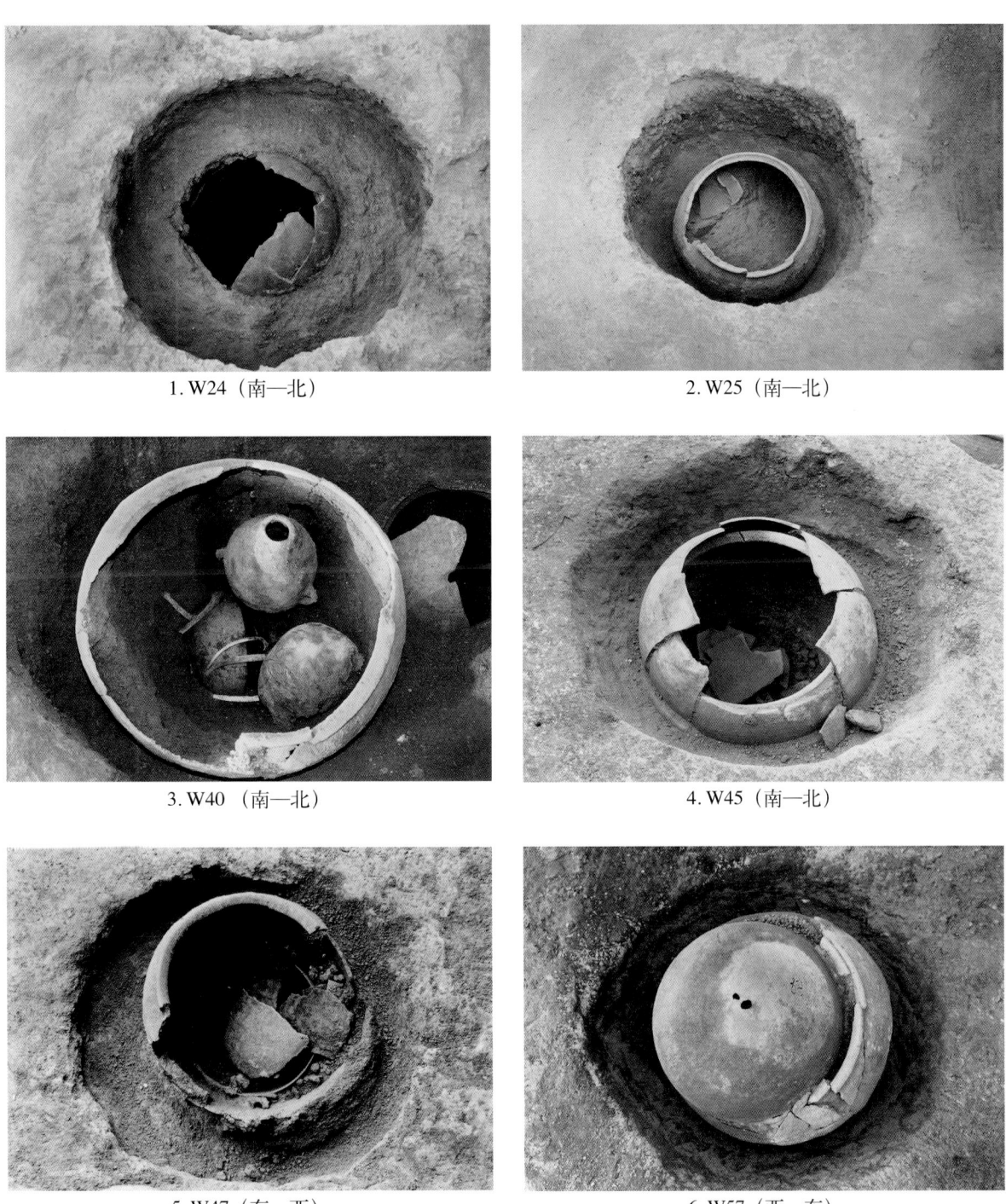

1. W24（南—北）
2. W25（南—北）
3. W40（南—北）
4. W45（南—北）
5. W47（东—西）
6. W57（西—东）

瓮棺墓

图版一〇

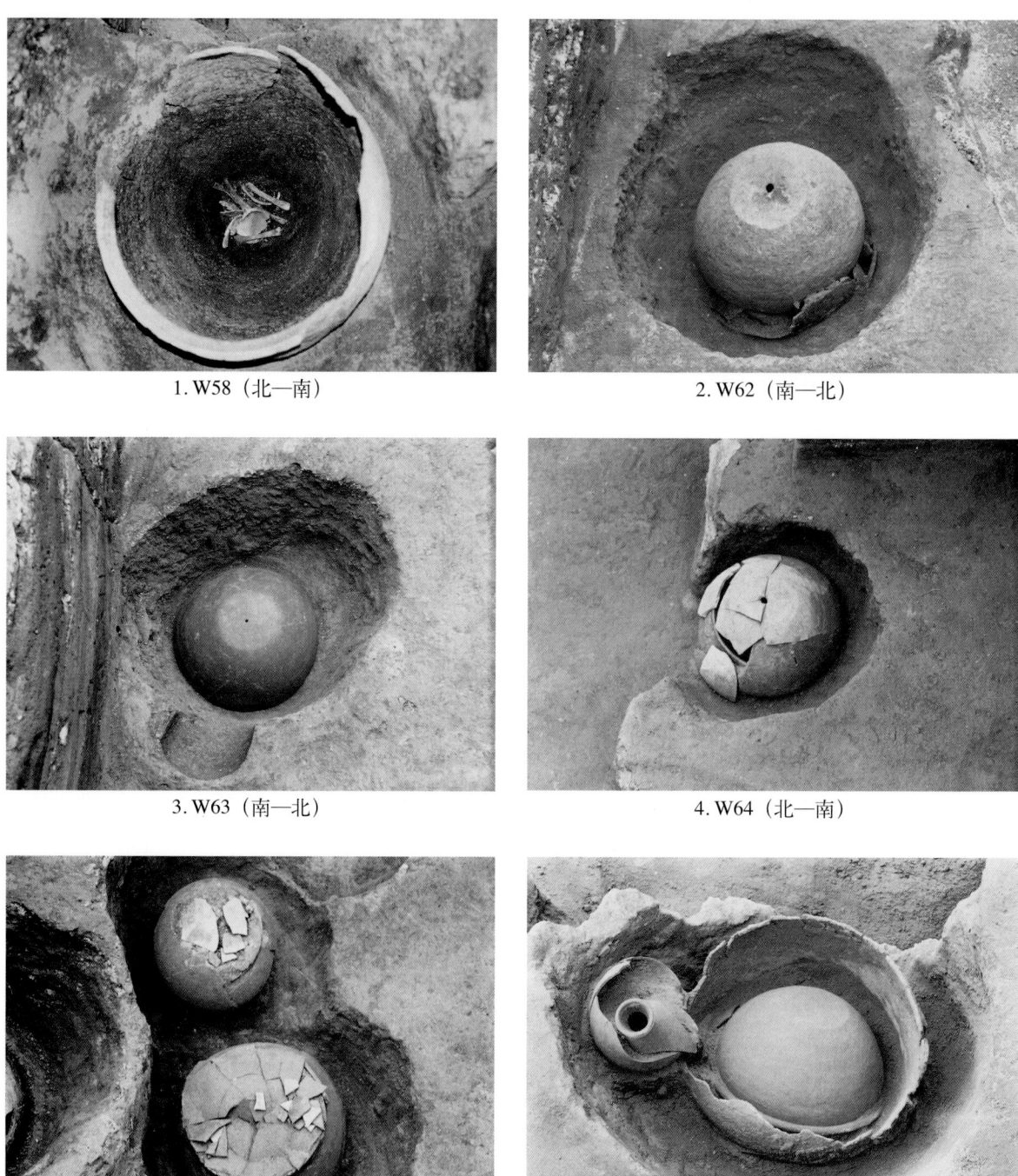

1. W58（北—南）
2. W62（南—北）
3. W63（南—北）
4. W64（北—南）
5. W65、W66（南—北，上W65、下W66）
6. W70（北—南）

瓮棺墓

图版一一

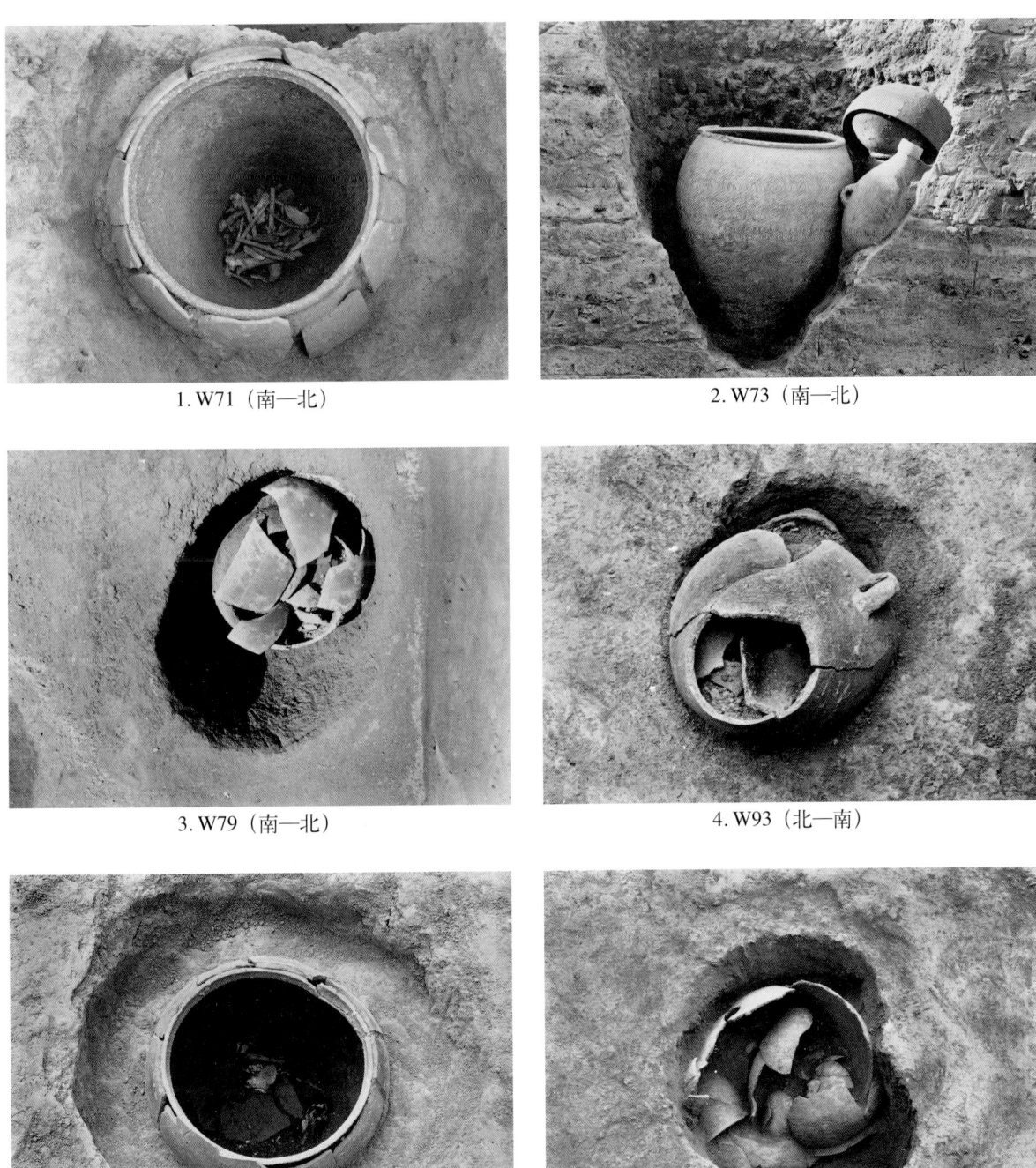

1. W71（南—北）
2. W73（南—北）
3. W79（南—北）
4. W93（北—南）
5. W96（南—北）
6. W108（西—东）

瓮棺墓

图版一二

1. Z3（南—北）
2. Z4（东南—西北）
3. Z9（东—西）
4. Z10（东—西）

灶址

图版一三

1. II区内G1一段（南—北）

3. G1东门道（西—东）

5. G2外侧沟壁（东—西）

2. G1内堆积（ⅢT0817西壁，东—西）

4. G2内侧沟壁（西—东）

6. G2内堆积（ⅢT0809西壁，东—西）

G1、G2

图版一四

1. 陶钵（T0204②:2）

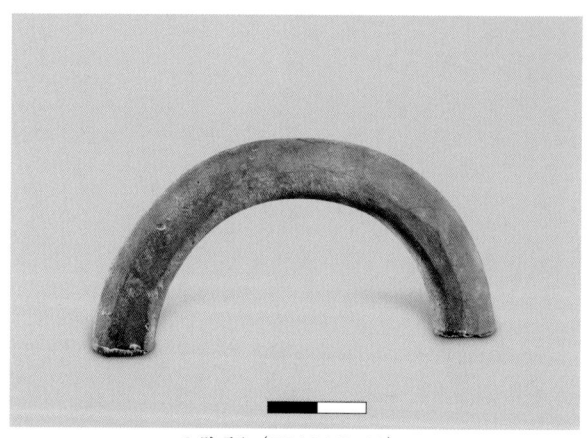
2. 陶环（T0106②:10）

3. 石刮削器（T0204②:13）

4. 石镞（T0106②:12）

5. 石斧（T0106②:8）

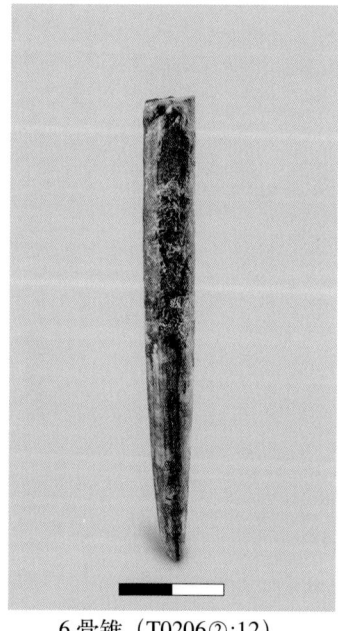
6. 骨锥（T0206②:12）

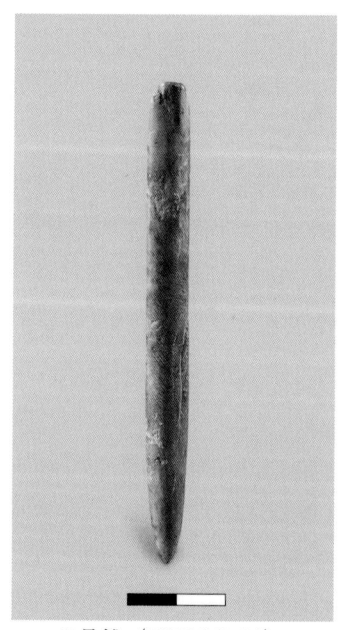
7. 骨锥（T0205②:14）

Ⅱ区②层出土遗物

图版一五

1. 陶钵 (T0106③:1)

2. 陶盂 (T0201③:23)

3. 器盖 (T0106③:9)

4. 石斧 (T0106③:11)

5. 石锛 (T0104③:13)

6. 石锛 (T0201③:12)

Ⅱ区③层出土遗物

图版一六

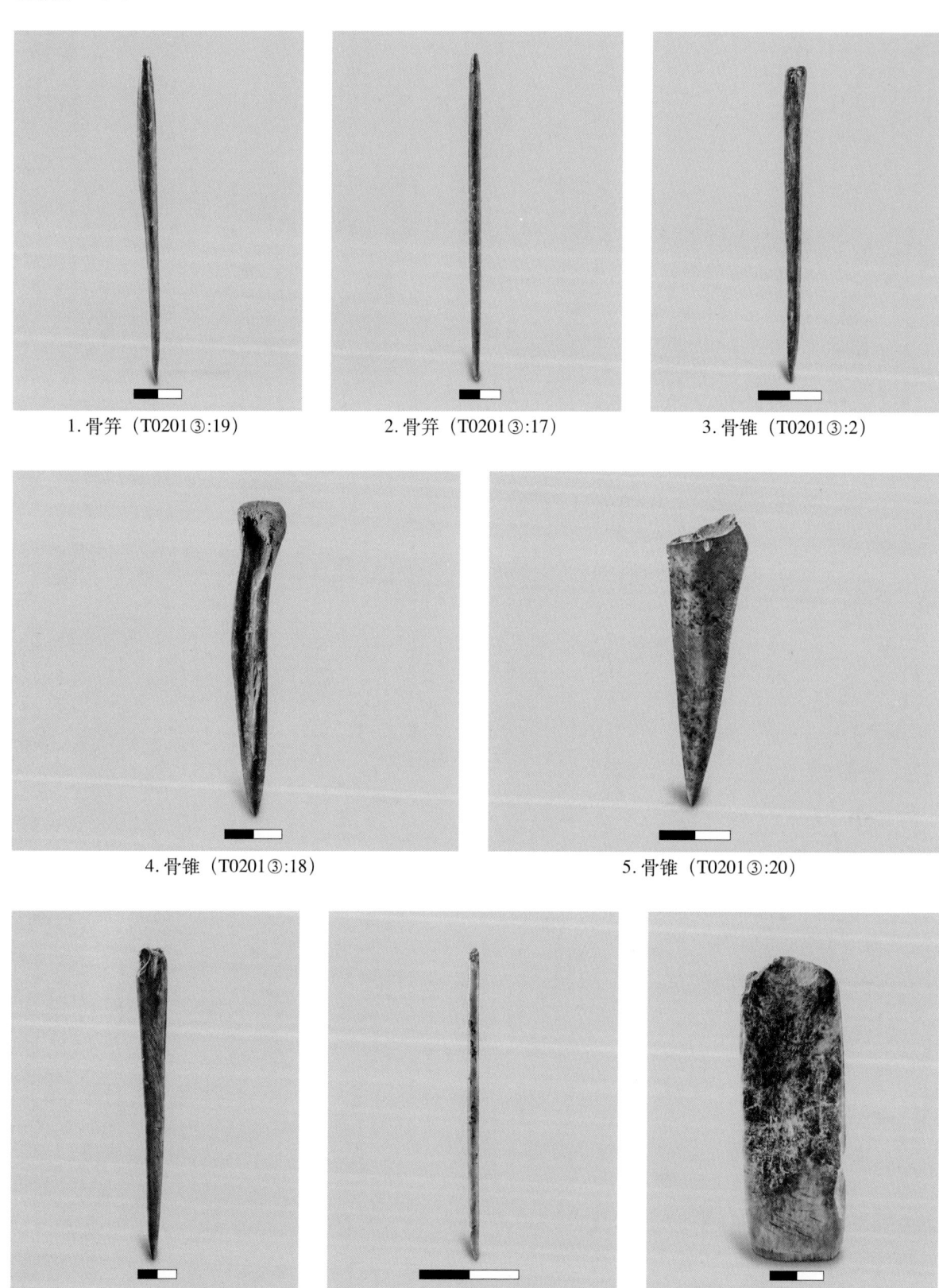

1. 骨笄（T0201③:19）　　2. 骨笄（T0201③:17）　　3. 骨锥（T0201③:2）

4. 骨锥（T0201③:18）　　5. 骨锥（T0201③:20）

6. 骨锥（T0201③:1）　　7. 骨针（T0201③:16）　　8. 骨匕（T0201③:15）

Ⅱ区③层出土骨器

图版一七

1. 圆陶片（T0205④:8）

2. 陶球（T0103④:14）

3. 石雕刻器（T0205④:7）

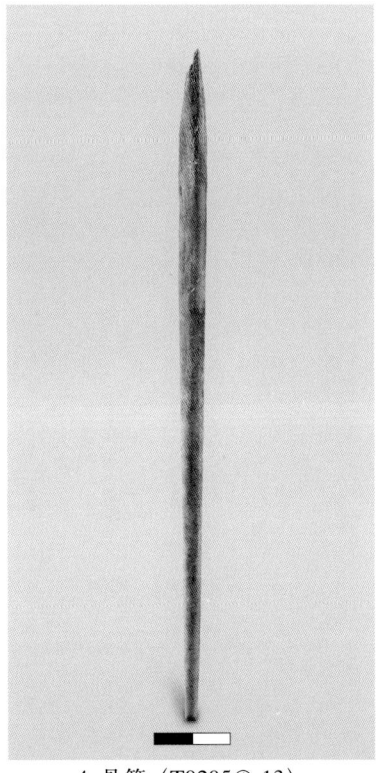

4. 骨笄（T0205④:13）

5. 骨坠饰（T0103④:16）

Ⅱ区④层出土遗物

图版一八

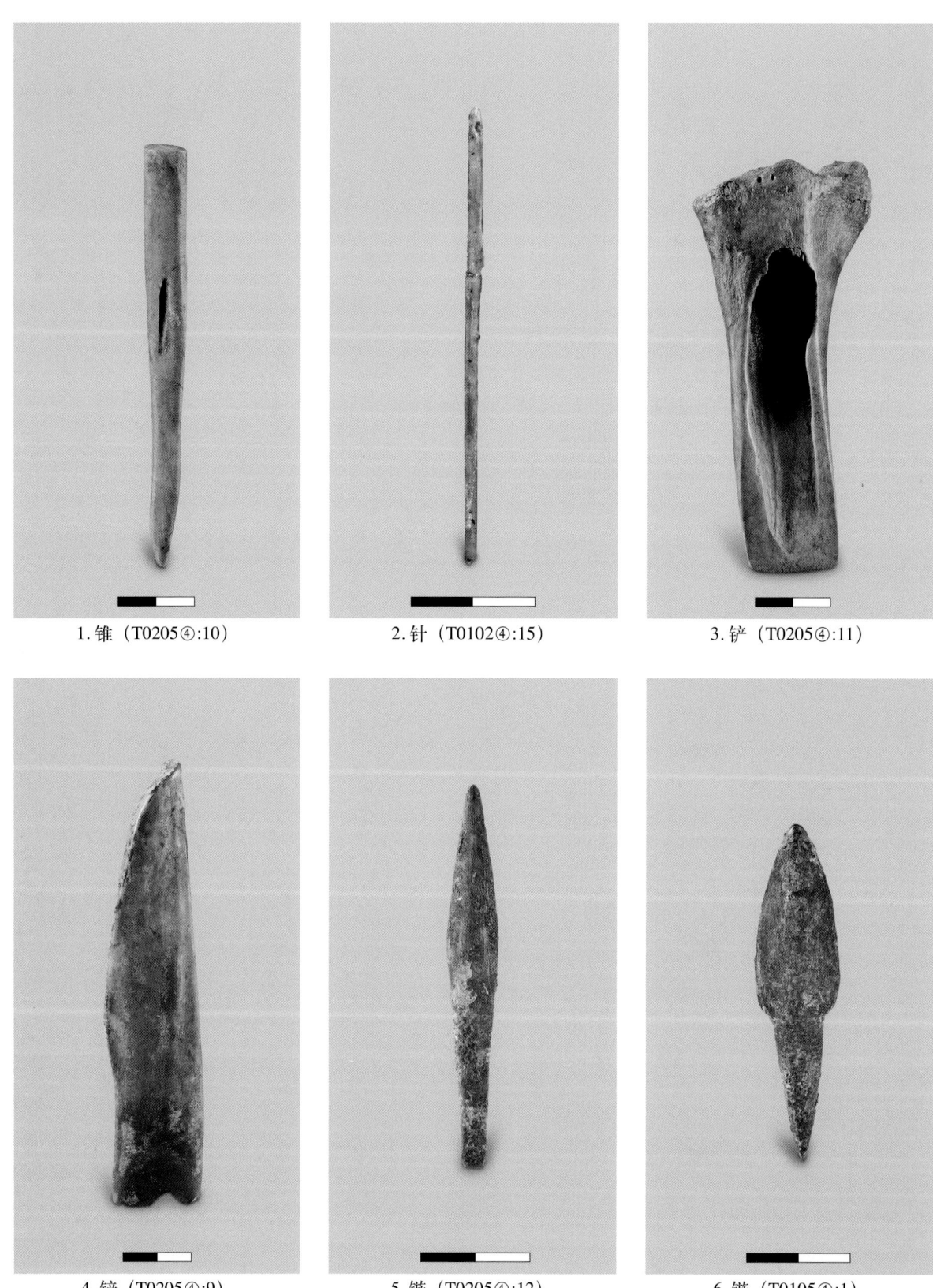

1. 锥（T0205④:10）　2. 针（T0102④:15）　3. 铲（T0205④:11）

4. 铲（T0205④:9）　5. 镞（T0205④:12）　6. 镞（T0105④:1）

Ⅱ区④层出土骨器

图版一九

1. 瓶（T0815②:7）

2. 瓶（T0514②:1）

3. 瓶（T0715②:5）

4. 瓶（T0915②:8）

5. 盆（T0816②:14）

6. 罐（T0517②:9）

Ⅲ区②层出土陶器

图版二〇

1. 罐（T0909②:17）

2. 钵（T0715②:1）

3. 钵（T0810②:2）

4. 钵（T0817②:4）

5. 钵（T0817②:3）

6. 盘（T0716②:13）

Ⅲ区②层出土陶器

图版二一

1. 盘（T0909②:1）

2. 盘（T0709②:16）

3. 杯（T0812②:16）

4. 甑（T0709②:18）

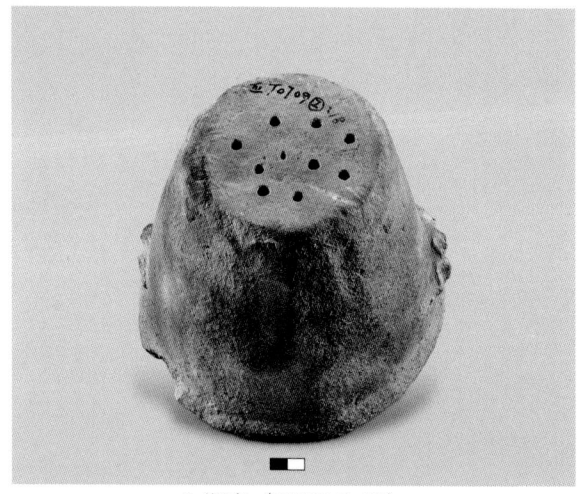
5. 甑底（T0709②:18）

Ⅲ区②层出土陶器

图版二二

1. 灶（T0816②:20）

2. 灶底（T0816②:20）

3. 器盖（T0314②:19）

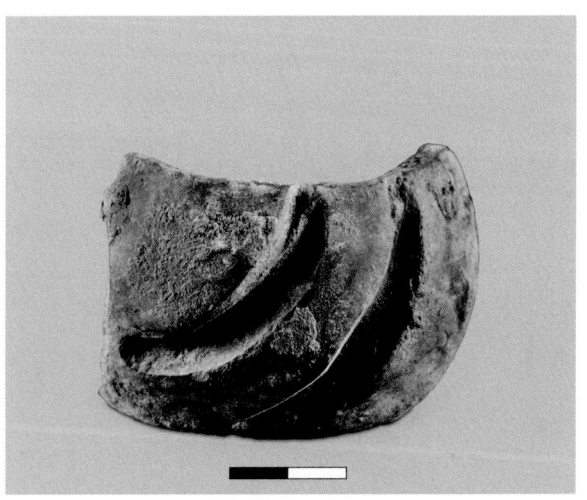

4. 铆（T0917②:22）

5. 刀（T0917②:21）

6. 球（T0517②:29）

Ⅲ区②层出土陶器

图版二三

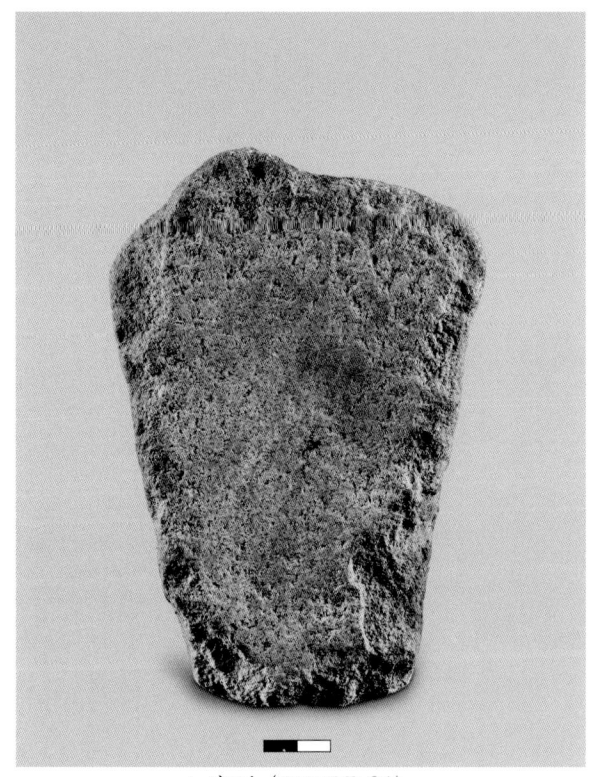
1. 磨石（T0917②:24）

2. 石刮削器（T0517②:31）

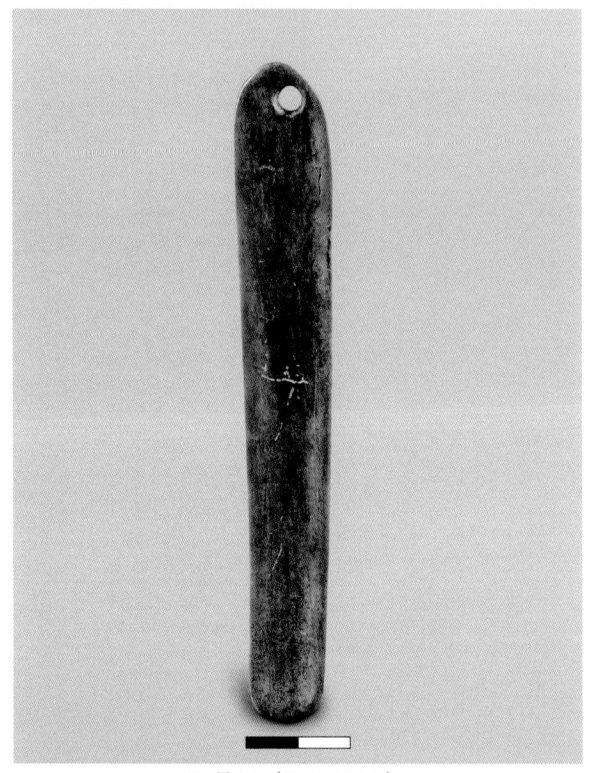
3. 骨匕（T1311②:3）

4. 骨鱼叉（T0910②:26）

Ⅲ区②层出土遗物

图版二四

1. 陶罐（T0816③:12）

2. 陶罐（T0917③:14）

3. 陶罐（T0816③:17）

4. 陶钵（T0816③:1）

5. 陶钵（T0315③:2）

6. 陶钵（T0414③:3）

Ⅲ区③层出土陶器

图版二五

1. 钵（T0917③:5）

2. 钵（T1114③:1）

3. 钵（T0816③:6）

4. 杯（T0816③:13）

5. 铃（T0915③:33）

6. 圆陶片（T0620③:19-1）

Ⅲ区③层出土陶器

图版二六

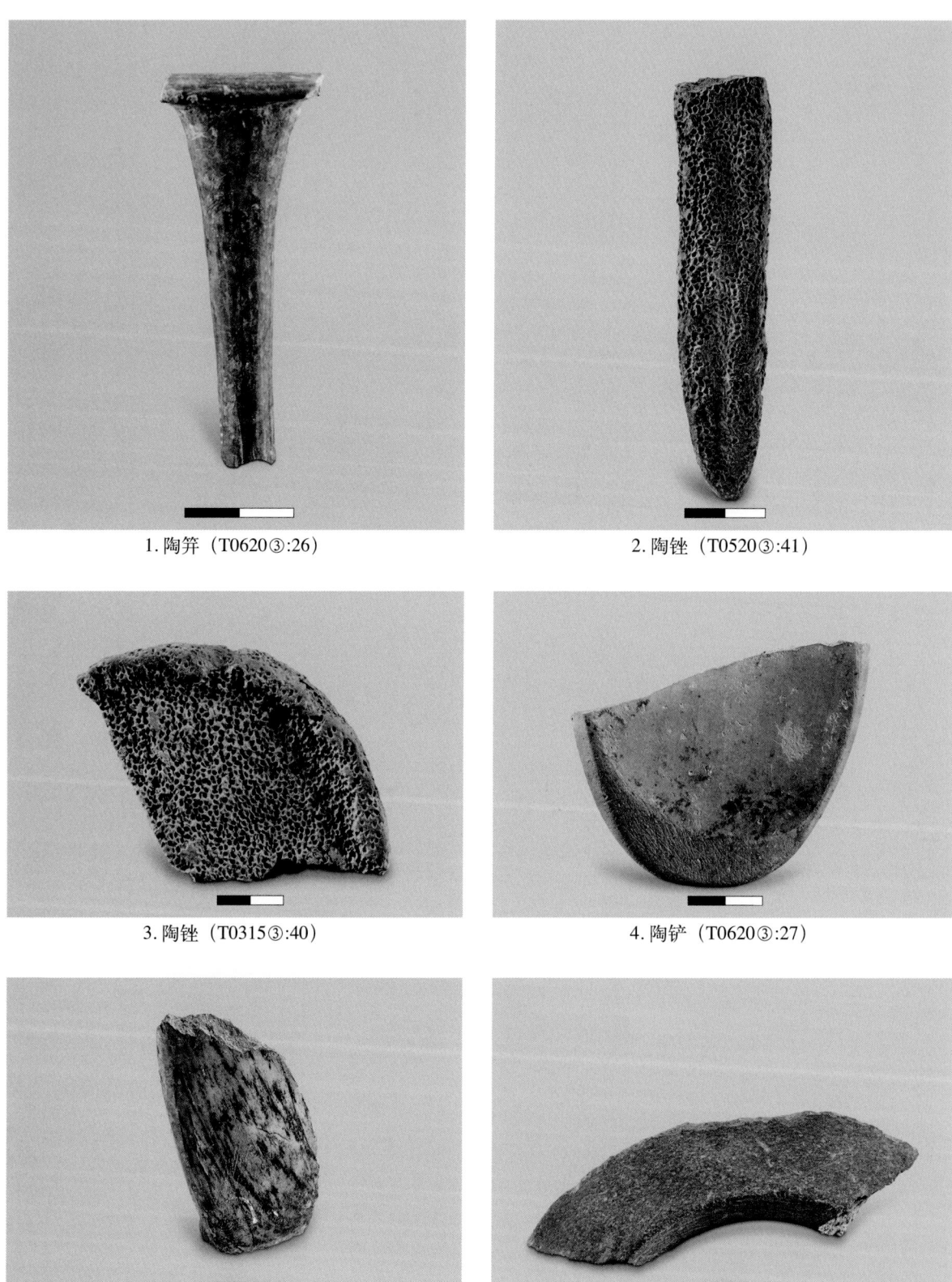

1. 陶笄（T0620③:26）
2. 陶锉（T0520③:41）
3. 陶锉（T0315③:40）
4. 陶铲（T0620③:27）
5. 玉斧（T0719③:1）
6. 石环（T0620③:20）

Ⅲ区③层出土遗物

图版二七

1. 笄（T0909③:51）
2. 坠饰（T0516③:34）
3. 斧（T0620③:21）
4. 斧（T0520③:22）
5. 斧（T0415③:1）
6. 斧（T0814③:36）

Ⅲ区③层出土石器

图版二八

1. 斧（T0911③:37）

2. 斧（T0619③:55）

3. 锛（T0909③:35）

4. 球（T0520③:52）

5. 铲（T1014③:38）

6. 磨棒（T0514③:54）

Ⅲ区③层出土石器

图版二七

1. 笄（T0909③:51）
2. 坠饰（T0516③:34）
3. 斧（T0620③:21）
4. 斧（T0520③:22）
5. 斧（T0415③:1）
6. 斧（T0814③:36）

Ⅲ区③层出土石器

图版二八

1. 斧（T0911③:37）
2. 斧（T0619③:55）
3. 锛（T0909③:35）
4. 球（T0520③:52）
5. 铲（T1014③:38）
6. 磨棒（T0514③:54）

Ⅲ区③层出土石器

图版二九

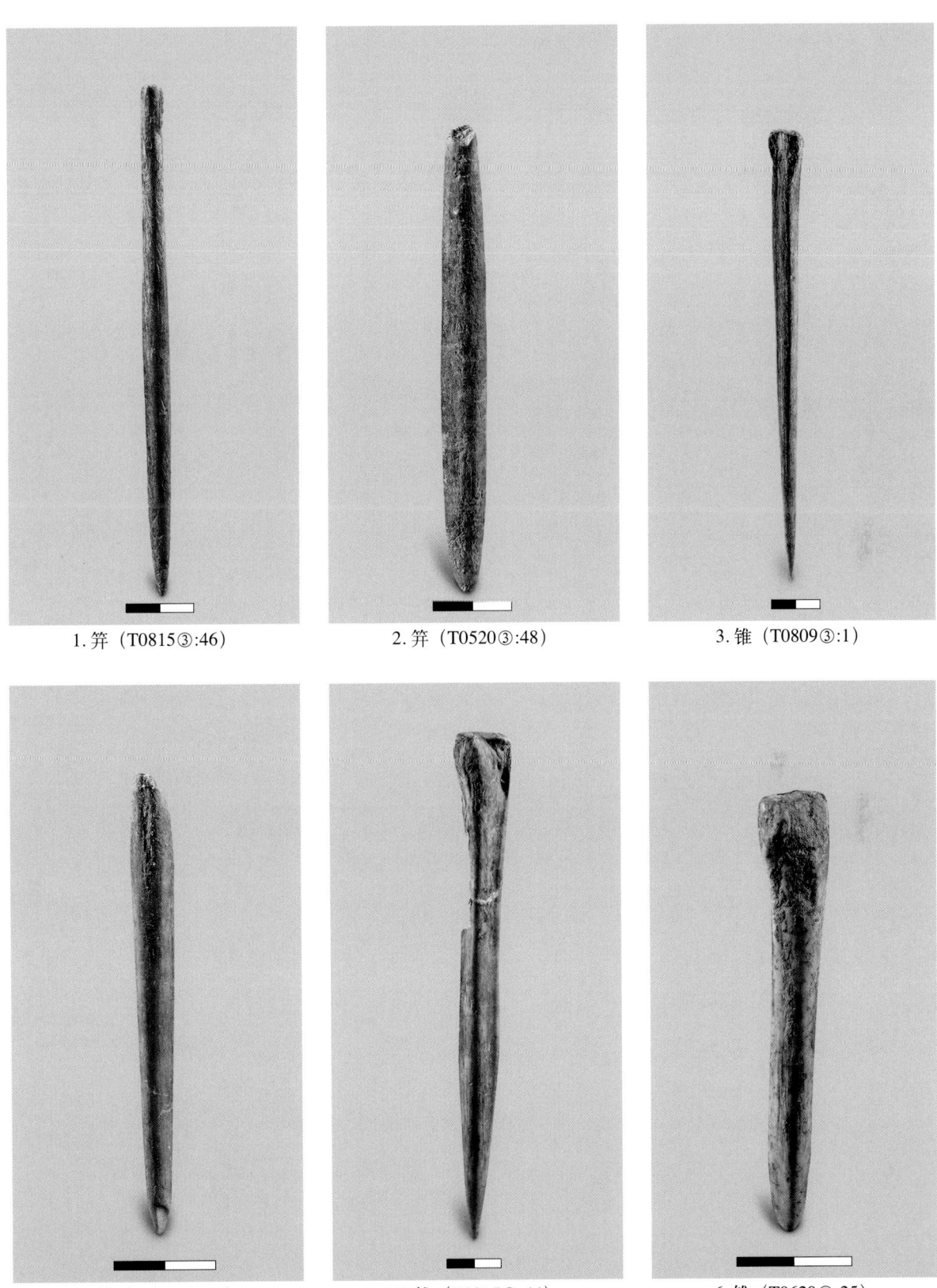

1. 笄（T0815③:46） 2. 笄（T0520③:48） 3. 锥（T0809③:1）

4. 锥（T0311③:45） 5. 锥（T0315③:44） 6. 锥（T0620③:25）

Ⅲ区③层出土骨器

图版三〇

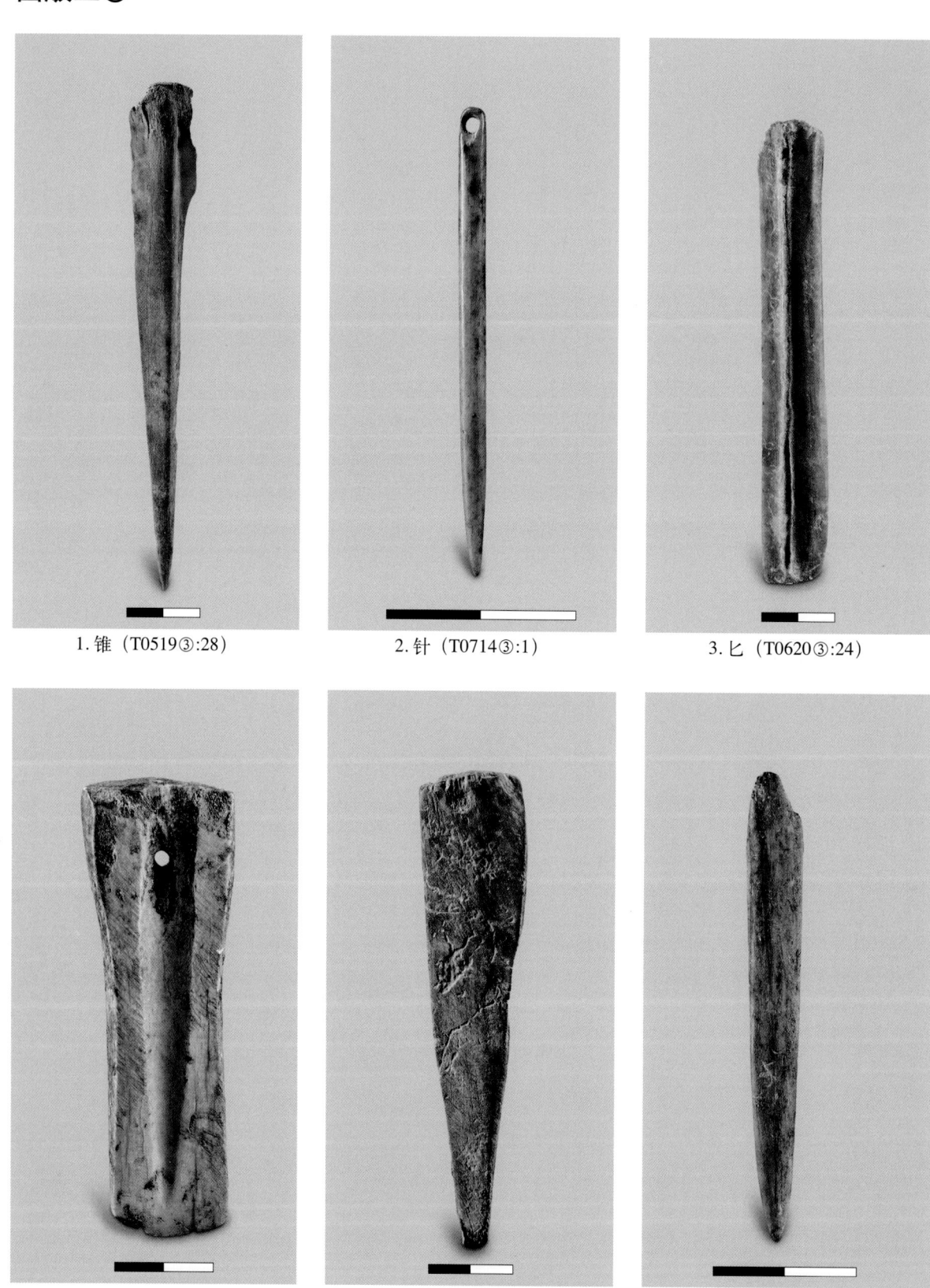

1. 锥（T0519③:28）　2. 针（T0714③:1）　3. 匕（T0620③:24）
4. 凿（T0314③:31）　5. 凿（T0315③:49）　6. 镞（T0517③:47）

Ⅲ区③层出土骨器

图版三一

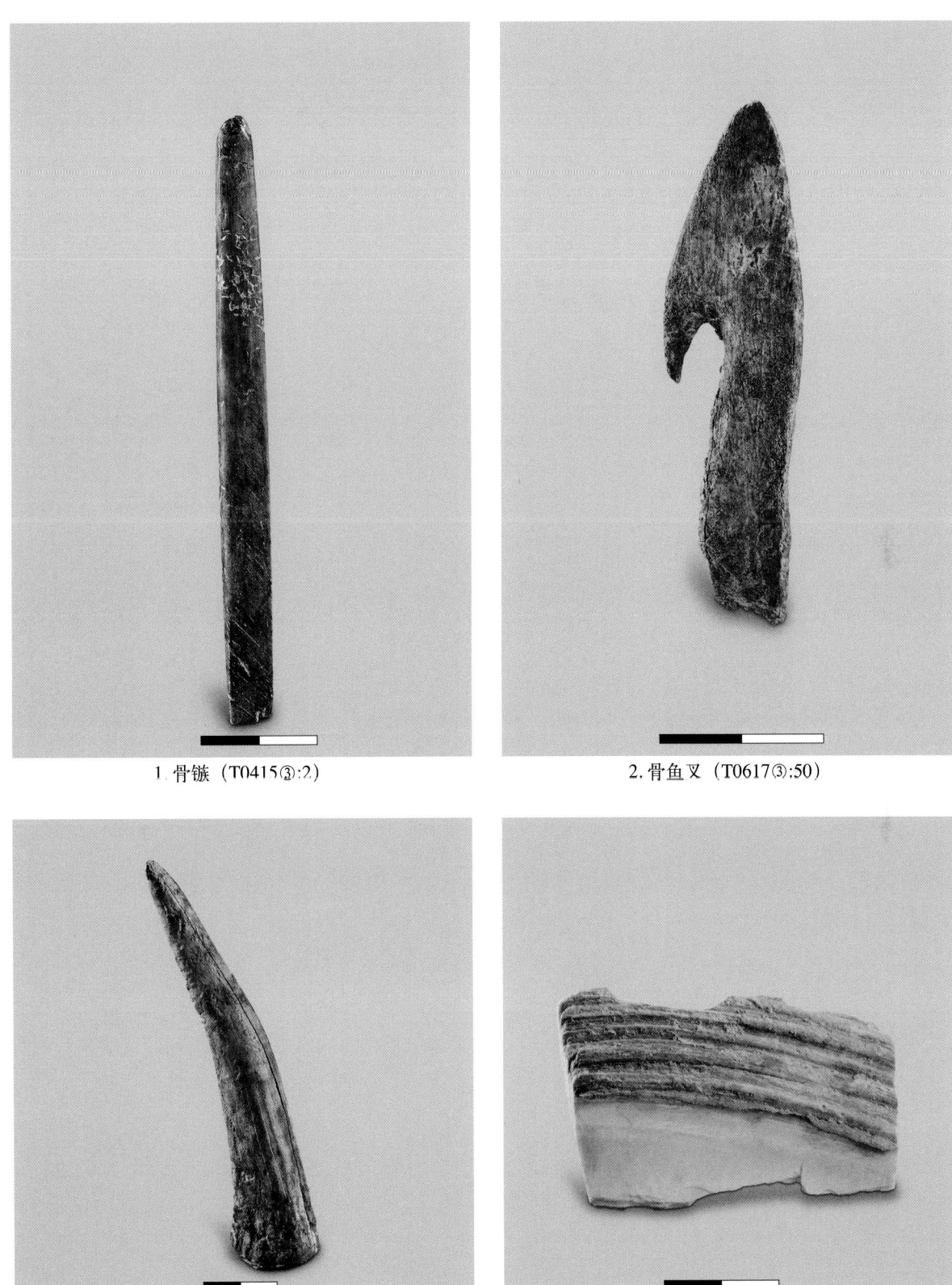

1. 骨镞（T0415③:2）
2. 骨鱼叉（T0617③:50）
3. 角锥（T0913③:30）
4. 蚌刀（T0520③:23）

Ⅲ区③层出土遗物

图版三二

1. 瓶（T0514④:9）

2. 盆（T0514④:7）

3. 罐（T0514④:11）

4. 罐（T0514④:10）

5. 钵（T0514④:1）

6. 钵（T0514④:3）

Ⅲ区④层出土陶器

图版三三

1. 钵（T0514④:4）

2. 钵（T1212④:5）

3. 钵（T0514④:6）

4. 钵（T0514④:2）

5. 圆陶片（T0514④:17-1）

6. 球（T0909④:33）

Ⅲ区④层出土陶器

图版三四

1. 笄 (T0810④:30)
2. 斧 (T0915④:25)
3. 斧 (T0315④:35)
4. 锛 (T0514④:16)
5. 球 (T0813④:31)
6. 球 (T0520④:34)

Ⅲ区④层出土石器

图版三五

1. 石球（T0909④:32）
2. 石砍砸器（T0514④:15）
3. 骨笄（T0911④:20）
4. 骨笄（T0315④:1）
5. 骨笄（T0514④:18）
6. 骨锥（T0719④:19）

Ⅲ区④层出土遗物

图版三六

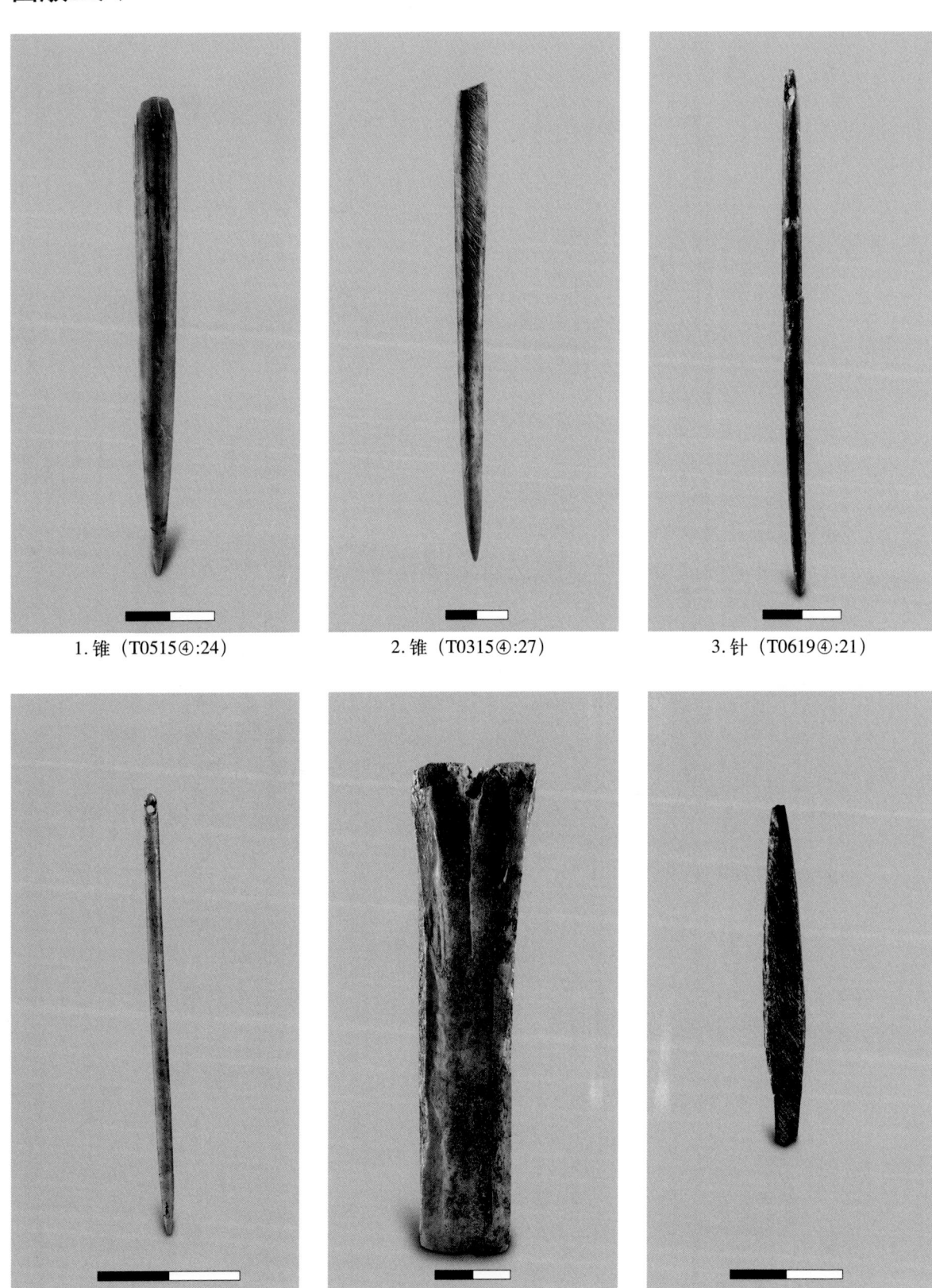

1. 锥（T0515④:24）
2. 锥（T0315④:27）
3. 针（T0619④:21）
4. 针（T0912④:23）
5. 凿（T0619④:22）
6. 镞（T0909④:28）

Ⅲ区④层出土骨器

图版三七

1. 陶钵 (T0713⑤:1)

2. 陶钵 (T0514⑤:2)

3. 陶罐 (T0516⑤:8)

4. 玉饰 (T1312⑤:3)

5. 石球 (T0615⑤:10)

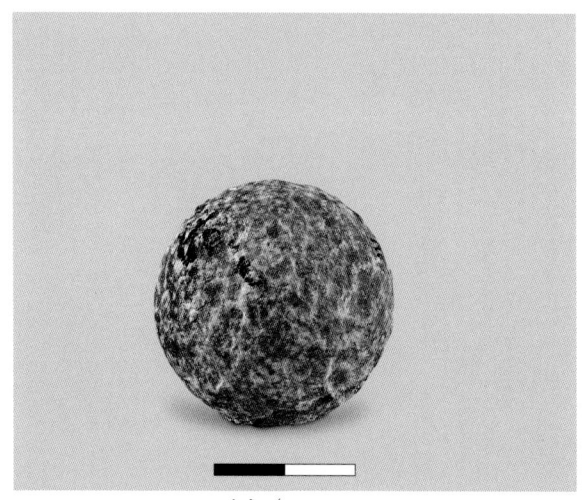

6. 石球 (T0615⑤:11)

Ⅲ区⑤层出土遗物

图版三八

1. 石球（T1312⑤:17）
2. 石球（T0511⑤:25）
3. 石球（T0810⑤:21）
4. 石砧（T0615⑤:13）
5. 石斧（T0815⑤:14）
6. 骨笄（T1312⑤:19）

Ⅲ区⑤层出土遗物

图版三九

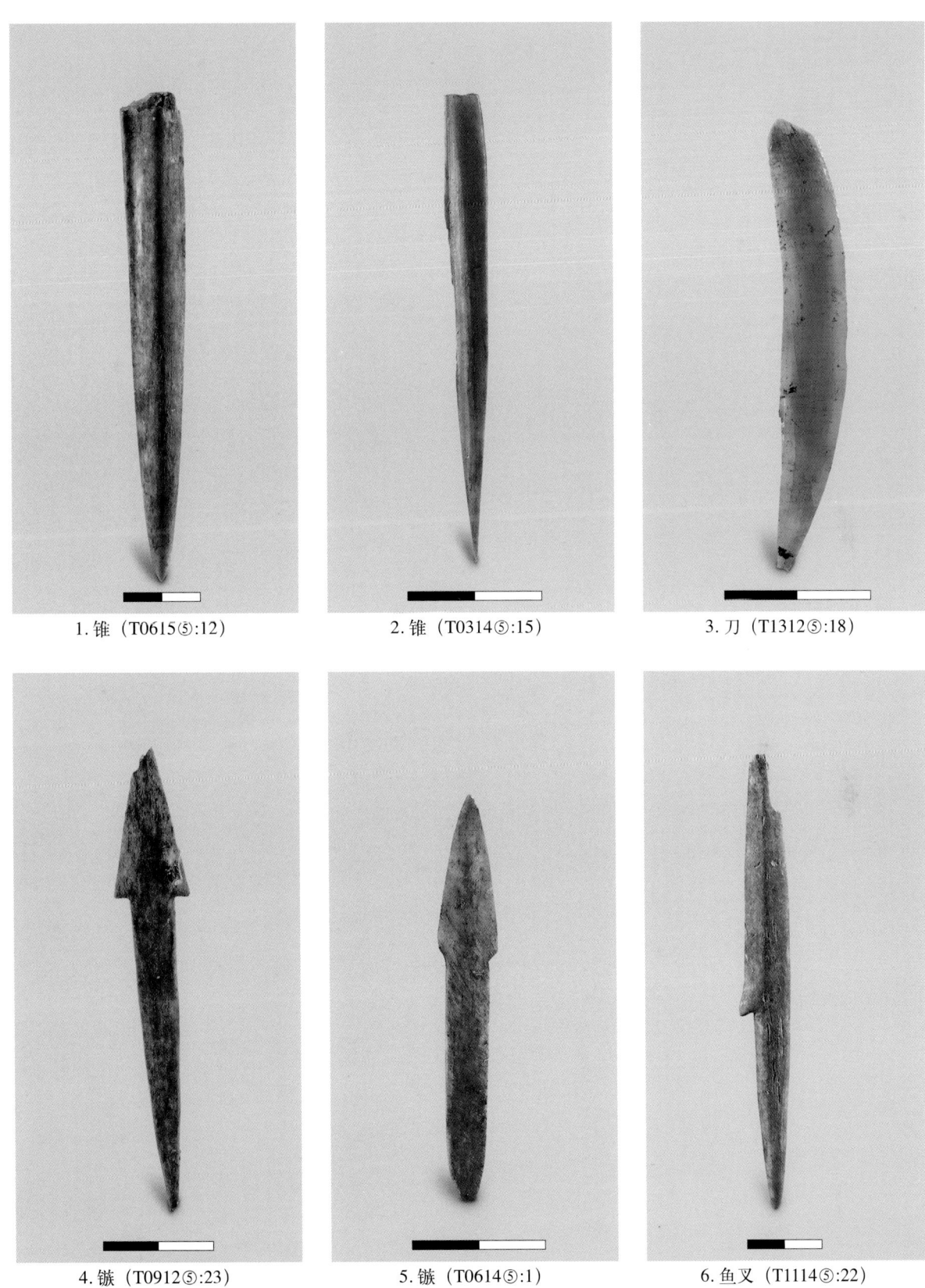

1. 锥 (T0615⑤:12)　　2. 锥 (T0314⑤:15)　　3. 刀 (T1312⑤:18)

4. 镞 (T0912⑤:23)　　5. 镞 (T0614⑤:1)　　6. 鱼叉 (T1114⑤:22)

Ⅲ区⑤层出土骨器

图版四〇

1. 陶罐（T0712⑥:4）

2. 陶钵（T1411⑥:1）

3. 陶球（T1014⑥:16）

4. 石球（T0619⑥:15）

5. 石核（T0912⑥:10）

6. 石片（T0912⑥:11）

Ⅲ区⑥层出土遗物

图版四一

1. 残石器（T1012⑥:22）

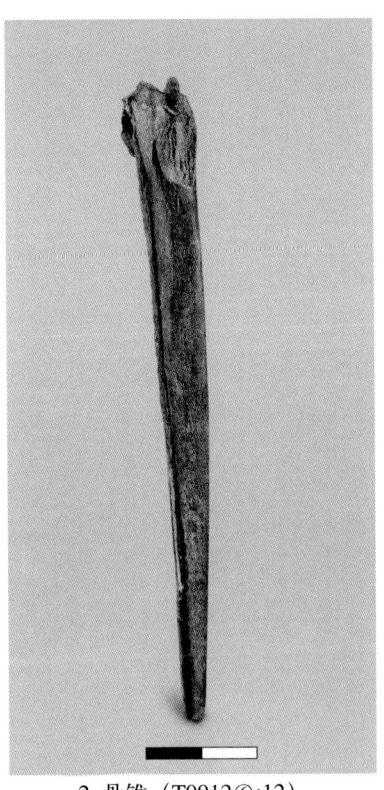
2. 骨锥（T0912⑥:12）

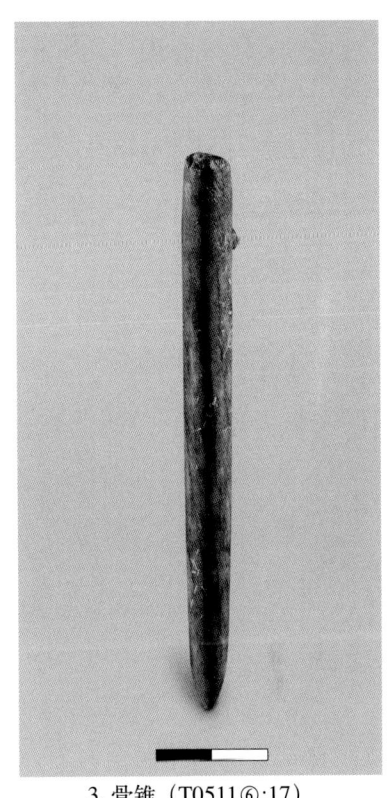
3. 骨锥（T0511⑥:17）

4. 骨锥正面（T0713⑥:22）

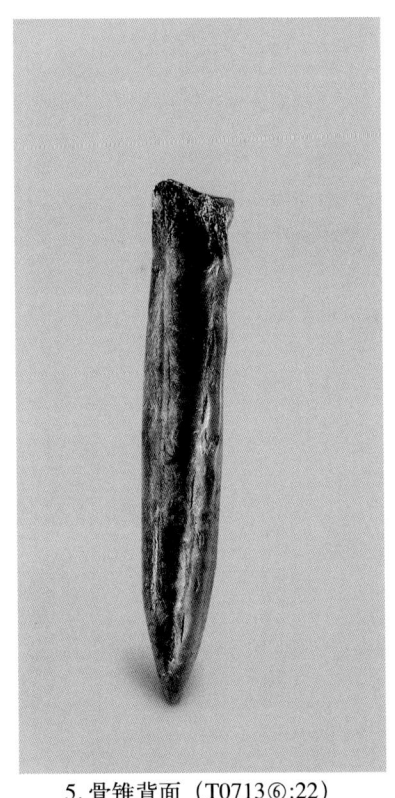
5. 骨锥背面（T0713⑥:22）

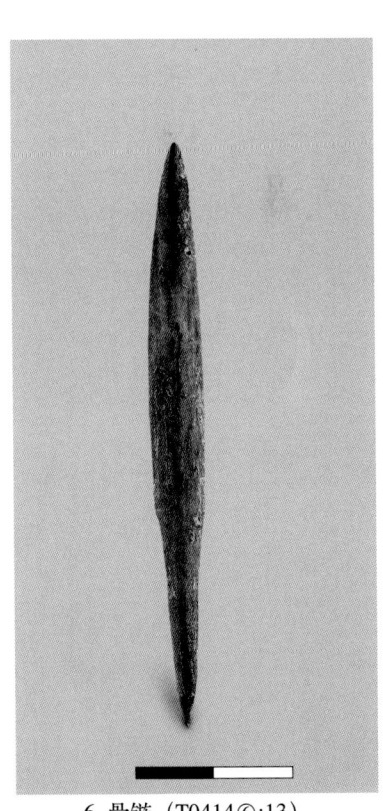
6. 骨镞（T0414⑥:13）

Ⅲ区⑥层出土遗物

图版四二

1. 骨镞（T0713⑥:14）

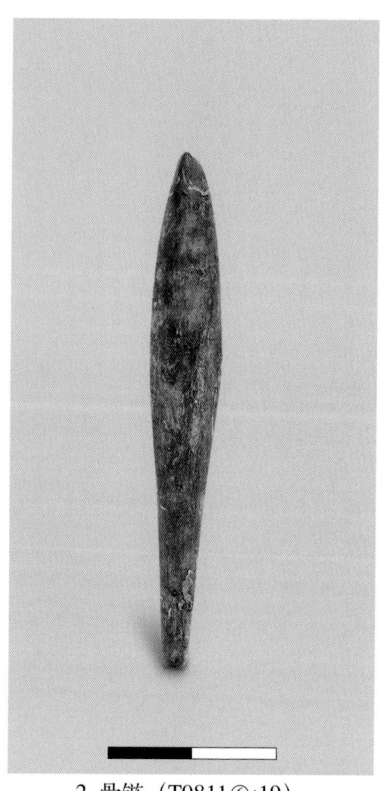
2. 骨镞（T0811⑥:19）

3. 骨镞（T0811⑥:20）

4. 骨鱼叉（T0611⑥:18）

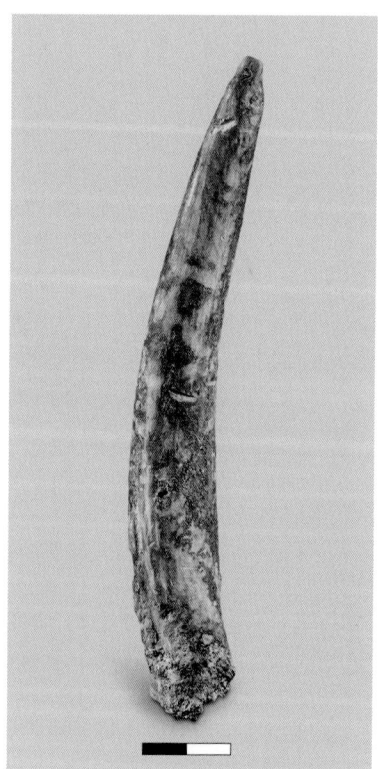
5. 角锥（T0909⑥:21）

6. 蚌饰（T0714⑥:2）

Ⅲ区⑥层出土遗物

图版四三

1. 陶罐（T0913⑦:6）

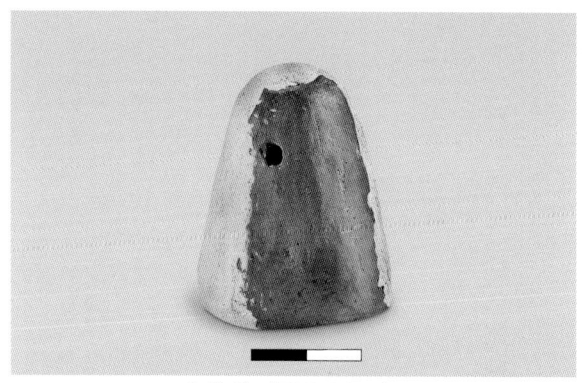
2. 陶铃（T0719⑦:7）

3. 石坠饰（T1013⑦:20）

4. 石锛（T1012⑦:13）

5. 石锛（T1114⑦:14）

6. 石雕刻器（T0719⑦:9）

Ⅲ区⑦层出土遗物

图版四四

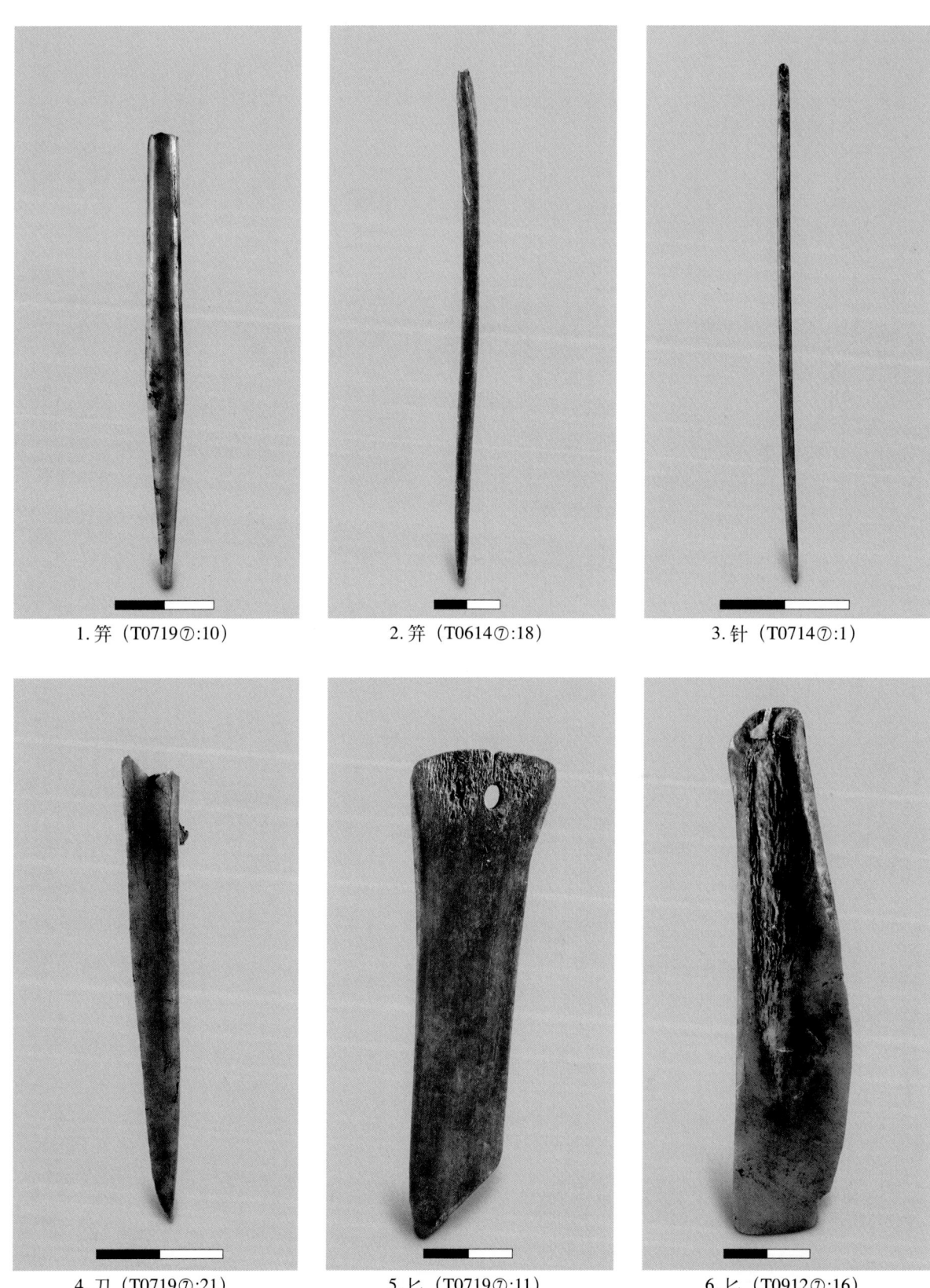

1. 锥（T0719⑦:10）　2. 锥（T0614⑦:18）　3. 针（T0714⑦:1）

4. 刀（T0719⑦:21）　5. 匕（T0719⑦:11）　6. 匕（T0912⑦:16）

Ⅲ区⑦层出土骨器

图版四五

1. 骨镞（T0912⑦:17）

2. 骨镞（T0512⑦:24）

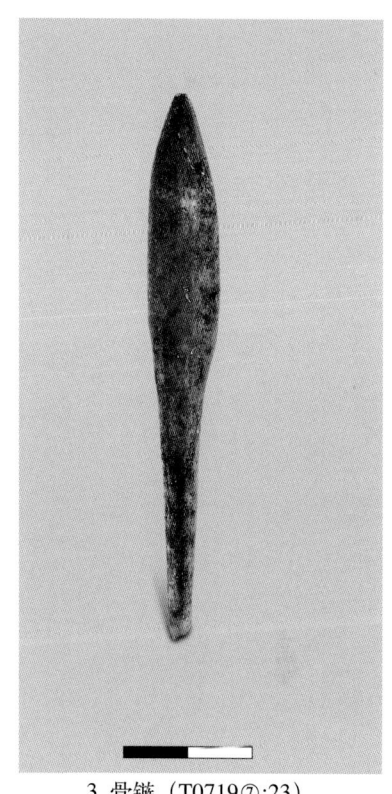
3. 骨镞（T0719⑦:23）

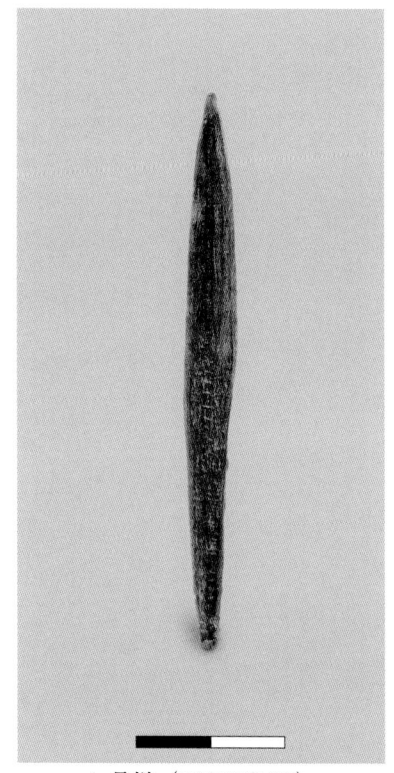
4. 骨镞（T1312⑦:22）

5. 骨鱼钩（T0719⑦:25）

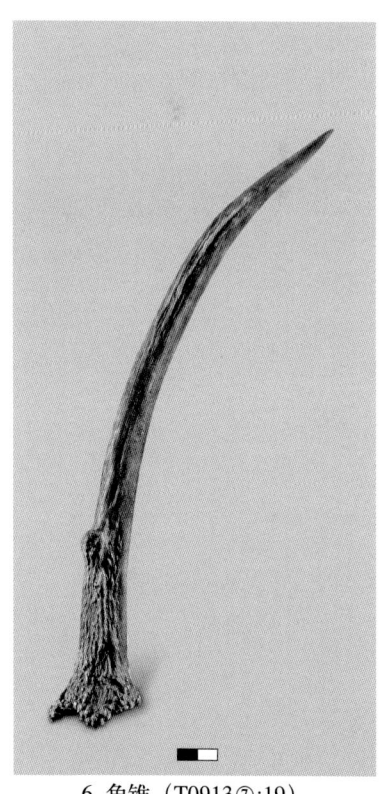
6. 角锥（T0913⑦:19）

Ⅲ区⑦层出土遗物

图版四六

1. 陶钵（T0917⑧:7）

2. 圆陶片（T0917⑧:8-1）

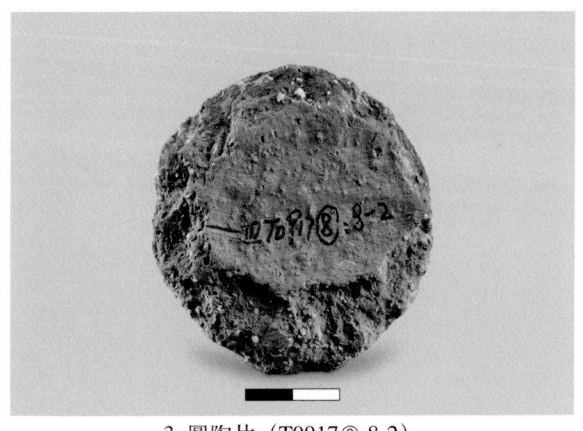

3. 圆陶片（T0917⑧:8-2）

4. 石雕刻器（T0917⑧:9）

5. 石饰件（T0314⑧:1）

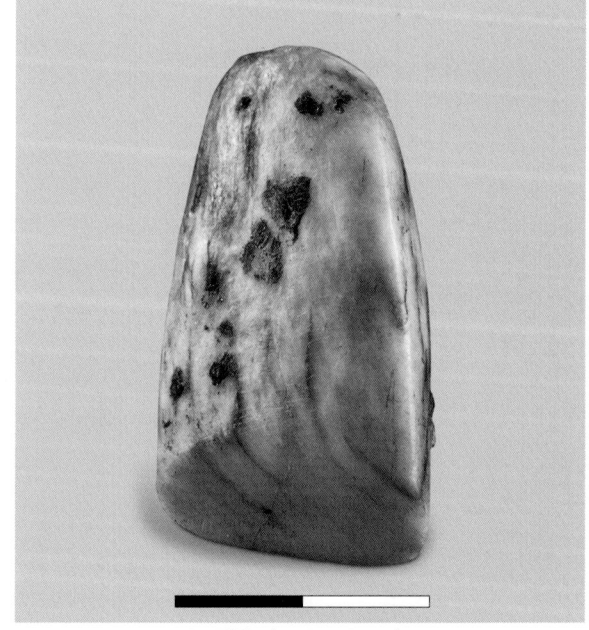

6. 石锛（T0314⑧:10）

Ⅲ区⑧层出土遗物

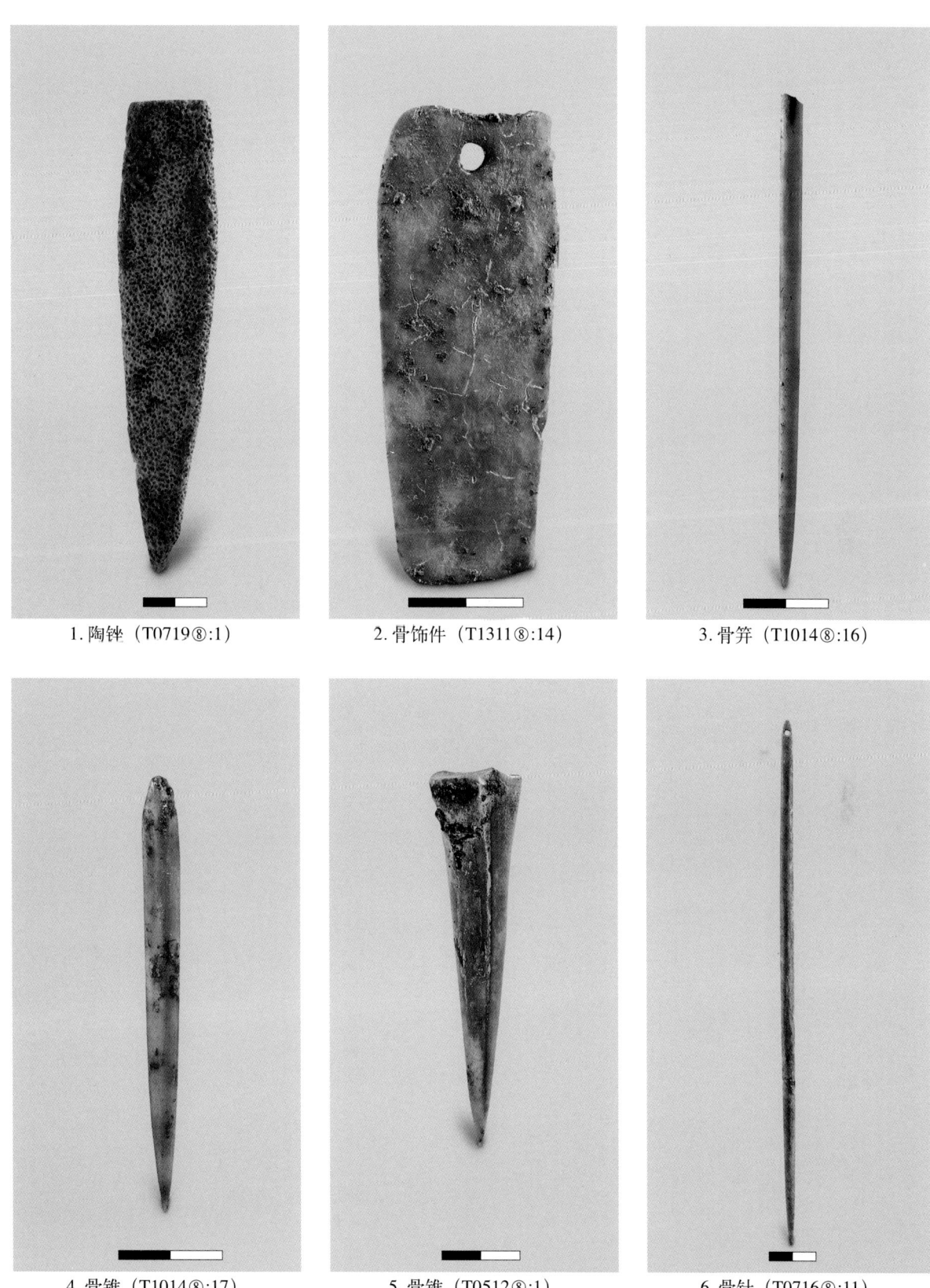

1. 陶锉 (T0719⑧:1)　　2. 骨饰件 (T1311⑧:14)　　3. 骨笄 (T1014⑧:16)

4. 骨锥 (T1014⑧:17)　　5. 骨锥 (T0512⑧:1)　　6. 骨针 (T0716⑧:11)

Ⅲ区⑧层出土遗物

图版四八

1. 骨针（T0716⑧:12）
2. 骨镞（T0912⑧:13）
3. 骨铲（T1014⑧:15）
4. 陶壶（T0913⑨:4）
5. 陶锉（T1012⑨:20）
6. 陶锉（T0613⑨:1）

Ⅲ区⑧层、⑨层出土遗物

图版四九

1. 石凿（T1211⑨:10）

2. 石球（T0414⑨:26）

3. 石刮削器（T1211⑨:9）

4. 石雕刻器（T1211⑨:8）

5. 骨笄（T0911⑨:13）

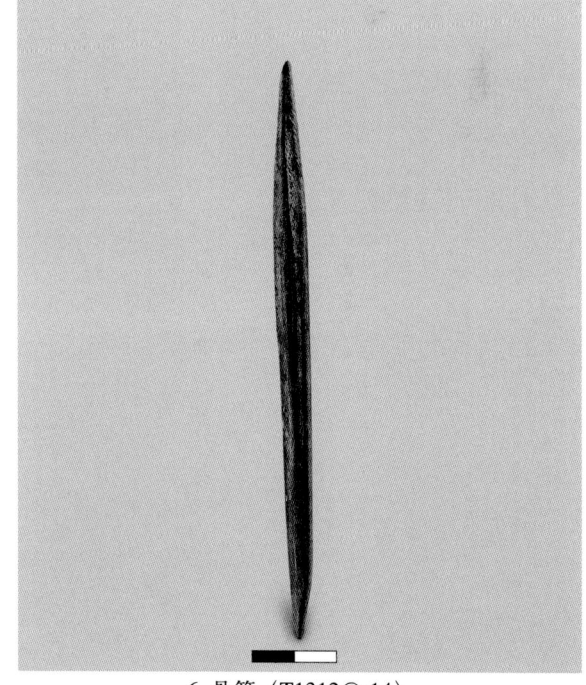
6. 骨笄（T1312⑨:14）

Ⅲ区⑨层出土遗物

图版五〇

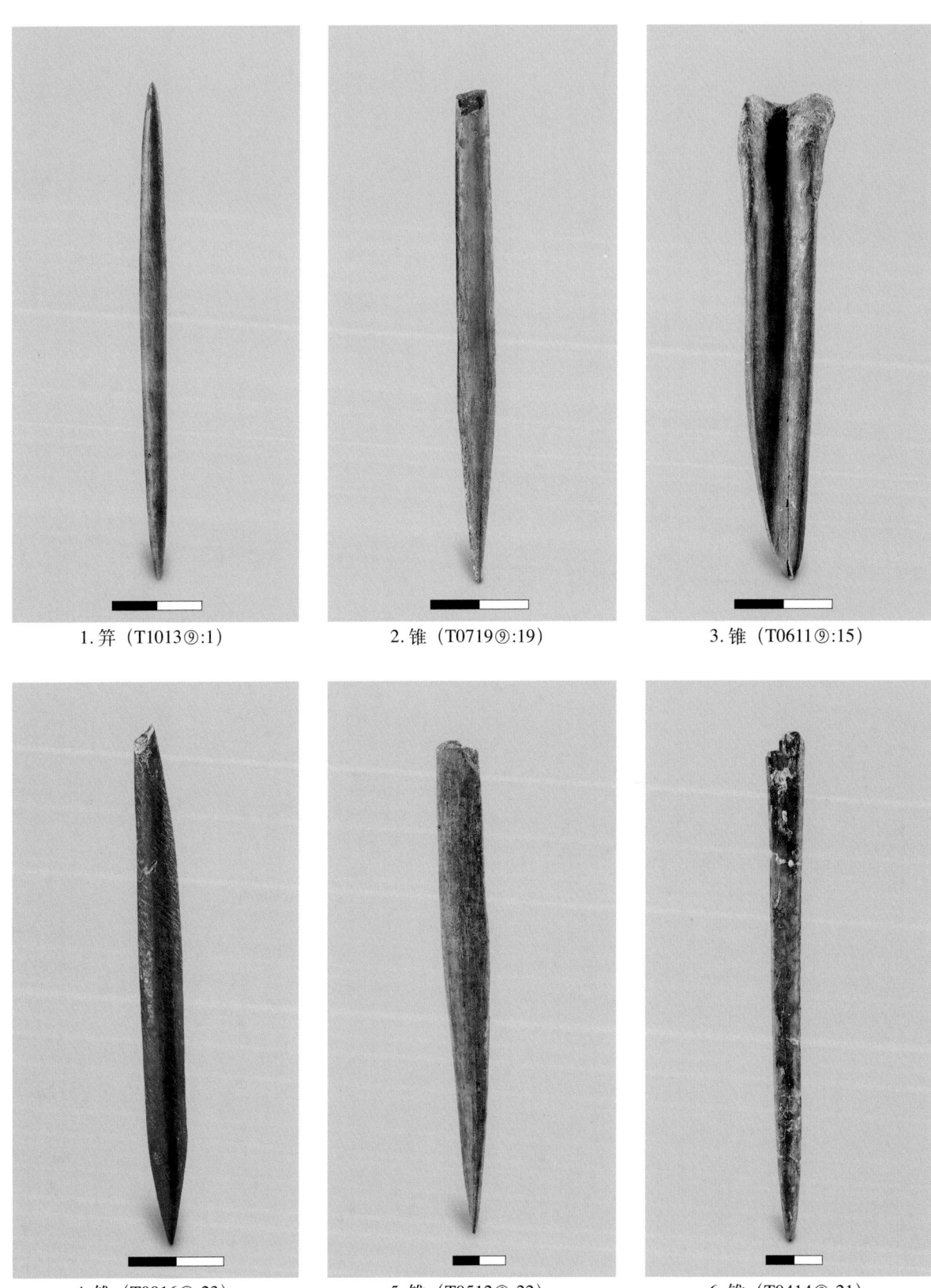

1. 笄 (T1013⑨:1) 2. 锥 (T0719⑨:19) 3. 锥 (T0611⑨:15)

4. 锥 (T0916⑨:23) 5. 锥 (T0512⑨:22) 6. 锥 (T0414⑨:21)

Ⅲ区⑨层出土骨器

图版五一

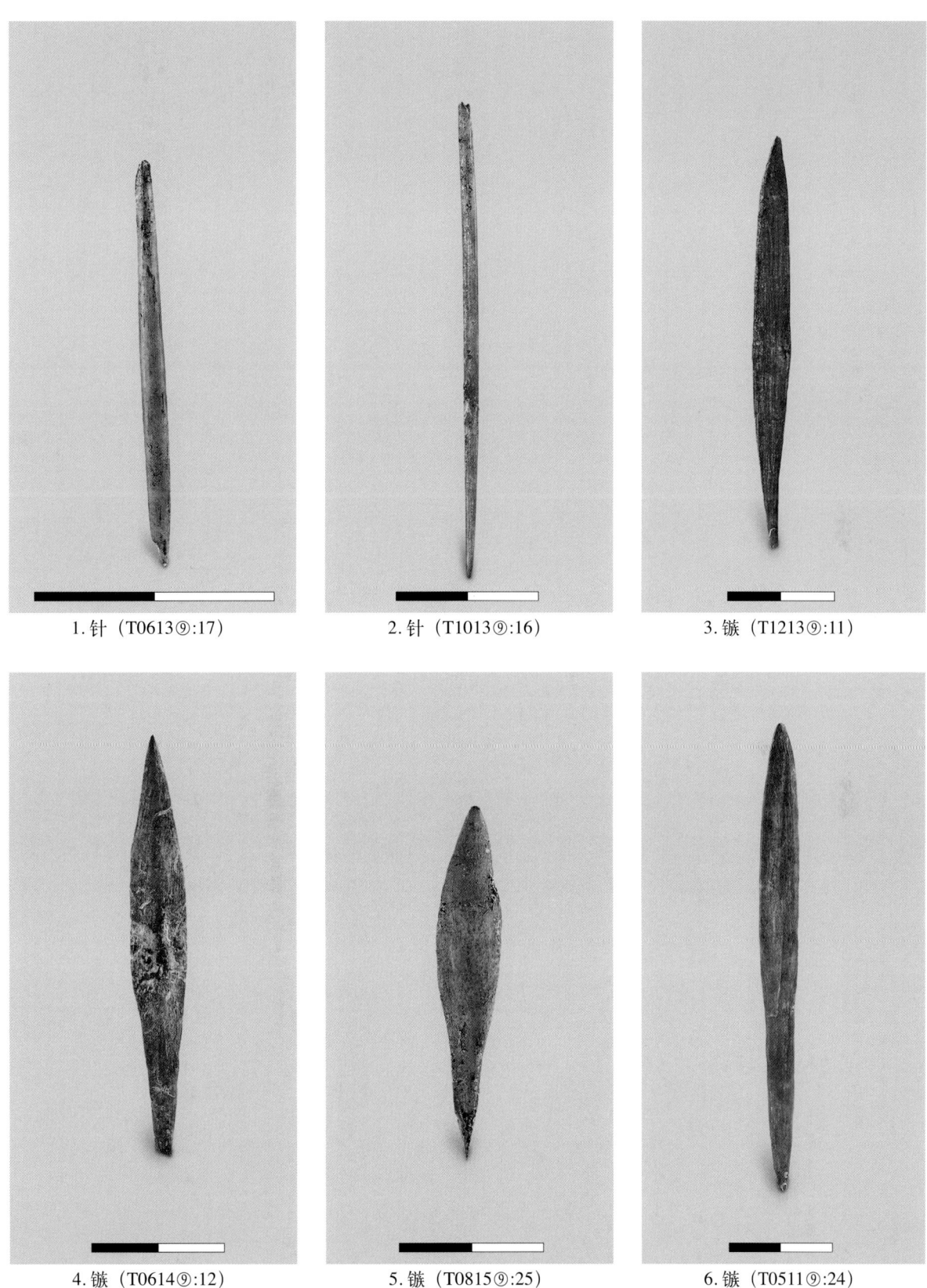

1. 针（T0613⑨:17） 2. 针（T1013⑨:16） 3. 镞（T1213⑨:11）

4. 镞（T0614⑨:12） 5. 镞（T0815⑨:25） 6. 镞（T0511⑨:24）

Ⅲ区⑨层出土骨器

图版五二

1. 陶钵（T0816⑩：1）

2. 陶盂（T0816⑩：8）

3. 圆陶片（T0816⑩：10-2）

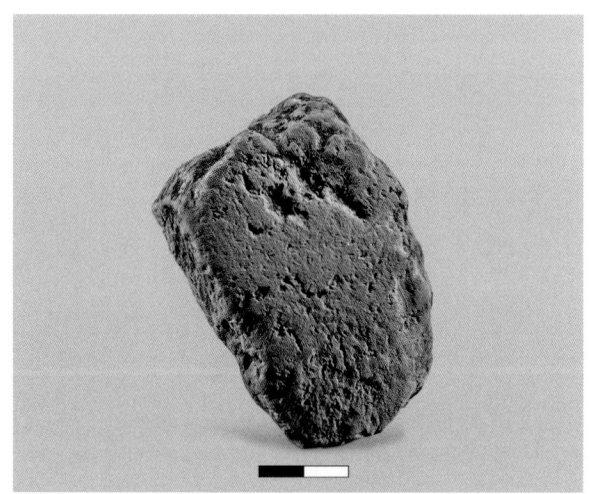

4. 陶铲（T0816⑩：13）

5. 石球（T0613⑩：20）

6. 石斧（T0816⑩：12）

Ⅲ区⑩层出土遗物

图版五三

1. 石凿 (T0314⑩:14)
2. 石凿 (T0714⑩:1)
3. 石镞 (T0813⑩:23)
4. 石雕刻器 (T0816⑩:11)
5. 石管状器 (T0816⑩:24)
6. 骨笄 (T0816⑩:17)

Ⅲ区⑩层出土遗物

图版五四

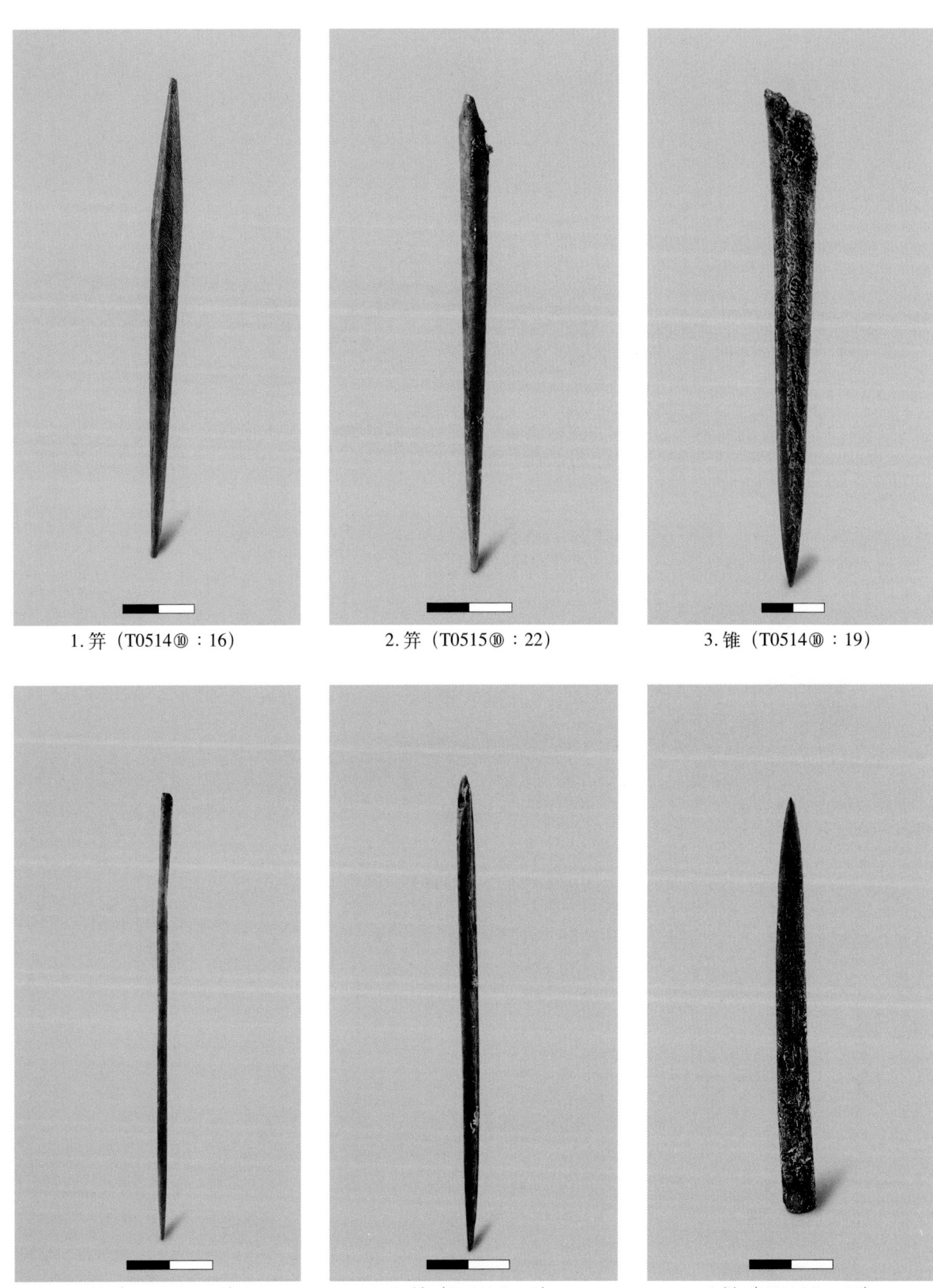

1. 笄 (T0514⑩:16) 2. 笄 (T0515⑩:22) 3. 锥 (T0514⑩:19)
4. 针 (T0715⑩:18) 5. 针 (T1011⑩:1) 6. 镞 (T0514⑩:15)

Ⅲ区⑩层出土骨器

图版五五

1. 器足 (T0917⑪:17)

2. 圆陶片 (T0917⑪:14-1)

3. 圆陶片 (T0917⑪:14-2)

4. 石雕刻器 (T0917⑪:15)

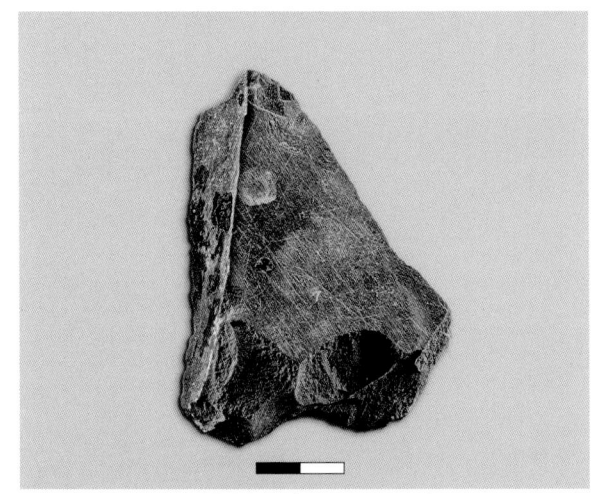
5. 石雕刻器 (T0917⑪:16)

6. 残石器 (T0517⑪:22)

Ⅲ区⑪层出土遗物

图版五六

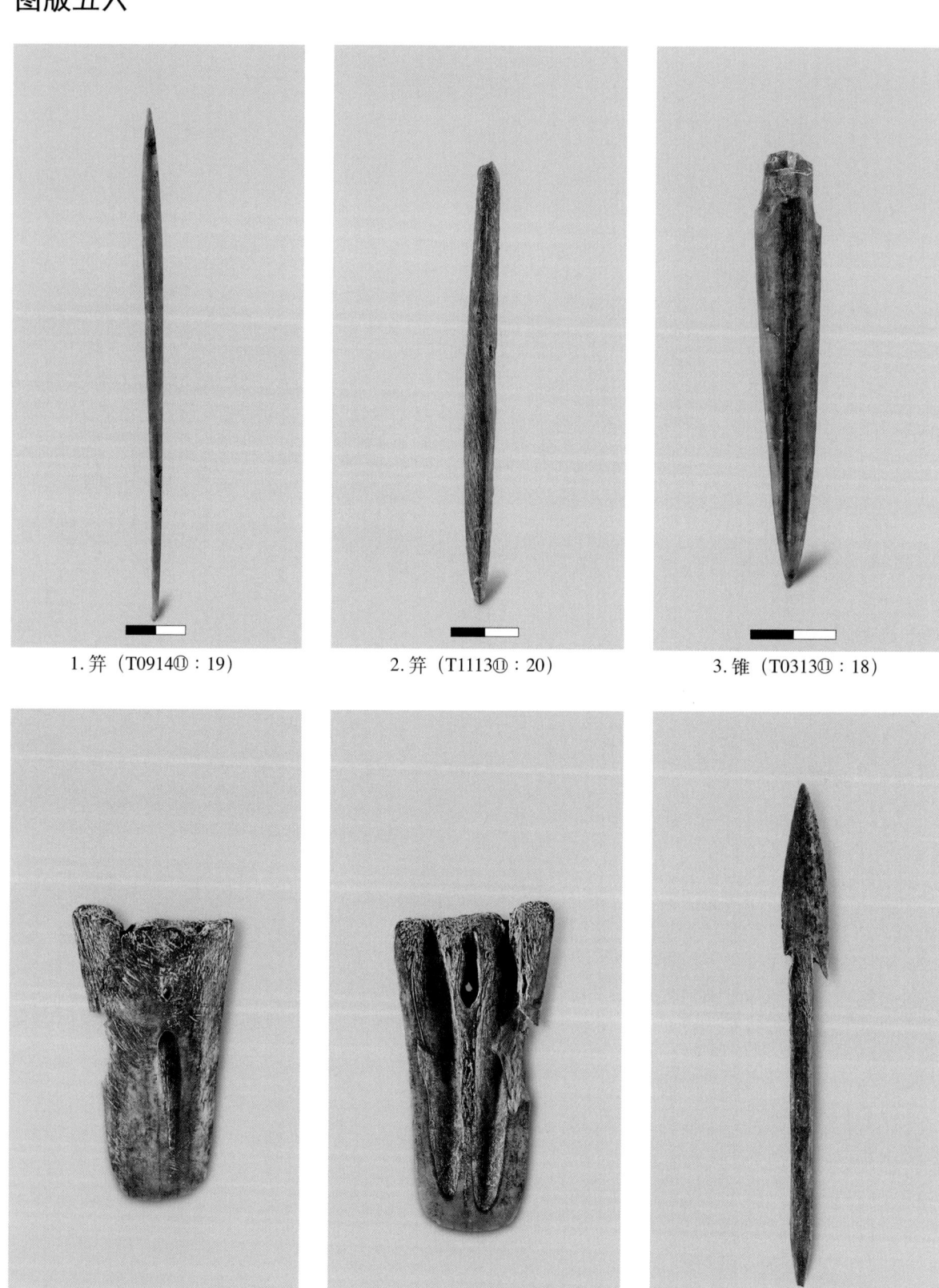

1. 笄（T0914⑪：19）　　2. 笄（T1113⑪：20）　　3. 锥（T0313⑪：18）

4. 铲正面（T0816⑪：23）　　5. 铲背面（T0816⑪：23）　　6. 鱼叉（T1411⑫：1）

Ⅲ区⑪、⑫层出土骨器

图版五七

1. 石研磨器（F52：17）

2. 陶钵（F76：10）

3. 角锥（F52：18）

4. 石凿（F72：14）

5. 陶盆（H146：7）

6. 圆陶片（H155：10-2）

F52、F72、F76、H146、H155出土遗物

图版五八

1. 圆陶片内侧（H155∶10-2）

2. 石砍砸器（H155∶12）

3. 圆陶片（H157∶4-1）

4. 圆陶片（H157∶4-2）

5. 墙皮残块（H177∶13）

6. 石斧（H177∶8）

H155、H157、H177出土遗物

图版五九

1. 残石器（H177∶9）

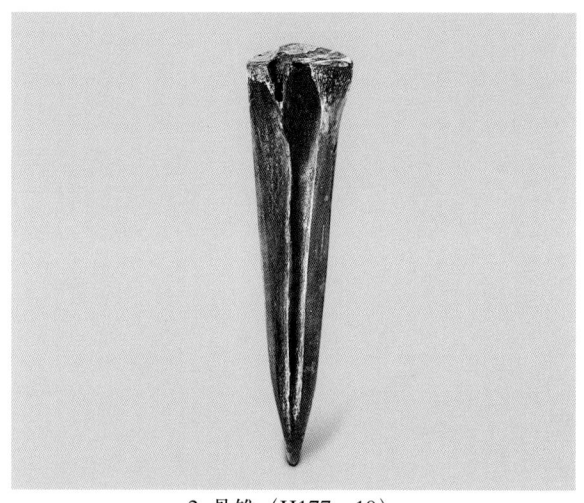

2. 骨锥（H177∶10）

3. 陶盆（H198∶2）

4. 陶瓶（H200∶15）

5. 陶罐（H201∶11）

6. 石研磨器（H201∶17）

H177、H198、H200、H201出土遗物

图版六〇

1. 残石器（H201∶14）

2. 陶罐（H202∶12）

3. 陶钵（H202∶6）

4. 陶锉（H202∶15）

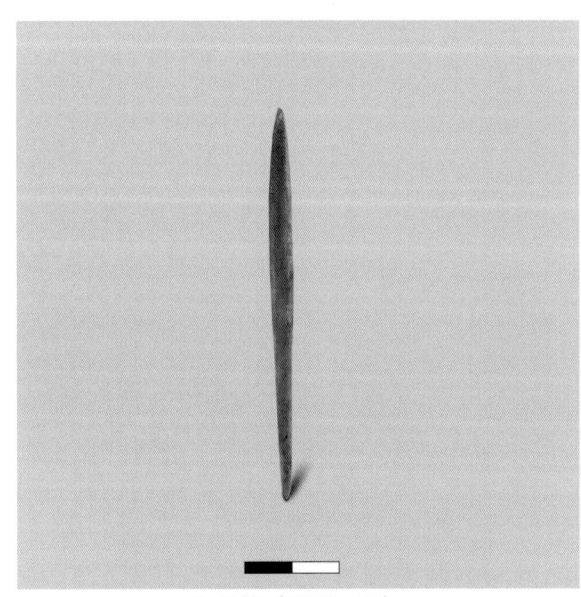
5. 骨笄（H202∶16）

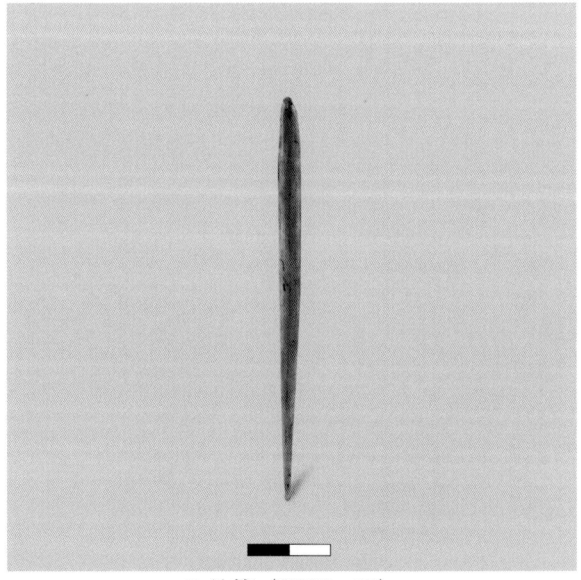
6. 骨笄（H202∶18）

H201、H202出土遗物

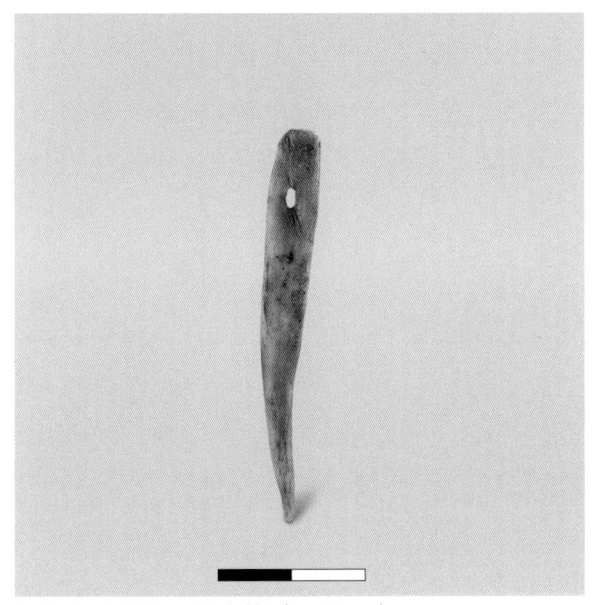

1. 骨饰（H228∶7）

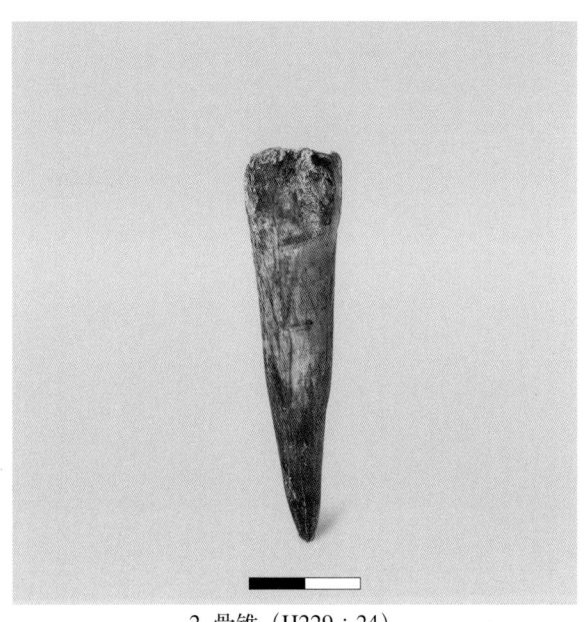

2. 骨锥（H229∶24）

3. 石铲（H225∶8）

4. 陶瓶（H235∶14）

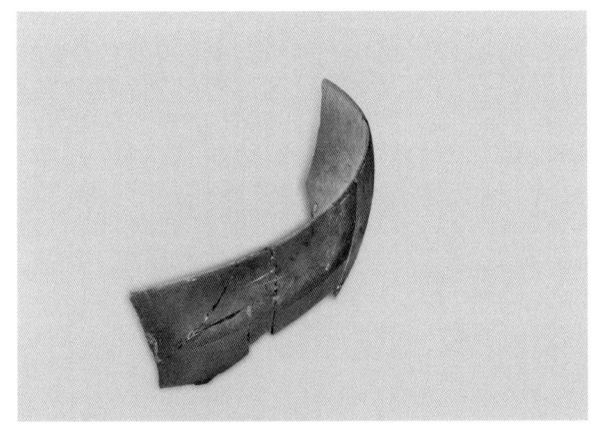

5. 陶钵（H235∶3）

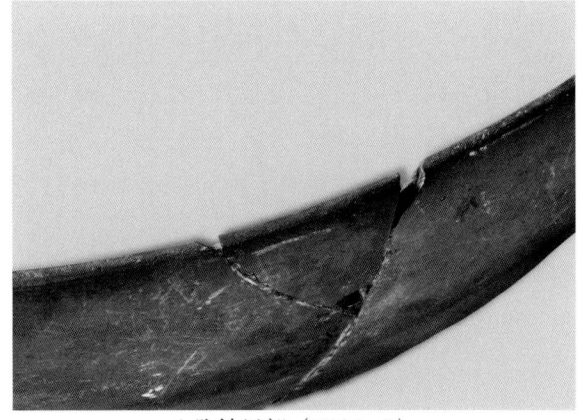

6. 陶钵唇部（H235∶3）

H228、H229、H225、H235出土遗物

图版六二

1. 陶钵（H235∶1）

2. 器足（H235∶24）

3. 器足（H235∶25）

4. 圆陶片（H235∶26-1）

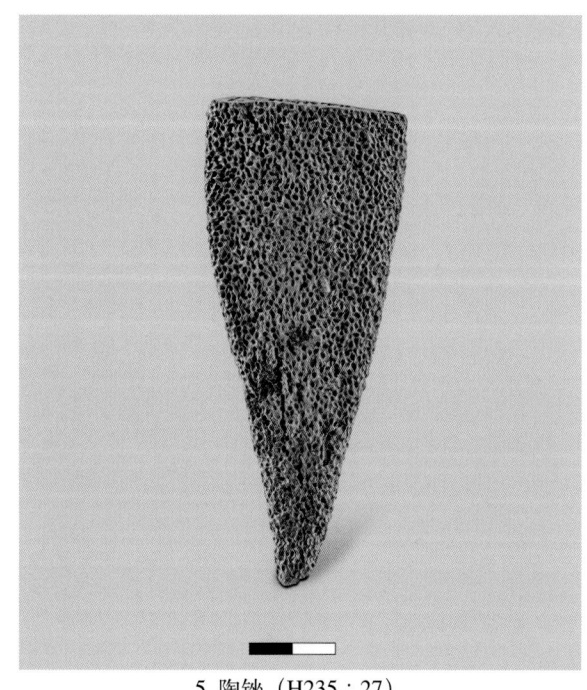
5. 陶锉（H235∶27）

6. 石斧（H235∶28）

H235出土遗物

图版六三

1. 陶刀（F2：43）
2. 石凿（F2：44）
3. 石球（F2：45）
4. 骨料（F2：46）
5. 石研磨器（F6：9）
6. 骨锥（F6：10）

F2、F6出土遗物

图版六四

1. F8陶器组合

2. 瓶（F8∶16）

3. 盆（F8∶13）

4. 盆（F8∶12）

5. 盆（F8∶15）

F8出土陶器

F8出土陶器

图版六六

1. F8∶4
2. F8∶5
3. F8∶6
4. F8∶8
5. F8∶9
6. F8∶10

F8出土陶钵

图版四九

1. 石凿（T1211⑨:10）

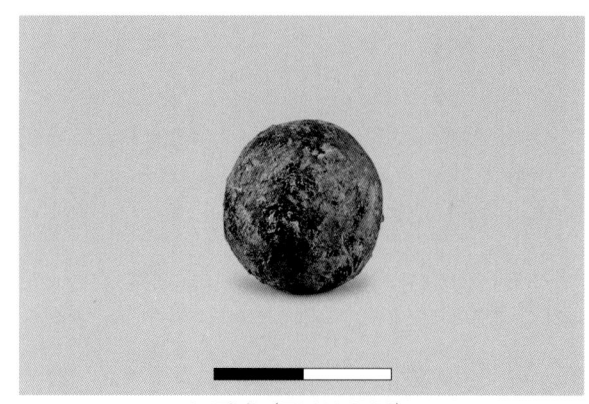
2. 石球（T0414⑨:26）

3. 石刮削器（T1211⑨:9）

4. 石雕刻器（T1211⑨:8）

5. 骨笄（T0911⑨:13）

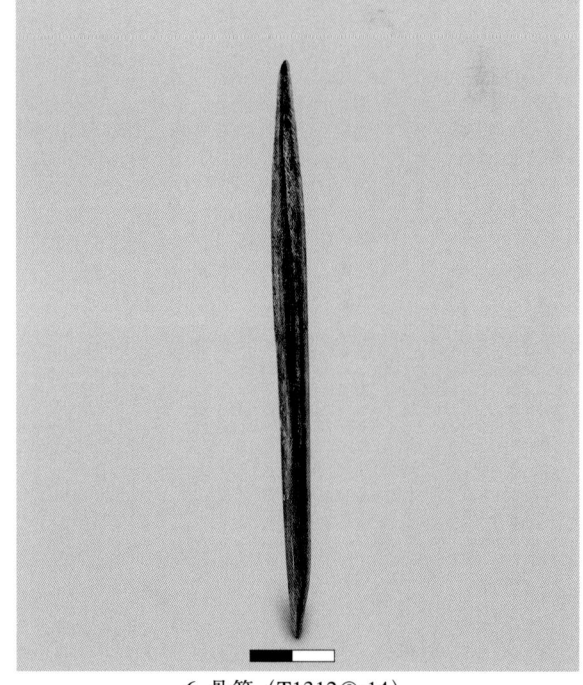
6. 骨笄（T1312⑨:14）

Ⅲ区⑨层出土遗物

图版五〇

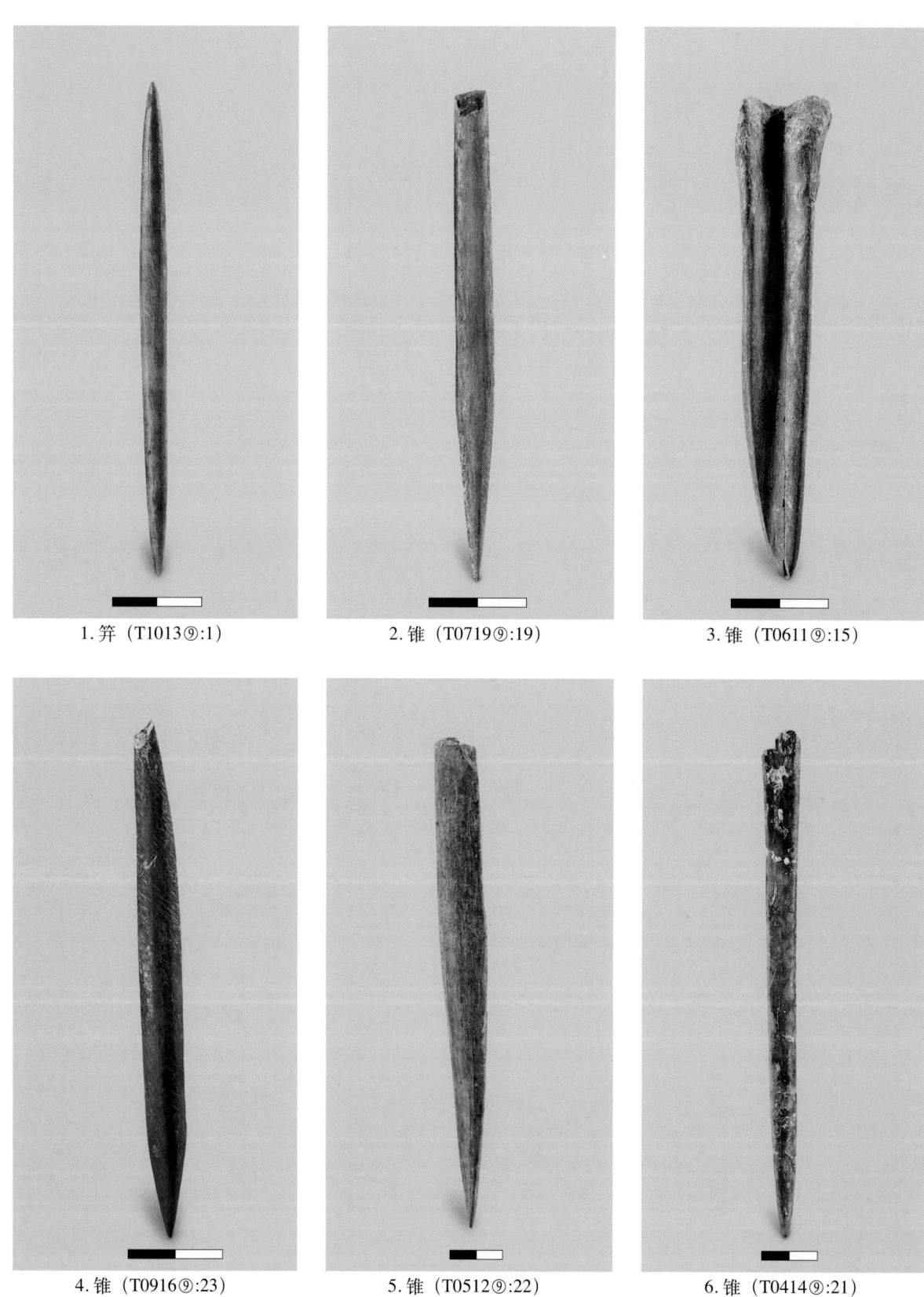

1. 笄（T1013⑨:1）　　2. 锥（T0719⑨:19）　　3. 锥（T0611⑨:15）

4. 锥（T0916⑨:23）　　5. 锥（T0512⑨:22）　　6. 锥（T0414⑨:21）

Ⅲ区⑨层出土骨器

图版六七

1. 钵（F8∶7）

2. 壶（F8∶45）

3. 壶（F8∶44）

4. 壶（F8∶43）

5. F8墙皮残块

6. F8墙皮残块

F8出土陶器与墙皮残块

图版六八

1. 陶锉（F8∶55）

2. 石砧（F8∶52）

3. 牙饰（F15∶23）

4. 陶拍（F17∶16）

5. F20陶器组合

F8、F15、F17、F20出土遗物

图版六九

1. 罐（F20：50）

2. 钵（F20：1）

3. 钵（F20：2）

4. 钵（F20：3）

5. 钵（F20：15）

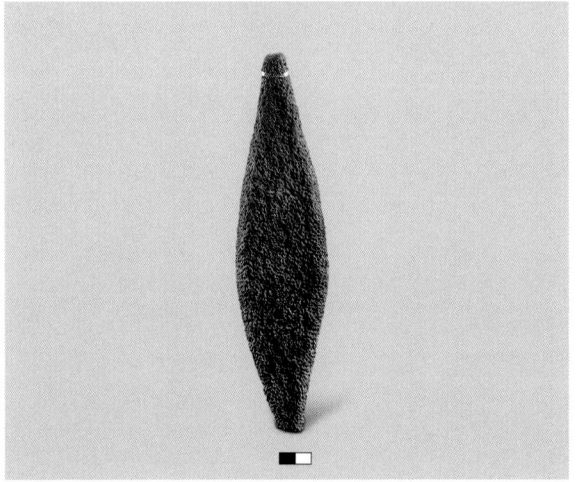

6. 锉（F20：53）

F20出土陶器

图版七〇

1. 石铲（F20:54）

2. 陶罐（F28:17）

3. 陶钵（F28:1）

4. 陶钵（F28:2）

5. 陶钵（F28:4）

6. 陶钵（F28:3）

F20、F28出土遗物

1. F28墙皮残块　　2. 磨石（F28:50）
3. 石刮削器（F36:18）　　4. 石斧（F39:3）
5. 陶锉（F42:12）　　6. 骨锥（F48:28）

F28、F36、F39、F42、F48出土遗物

图版七二

1. 骨镞（F55∶33）
2. 陶瓶（F63∶3）
3. 陶罐（F63∶4）
4. 陶球（F67∶1）
5. 骨针（F67∶2）
6. 骨镞（F67∶3）

F55、F63、F67出土遗物

图版七三

1. 骨镞 (F67:6)

2. 骨镞 (F67:7)

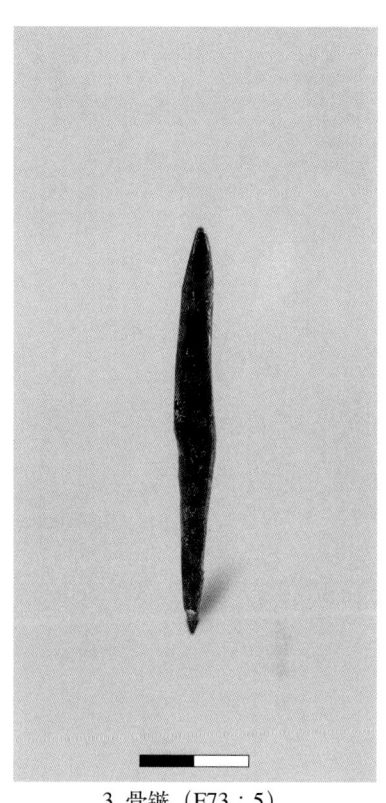
3. 骨镞 (F73:5)

4. F79陶器组合

F67、F73、F79出土遗物

图版七四

1. 瓶（F79∶13）

2. 罐（F79∶14）

3. 罐（F79∶15）

4. 罐（F79∶16）

5. 罐（F79∶21）

6. 罐（F79∶22）

F79出土陶器

图版七五

1. F79：1

2. F79：2

3. F79：3

4. F79：4

5. F79：5

6. F79：6

F79出土陶钵

图版七六

1. 陶钵 (F79:7)

2. 陶钵 (F79:60)

3. 陶钵 (F79:61)

4. 陶盂 (F79:59)

5. 圆陶片 (F79:64-2)

6. 石球 (F79:68)

F79出土遗物

图版七七

1. 石锤（F79:69）

2. 石锤（F79:70）

3. 石锛（F79:67）

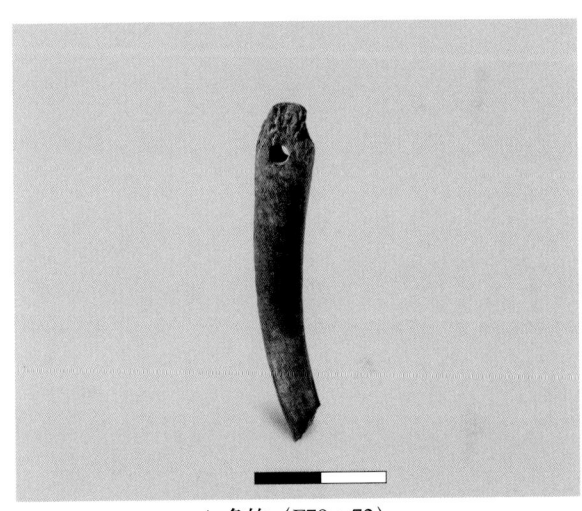

4. 角饰（F79:72）

5. 陶钵（F80:1）

6. 陶盂（F80:37）

F79、F80出土遗物

图版七八

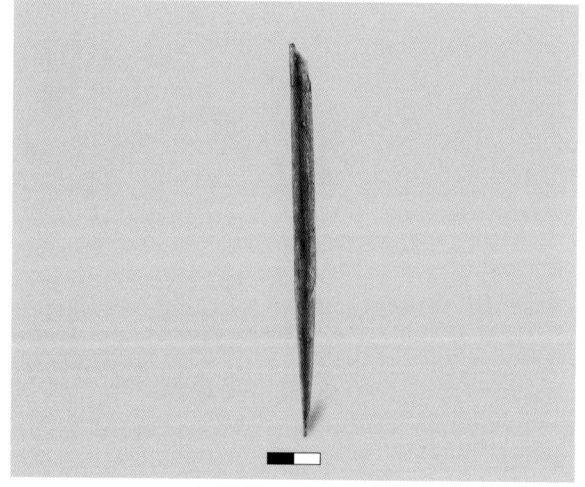
1. 骨笄（F80∶38）

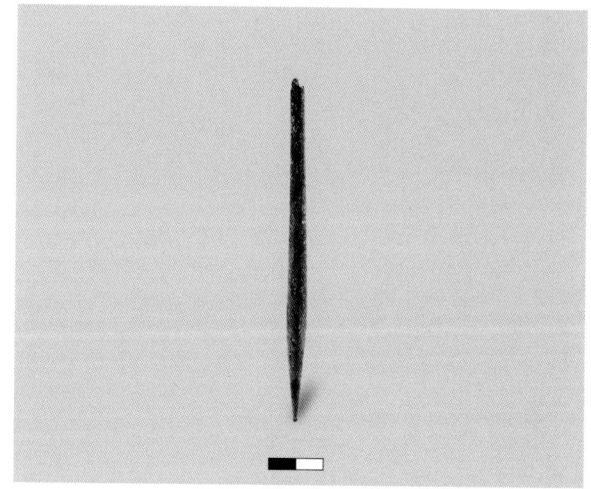
2. 骨笄（F83∶19）

3. F84陶器组合

4. 陶罐（F84∶25）

5. 陶罐（F84∶31）

F80、F83、F84出土遗物

图版七九

1. 陶钵 (F84:1)

2. 陶钵 (F84:2)

3. 陶瓮 (F84:9)

4. 器盖 (F84:33)

5. 石锤 (F84:36)

6. 陶罐 (F85:8)

F84、F85出土遗物

图版八〇

1. 石锤 (F87:17)

2. 残石器 (F87:13)

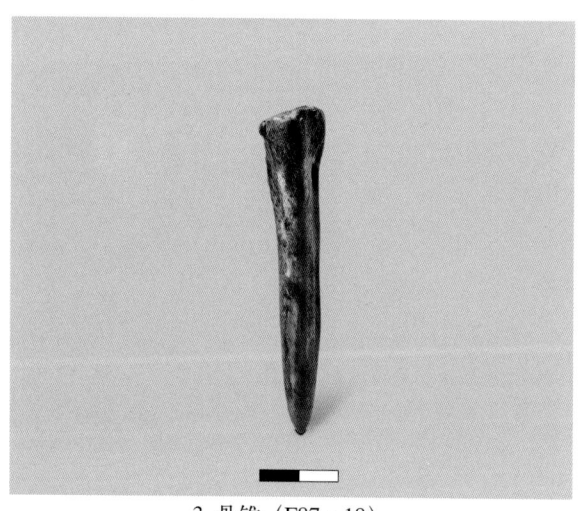
3. 骨锥 (F87:18)

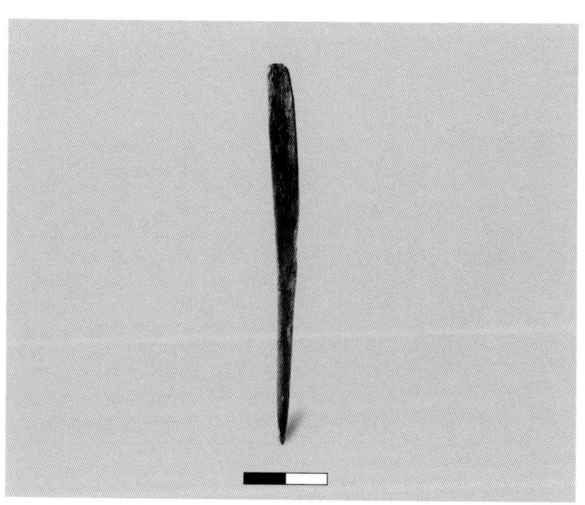
4. 骨锥 (F87:19)

5. 陶罐 (F90:12)

6. 陶钵 (F90:1)

F87、F90出土遗物

图版八一

1. 罐 (H10:4)
2. 钵 (H10:1)
3. 钵 (H10:2)
4. 钵 (H10:3)
5. 锉 (H20:10)
6. 钵 (H22:1)

H10、H20、H22出土陶器

图版八二

1. 陶钵 (H22:2)　　2. 陶瓶 (H32:5)
3. 陶瓶 (H32:4)　　4. 陶钵 (H88:1)
5. 骨镞 (H91:32)　　6. 陶瓶 (H106:7)

H22、H32、H88、H91、H106出土遗物

1. 陶锉（H111:14） 2. 石研磨器（H111:18）
3. 圆陶片（H145:16-3） 4. 石斧（H149:7）
5. 陶盆（H152:6） 6. 陶钵（H160:1）

H111、H145、H149、H152、H160出土遗物

图版八四

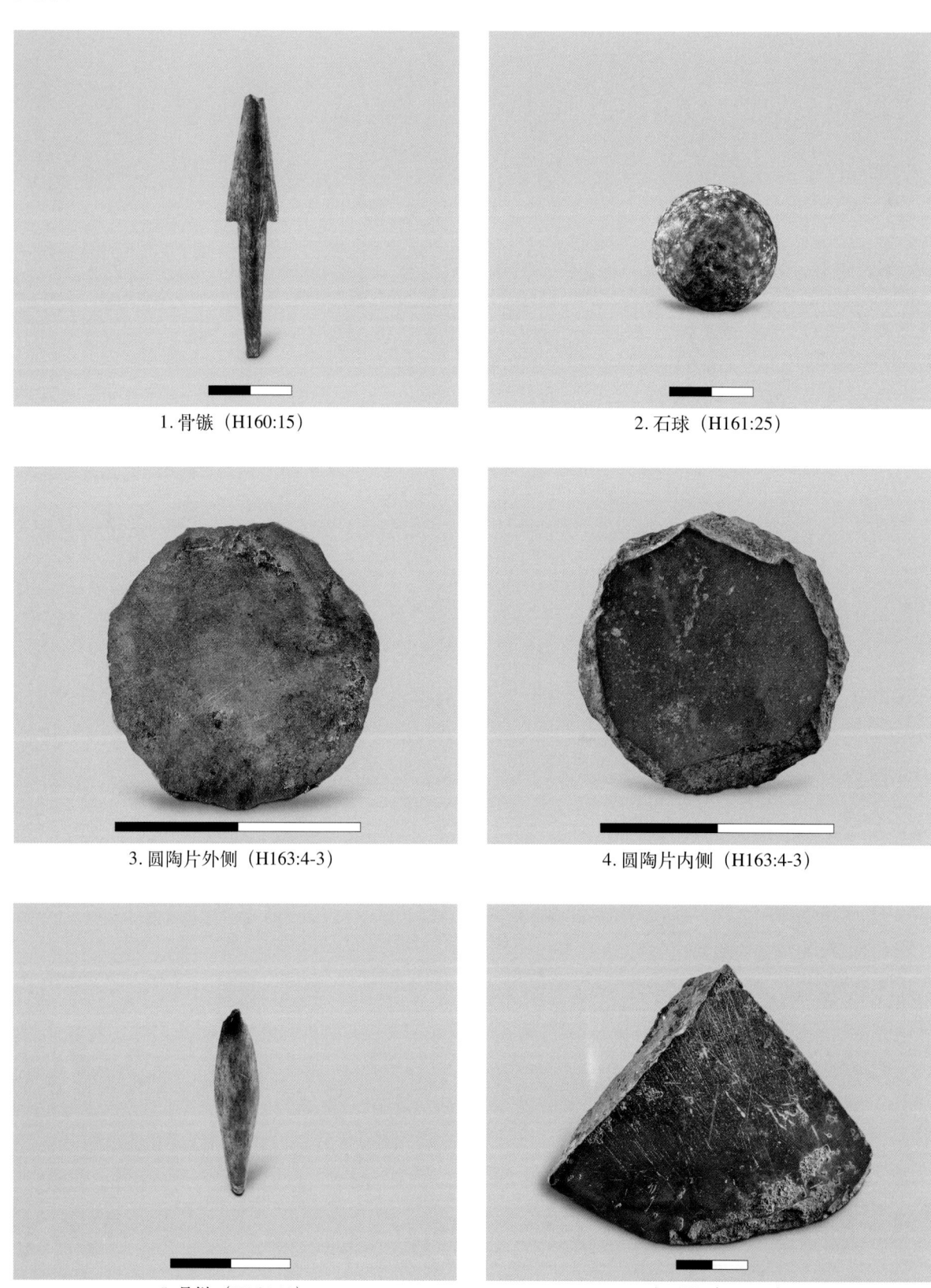

1. 骨镞（H160:15）
2. 石球（H161:25）
3. 圆陶片外侧（H163:4-3）
4. 圆陶片内侧（H163:4-3）
5. 骨镞（H164:19）
6. 残石器（H165:6）

H160、H161、H163、H164、H165出土遗物

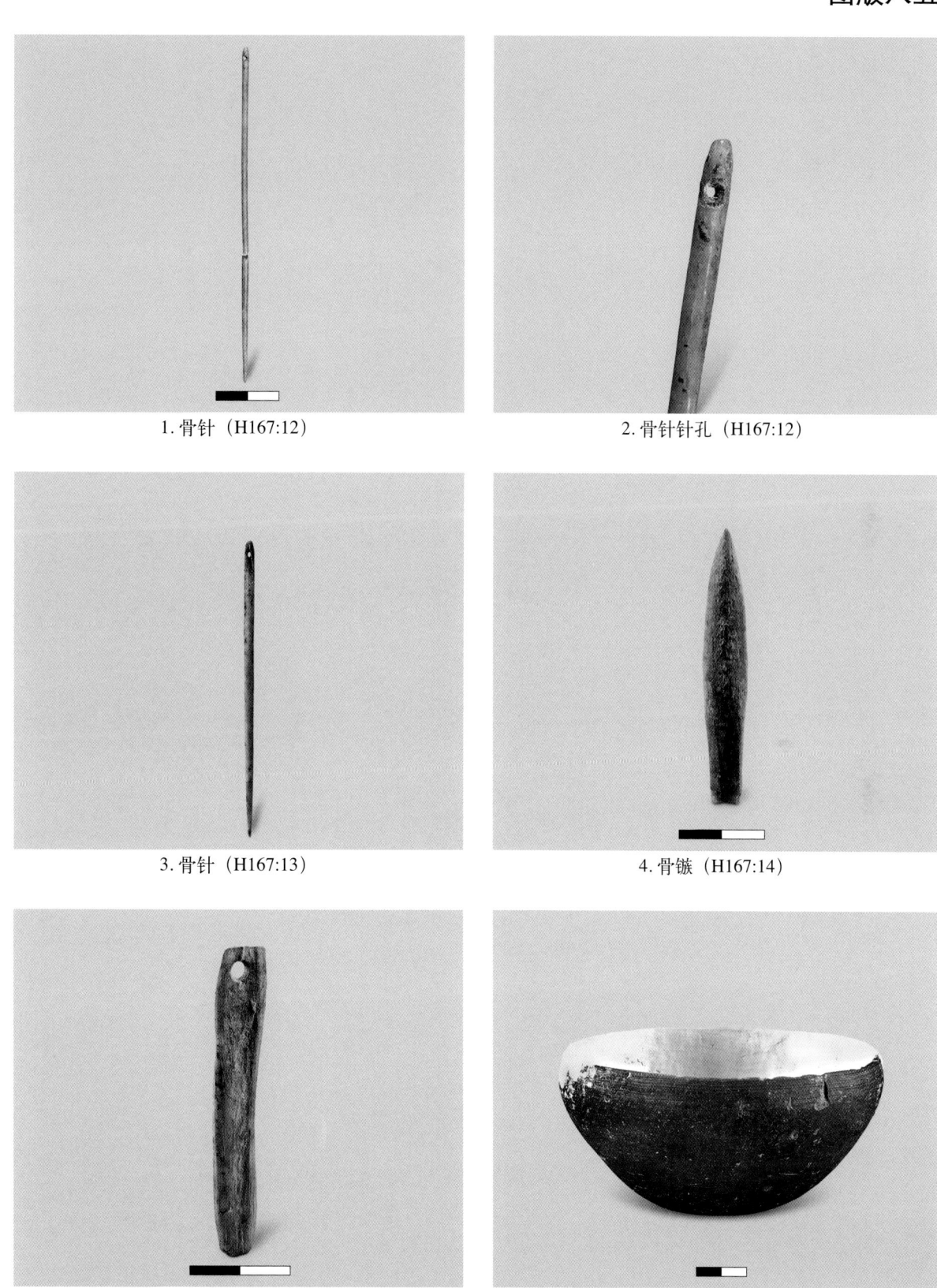

1. 骨针（H167:12）　　2. 骨针针孔（H167:12）
3. 骨针（H167:13）　　4. 骨镞（H167:14）
5. 骨饰件（H167:15）　　6. 陶钵（H169:1）

H167、H169出土遗物

图版八六

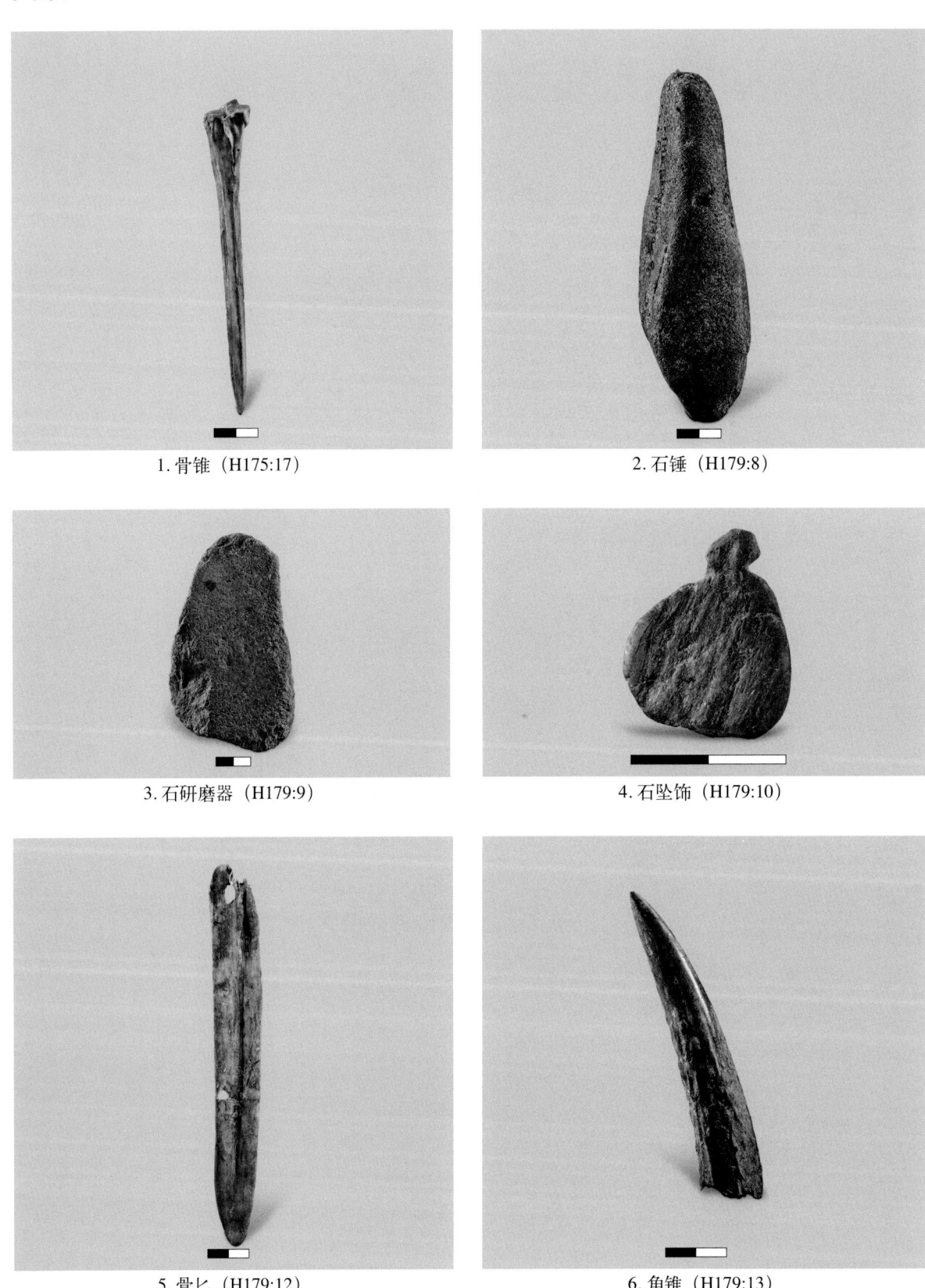

1. 骨锥（H175:17） 2. 石锤（H179:8）
3. 石研磨器（H179:9） 4. 石坠饰（H179:10）
5. 骨匕（H179:12） 6. 角锥（H179:13）

H175、H179出土遗物

图版八七

1. 陶钵（H182:2）　　2. 陶罐（H183:2）

3. 石研磨器（H185:7）　　4. 陶钵（H190:1）

5. 陶钵（H190:2）　　6. 陶钵（H190:7）

H182、H183、H185、H190出土遗物

图版八八

1. 陶钵（H191:1）
2. 陶钵（H191:2）
3. 骨锥（H191:17）
4. 石锛（H193:14）
5. 骨笄（H193:15）
6. 陶钵（H195:1）

H191、H193、H195出土遗物

H195、H203、H205、H222出土遗物

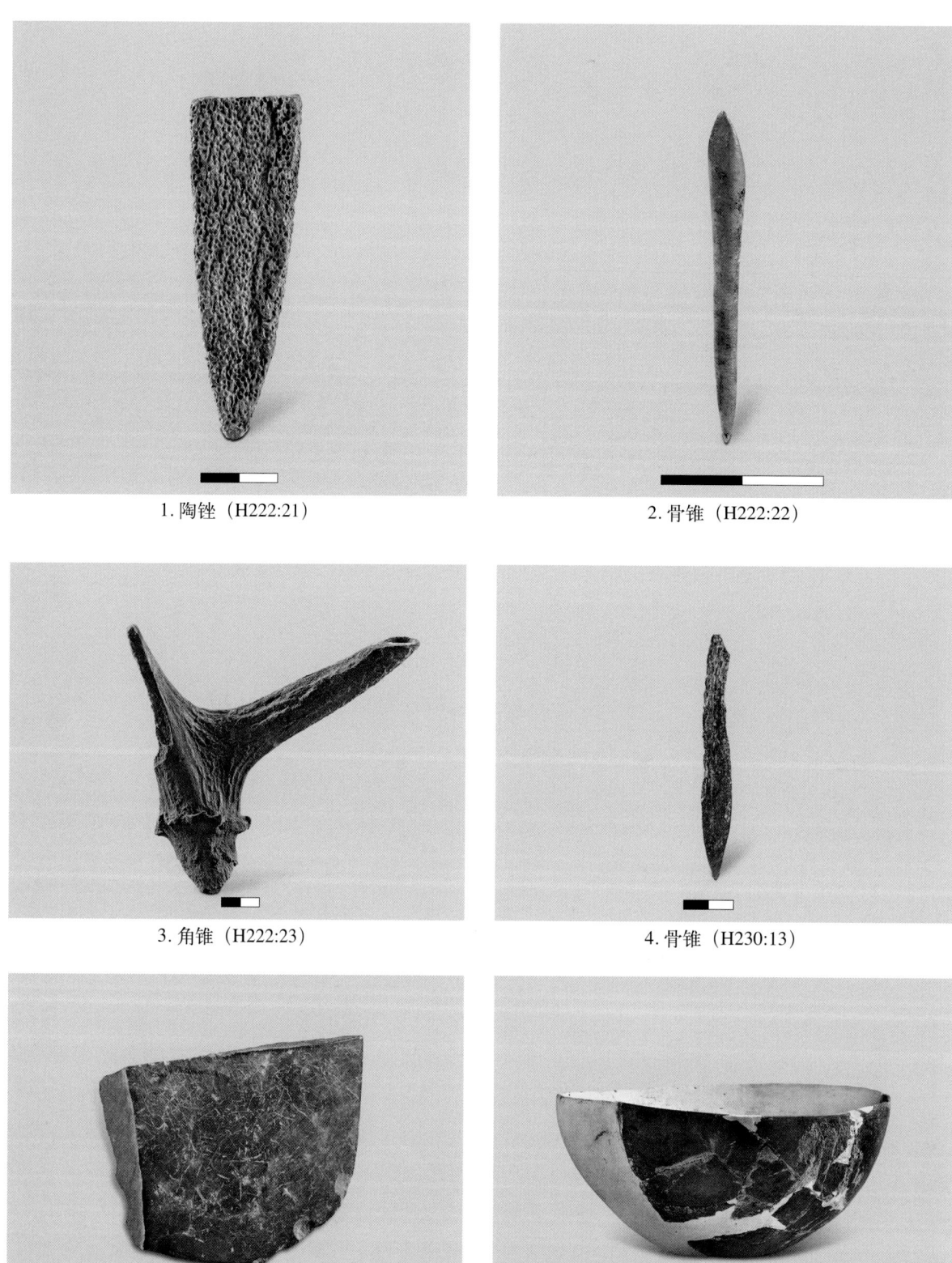

1. 陶锉（H222:21）
2. 骨锥（H222:22）
3. 角锥（H222:23）
4. 骨锥（H230:13）
5. 石刮削器（H232:5）
6. 陶钵（H244:1）

H222、H230、H232、H244出土遗物

图版九一

1. M2陶器组合

2. 瓶（M2:1）

3. 罐（M2:2）

4. 钵（M2:3）

5. 钵（M2:4）

6. 钵底（M2:4）

M2出土陶器

图版九二

1. M3陶器组合

2. 瓶（M3:4）

3. 罐（M3:3）

4. 钵（M3:1）

5. 钵（M3:2）

6. 壶（M4:1）

M3、M4出土陶器

图版九三

1. M5陶器组合

2. 瓶（M5:1）

3. 钵（M5:2）

4. 罐（M5:3）

5. M7陶器组合

6. 瓶（M7:2）

M5、M7出土陶器

图版九四

1. 陶盂（M7:1）

2. 陶盂底（M7:1）

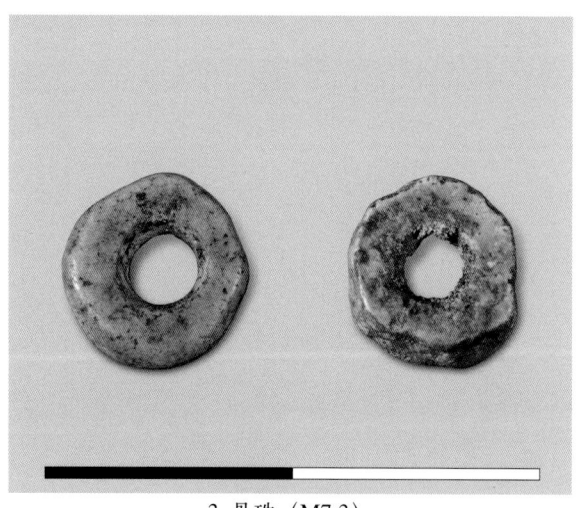
3. 骨珠（M7:3）

4. 石球（M7:4）

5. M8陶器组合

6. 陶罐（M8:3）

M7、M8出土遗物

图版九五

1. 陶罐（M8:4）

2. 陶钵（M8:1）

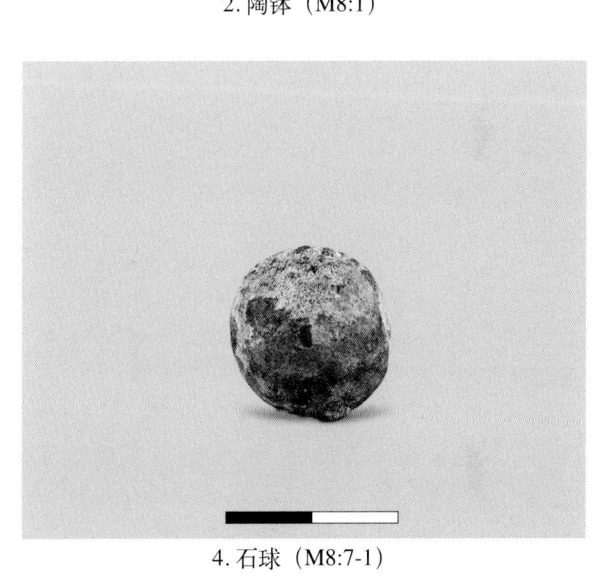
3. 陶钵（M8:2）

4. 石球（M8:7-1）

5. 石球（M8:7-2）

6. 石锛（M8:5）

M8出土遗物

图版九六

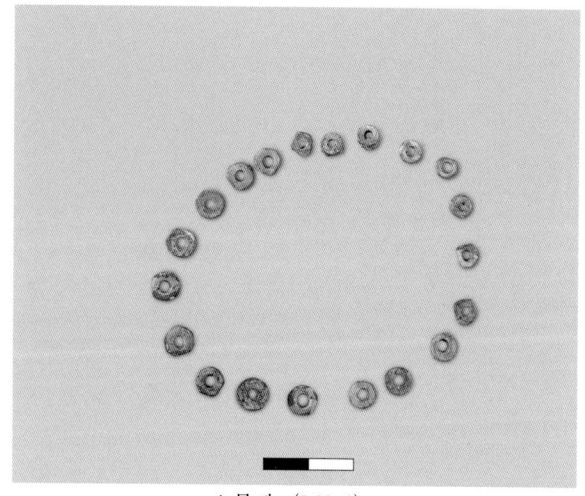

1. 骨珠（M8:6）

2. M9陶器组合

3. 陶钵（M9:1）

4. 陶罐（M9:3）

5. 陶盂（M9:2）

6. M10陶器组合

M8、M9、M10出土遗物

图版九七

1. 罐（M10:4）   2. 钵（M10:2）

3. 钵（M10:1）   4. 壶（M10:3）

5. 圆陶片（M10:5-1）   6. 圆陶片（M10:5-2）

M10出土陶器

图版九八

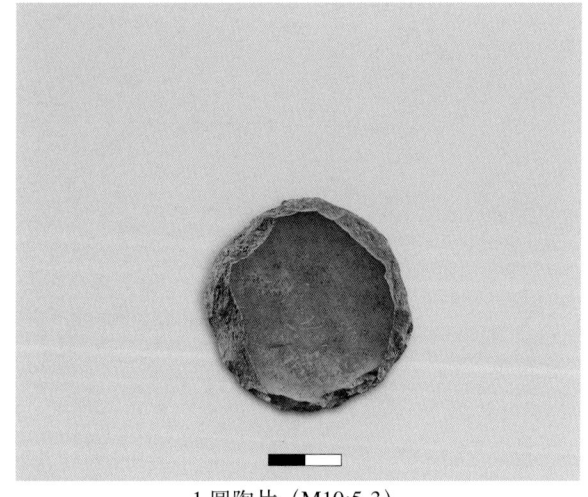
1. 圆陶片（M10:5-3）

2. 陶球（M10:7）

3. 石块（M10:6）

4. 陶盂（M11:1）

5. M12陶器组合

6. 陶罐（M12:4）

M10、M11、M12出土遗物

图版九九

1. 钵（M12:2）
2. 钵（M12:3）
3. 钵底（M12:3）
4. 壶（M12:1）
5. M13陶器组合
6. 罐（M13:2）

M12、M13出土陶器

图版一〇〇

1. 钵 (M13:1)

2. M14陶器组合

3. 罐 (M14:2)

4. 钵 (M14:3)

5. 钵 (M14:4)

6. 壶 (M14:1)

M13、M14出土陶器

图版一〇一

1. 瓮（W1:1）
2. 盆（W1:2）
3. 瓮（W4:1）
4. 钵（W4:2）
5. 瓮（W6:1）
6. 钵（W6:2）

W1、W4、W6出土陶器

图版一〇二

1. 瓮（W7:1）　　2. 钵（W7:2）
3. 圆陶片（W7:3-2）　　4. 瓮（W8:1）
5. 钵（W8:2）　　6. 瓮（W9:1）

W7、W8、W9出土陶器

图版一〇三

1. 钵（W9:2）
2. 瓮底（W10:2）
3. 瓮（W11:1）
4. 钵（W11:2）
5. 钵（W12:2）
6. 瓮（W13:1）

W9、W10、W11、W12、W13出土陶器

图版一〇四

1. 钵（W13:2）
2. 钵（W14:2）
3. 瓮（W15:1）
4. 钵（W15:2）
5. 瓮（W16:1）
6. 钵（W16:2）

W13、W14、W15、W16出土陶器

图版一〇五

1. 陶钵（W17:2）

2. 圆陶片（W17:3）

3. 陶瓮（W18:1）

4. 陶钵（W18:2）

5. 石坠饰（W18:3）

6. 陶瓮（W19:1）

W17、W18、W19出土遗物

图版一〇六

1. 钵（W19:2）　　2. 瓮（W22:1）

3. 钵（W22:2）　　4. 瓮（W23:1）

5. 钵（W23:2）　　6. 瓮（W24:1）

W19、W22、W23、W24出土陶器

图版一〇七

1. 盆（W24:2）

2. 瓮（W25:1）

3. 钵（W25:2）

4. 钵（W32:2）

5. 瓮（W33:1）

6. 钵（W33:2）

W24、W25、W32、W33出土陶器

图版一〇八

1. 瓮（W34:1）　　2. 钵（W34:2）

3. 瓮（W35:1）　　4. 瓮（W36:1）

5. 钵（W36:2）　　6. 瓮（W37:1）

W34、W35、W36、W37出土陶器

图版一〇九

1. 钵（W37:2）

2. 瓮（W38:1）

3. 钵（W38:2）

4. 钵（W40:2）

5. W40随葬陶器组合

W37、W38、W40出土陶器

图版一一〇

1. 钵 (W40:3)
2. 瓶 (W40:4)
3. 罐 (W40:5)
4. 钵底 (W40:2)
5. 钵 (W41:2)
6. 钵底 (W41:2)

W40、W41出土陶器

图版一一一

1. 瓮（W42:1）
2. 盆（W42:2）
3. 瓮（W43:1）
4. 盆（W43:2）
5. 盆底（W43:2）
6. 钵（W44:2）

W42、W43、W44出土陶器

图版一一二

1. 钵（W44:3）   2. 罐（W44:4）
3. 罐（W44:5）   4. 瓮（W45:1）
5. 钵（W45:2）   6. 瓮（W46:1）

W44、W45、W46出土陶器

图版一一三

1. 钵（W46:2）
2. 瓮（W47:1）
3. 钵（W47:2）
4. 钵（W48:2）
5. 钵底（W48:2）
6. 瓮（W49:1）

W46、W47、W48、W49出土陶器

图版一一四

1. 钵（W49:2）　　2. 瓮（W50:1）
3. 钵（W50:2）　　4. 瓮（W51:1）
5. 钵（W51:2）　　6. 瓮（W52:1）

W49、W50、W51、W52出土陶器

图版一一五

1. 钵（W52:2）

2. 瓮（W54:1）

3. 盆（W54:2）

4. 钵（W55:2）

5. 瓮（W56:1）

6. 盆（W56:2）

W52、W54、W55、W56出土陶器

图版一一六

1. 石球（W56:3）

2. 陶钵（W57:2）

3. 陶钵底（W57:2）

4. 陶瓮（W58:1）

5. 陶钵（W58:2）

6. 陶瓮（W59:1）

W56、W57、W58、W59出土遗物

图版一一七

1. 钵（W59:2）
2. 瓮（W60:1）
3. 钵（W60:2）
4. 钵底（W60:2）
5. 瓮（W61:1）
6. 钵（W61:2）

W59、W60、W61出土陶器

图版一一八

1. 钵（W62:2）
2. 瓮（W63:1）
3. 盆（W63:2）
4. 盆底（W63:2）
5. 瓮（W64:1）
6. 钵（W64:2）

W62、W63、W64出土陶器

图版一一九

1. 瓮（W65:1）
2. 钵（W65:2）
3. 瓮（W66:1）
4. 钵（W66:2）
5. 瓮（W67:1）
6. 钵（W67:2）

W65、W66、W67出土陶器

图版一二〇

1. 瓮（W70:1）

2. 盆（W70:2）

3. W70随葬品组合

4. 钵（W70:3）

5. 罐（W70:4）

6. 瓶（W70:5）

W70出土陶器

图版一二一

1. 瓮（W71:1）

2. 钵（W71:2）

3. 瓮（W72:1）

4. 钵（W72:2）

5. 瓮（W73:1）

6. 钵（W73:2）

W71、W72、W73出土陶器

图版一二二

1. W73随葬品组合

2. 钵（W73:3）

3. 钵（W73:4）

4. 瓶（W73:6）

5. 罐（W73:5）

W73出土陶器

图版一二三

1. 瓮（W74:1）

2. 钵（W74:2）

3. 圆陶片（W74:3）

4. 钵（W75:2）

5. 瓮（W79:1）

6. 钵（W79:2）

W74、W75、W79出土陶器

图版一二四

1. 瓮（W80:1）

2. 钵（W80:2）

3. 钵（W81:2）

4. 钵（W82:2）

5. 瓮（W83:1）

6. 钵（W83:2）

W80、W81、W82、W83出土陶器

图版一二五

1. 瓮（W84:1）

2. 盆（W84:2）

3. 瓮（W85:1）

4. 钵（W85:2）

5. 瓮（W86:1）

6. 盆（W86:2）

W84、W85、W86出土陶器

图版一二六

1. 瓮（W87:1）　　2. 钵（W87:2）
3. 瓮（W88:1）　　4. 钵（W88:2）
5. 瓮（W89:1）　　6. 盆（W89:2）

W87、W88、W89出土陶器

图版一二七

1. 陶瓮（W90:1）

2. 陶钵（W90:2）

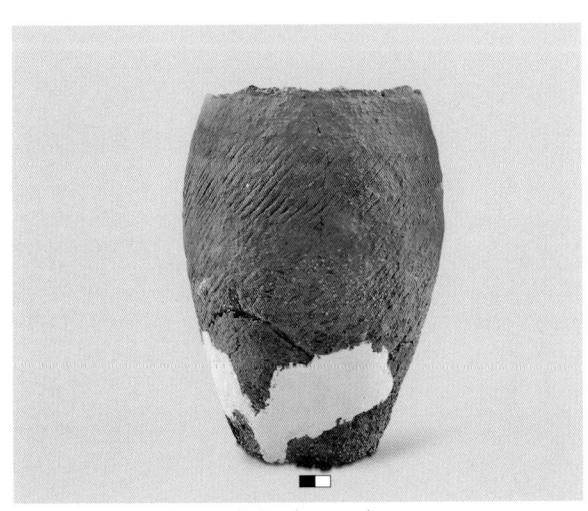
3. 陶瓮（W91:1）

4. 残石器（W91:2）

5. 陶钵（W92:2）

6. 陶瓮（W93:1）

W90、W91、W92、W93出土遗物

图版一二八

1. 瓶（W93:2）
2. 瓮（W94:1）
3. 钵（W94:2）
4. 瓮（W95:1）
5. 钵（W95:2）
6. 瓮（W96:1）

W93、W94、W95、W96出土陶器

图版一二九

1. 钵 (W96:2)

2. 瓮 (W97:1)

3. 钵 (W97:2)

4. 盆 (W98:2)

5. 瓮 (W99:1)

6. 钵 (W99:2)

W96、W97、W98、W99出土陶器

图版一三〇

1. 瓮 (W112:1)
2. 瓮 (W115:1)
3. 钵 (W115:2)
4. 钵 (W116:2)
5. 钵底 (W116:2)
6. 瓮 (W117:1)

W112、W115、W116、W117出土陶器

图版一三一

1. 钵（W117:2）

2. 瓮（W118:1）

3. 钵（W118:2）

4. 瓮（W119:1）

5. 钵（W119:2）

6. 钵（W120:2）

W117、W118、W119、W120出土陶器

图版一三二

1. 瓮（W121:1） 2. 钵（W121:2）
3. 瓮（W122:1） 4. 钵（W122:2）
5. 瓮（W123:1） 6. 钵（W123:2）

W121、W122、W123出土陶器

图版一三三

1. 陶罐（F1:6）
2. 石斧（F3:20）
3. 石凿（F3:21）
4. 陶钵（F7:23）
5. 陶钵（F7:22）
6. 陶罐（F11:9）

F1、F3、F7、F11出土遗物

图版一三四

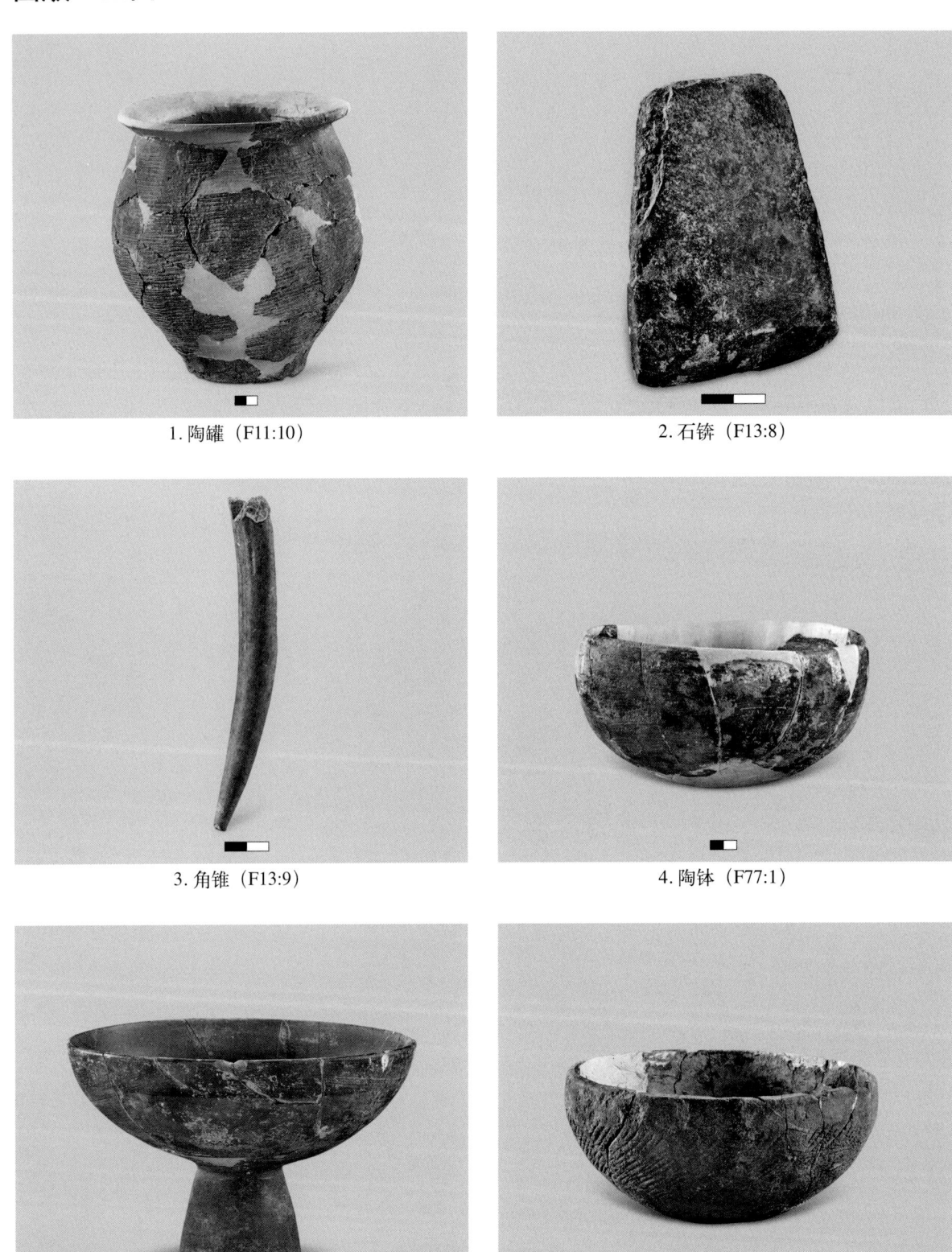

1. 陶罐（F11:10）
2. 石锛（F13:8）
3. 角锥（F13:9）
4. 陶钵（F77:1）
5. 陶钵（F77:11）
6. 陶甑（F77:13）

F11、F13、F77出土遗物

图版一三五

1. 陶甑底（F77:13）
2. 石锛（F77:14）
3. 陶锉（F92:16）
4. 陶锉（F92:23）
5. 石球（F92:17）
6. 石球（F92:21）

F77、F92出土遗物

图版一三六

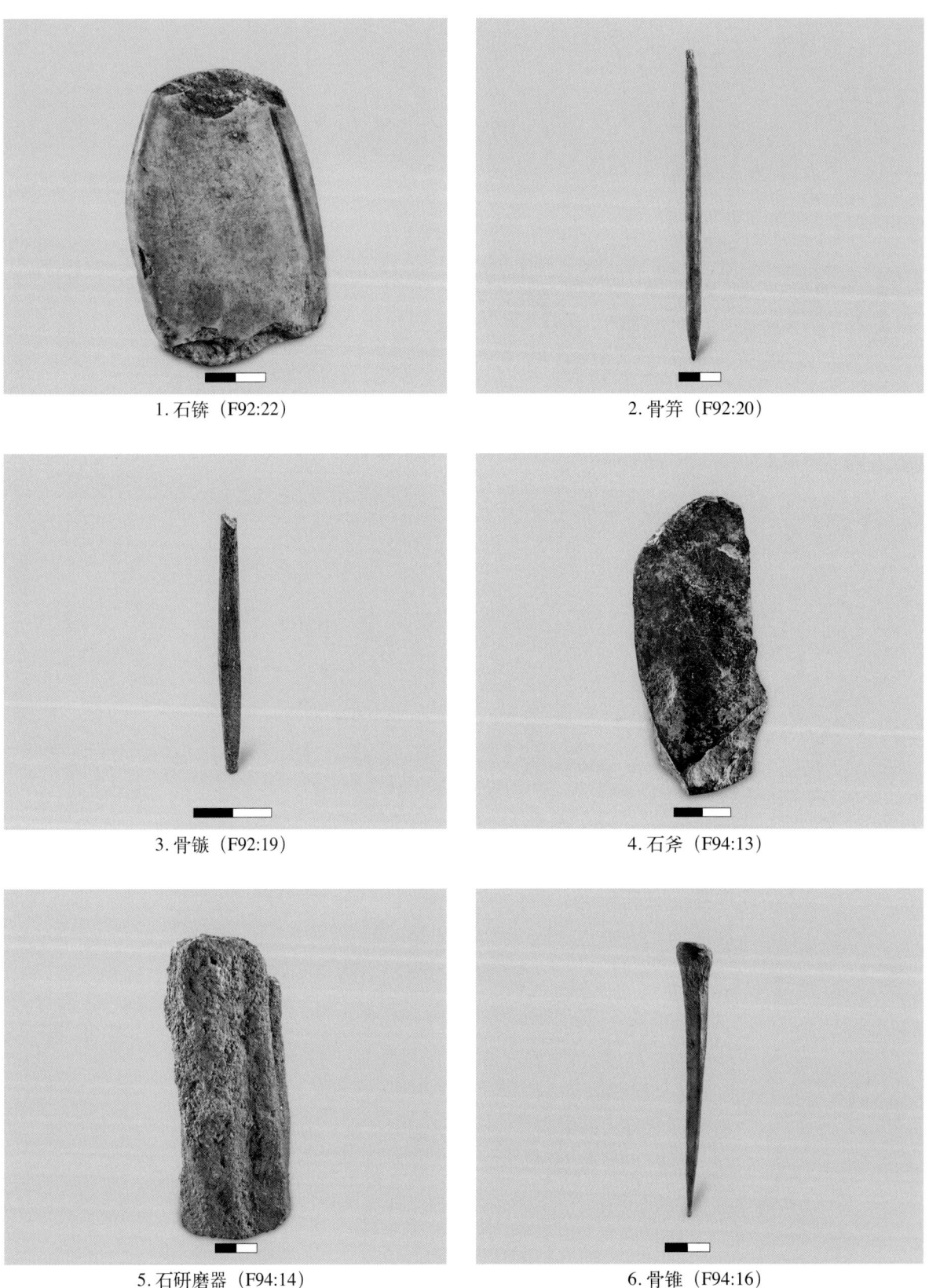

1. 石锛（F92:22）　　2. 骨笄（F92:20）
3. 骨镞（F92:19）　　4. 石斧（F94:13）
5. 石研磨器（F94:14）　　6. 骨锥（F94:16）

F92、F94出土遗物

图版一三七

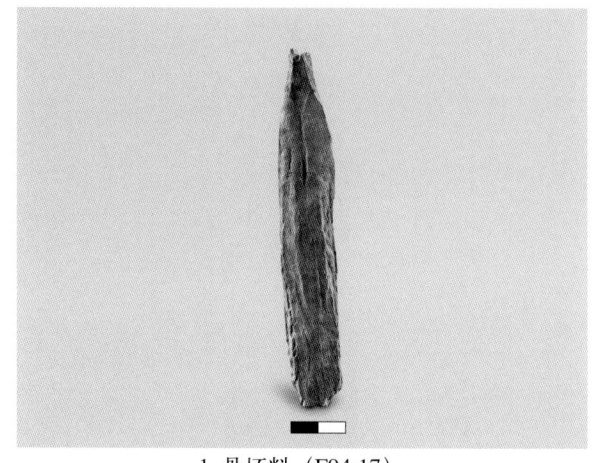
1. 骨坯料（F94:17）

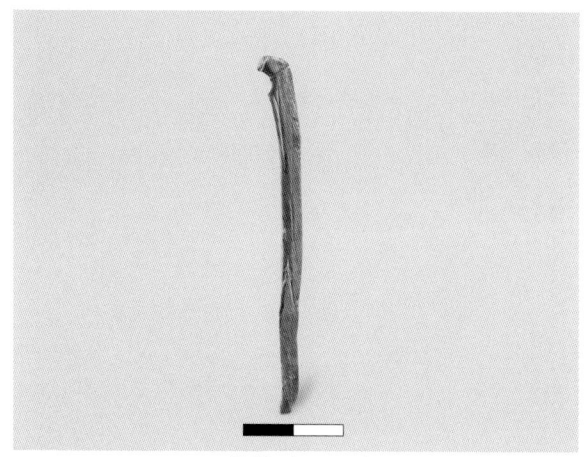
2. 骨饰（F95:26）

3. 残石器（F96:16）

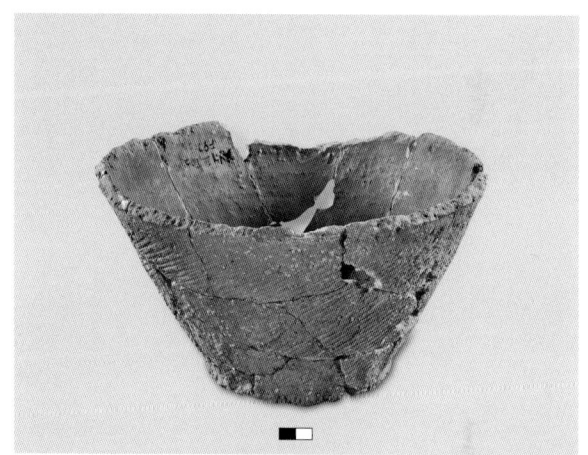
4. 陶盆（F97:33）

5. F97陶器组合

F94、F95、F96、F97出土遗物

图版一三八 F97出土陶罐

1.（F97:22） 2.（F97:23）
3.（F97:29） 4.（F97:32）
5.（F97:21） 6.（F97:24）

F97出土陶罐

图版一三九

1. 罐（F97:25）

2. 罐（F97:28）

3. 罐（F97:31）

4. 罐（F97:34）

5. 钵（F97:7）

6. 钵（F97:8）

F97出土陶器

图版一四〇

1. 陶釜（F97:27）

2. 陶瓿（F97:35）

3. 陶瓿底（F97:35）

4. 陶球（F97:37）

5. 石球（F97:38）

6. 石核（F97:39）

F97出土遗物

图版一四一

1. 陶罐（F98:36）

2. 陶罐（F98:18）

3. 石研磨器（F99:6）

4. 石料（F99:5）

5. 陶盂（F106:19）

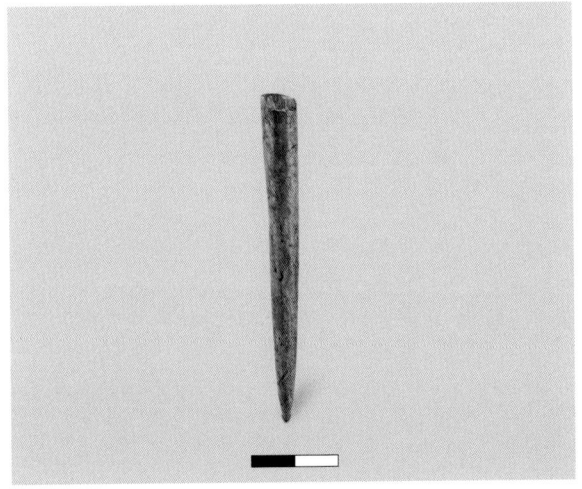

6. 骨锥（F106:22）

F98、F99、F106出土遗物

图版一四二

1. 陶球（Z9:9）

2. 石研磨器（Z9:8）

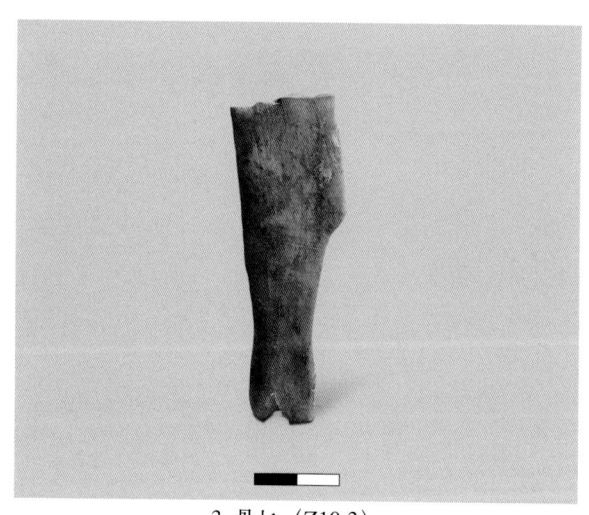
3. 骨匕（Z10:3）

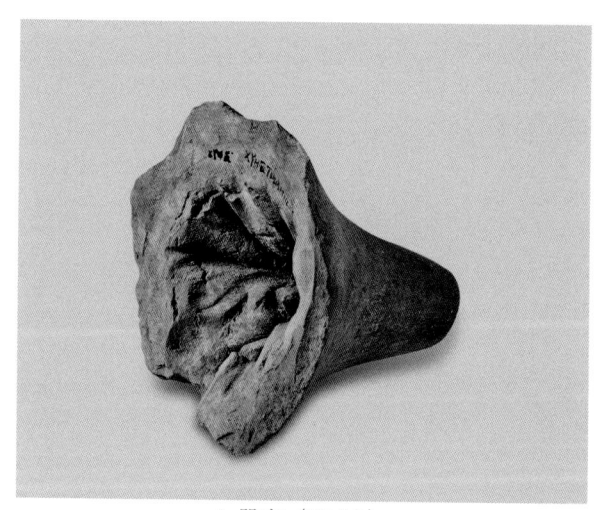
4. 器底（H15:3）

5. 陶纺轮（H15:7）

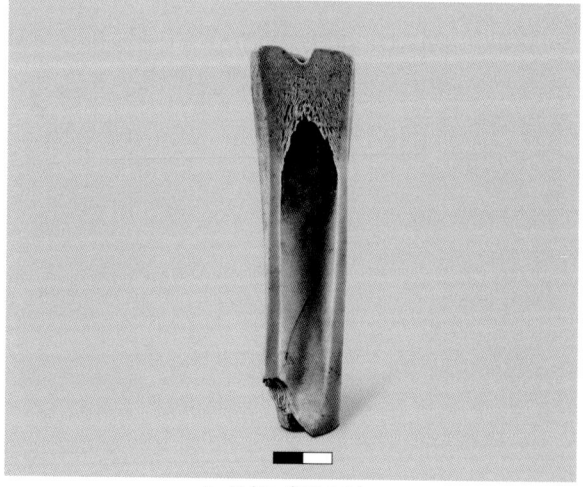
6. 骨铲（H15:9）

Z9、Z10、H15出土遗物

图版一四三

1. 石球（H18:17）
2. 磨石（H18:18）
3. 牙饰（H21:13）
4. 圆陶片（H25:6）
5. 器盖（H43:34）
6. 圆陶片（H68:25-2）

H18、H21、H25、H43、H68出土遗物

图版一四四

1. 圆陶片（H68:25-3）
2. 石锛（H68:27）
3. 陶盆（H73:5）
4. 骨针（H77:25）
5. 骨镞（H79:1）
6. 陶瓶（H82:5）

H68、H73、H77、H79、H82出土遗物

图版一四五

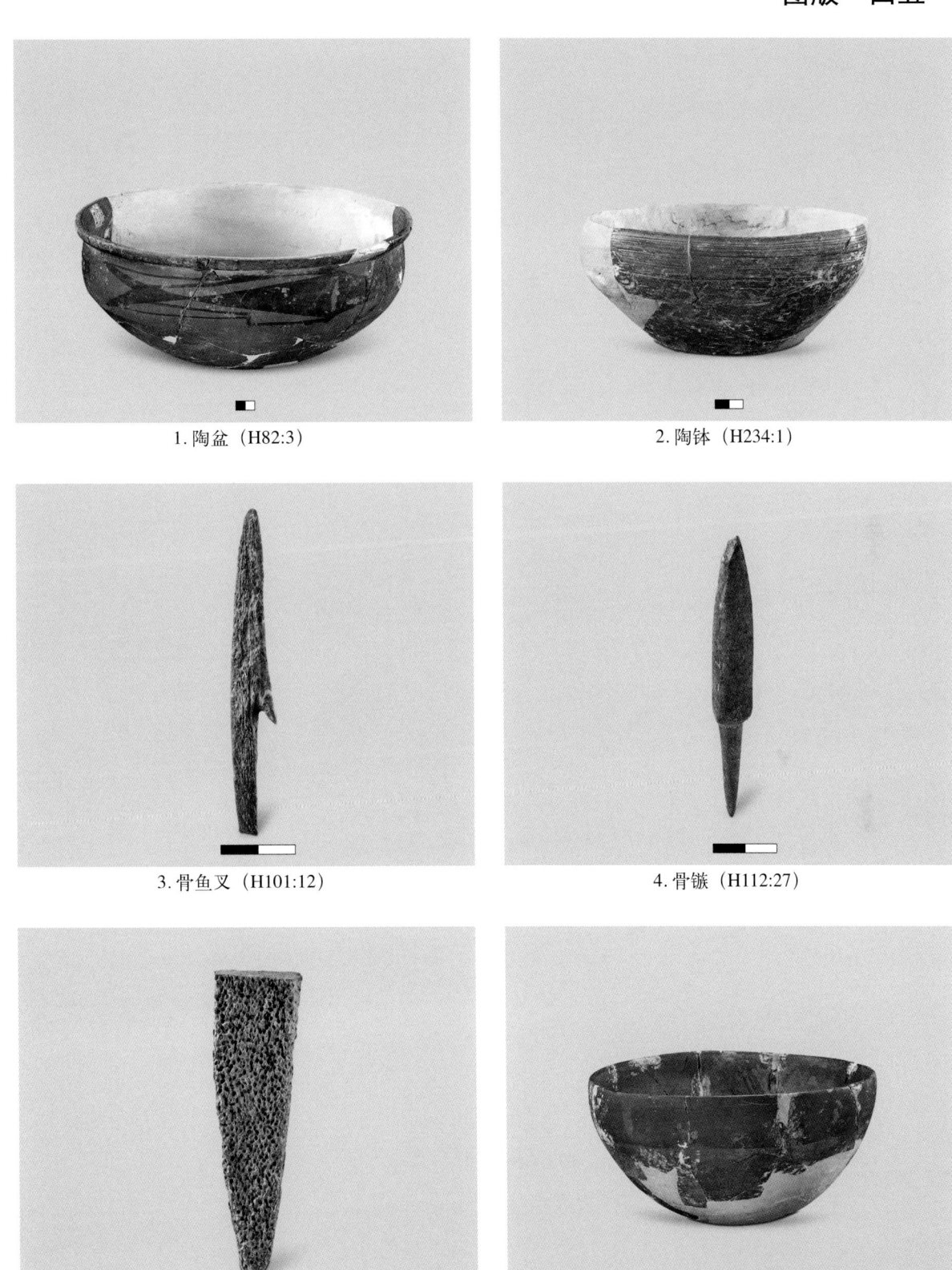

1. 陶盆（H82:3）
2. 陶钵（H234:1）
3. 骨鱼叉（H101:12）
4. 骨镞（H112:27）
5. 陶锉（H115:35）
6. 陶钵（H116:1）

H82、H85、H101、H112、H115、H116、H234出土遗物

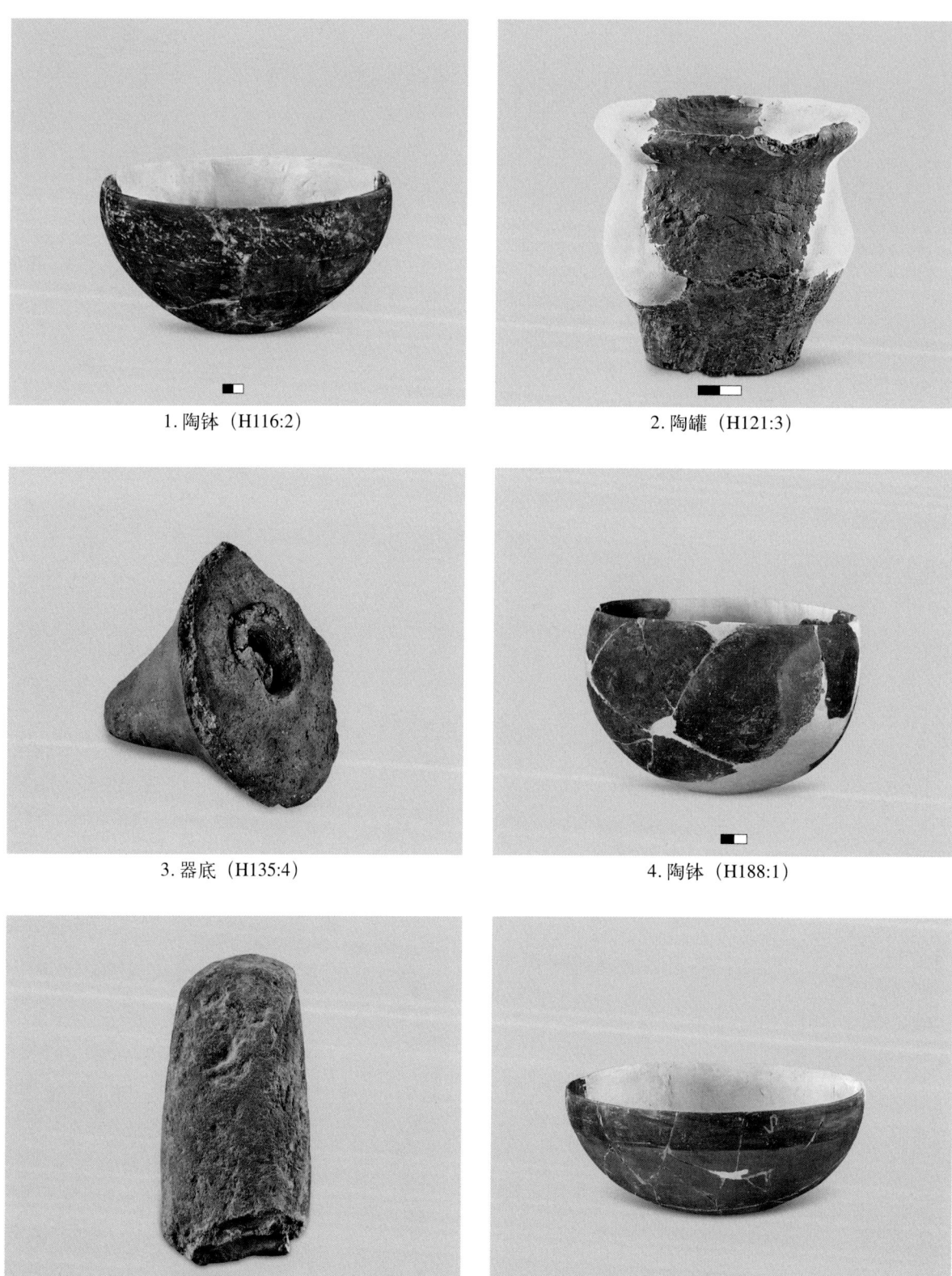

1. 陶钵（H116:2） 2. 陶罐（H121:3）
3. 器底（H135:4） 4. 陶钵（H188:1）
5. 石铲（H192:35） 6. 陶钵（H218:1）

H116、H121、H135、H188、H192、H218出土遗物

图版一四七

1. 陶钵符号（H218:1）

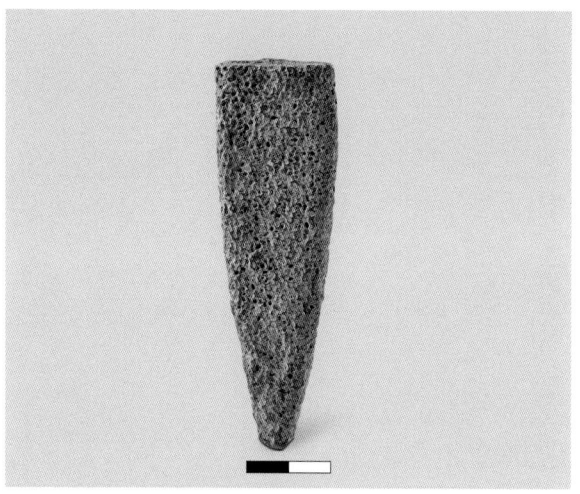
2. 陶锉（H219:43）

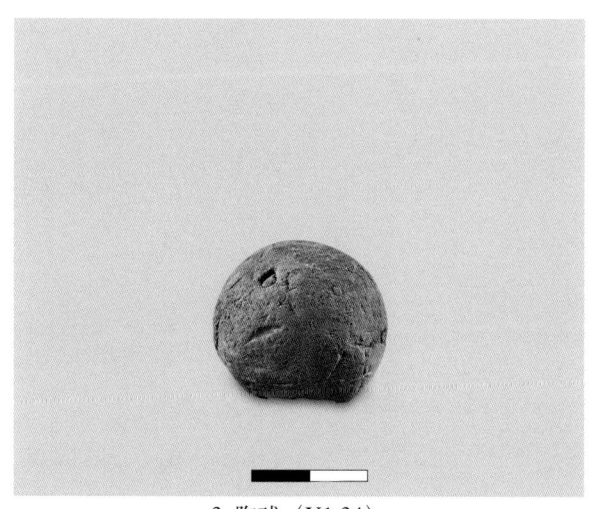
3. 陶球（Y1:34）

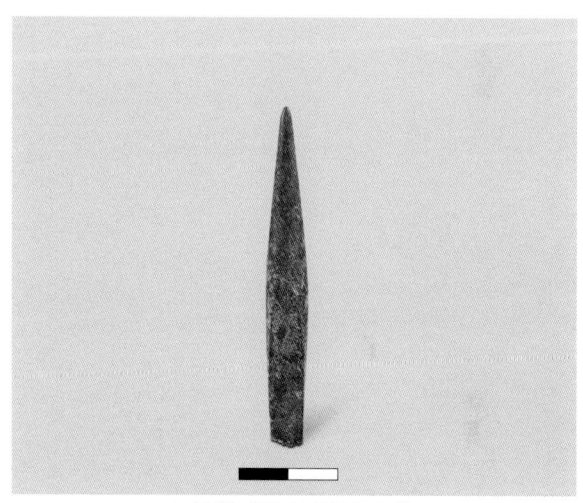
4. 骨镞（T0716G1①:15）

5. 角器（T0416G1①:16）

6. 圆陶片（T0916G1②:13）

H218、H219、Y1、G1①、G1②出土遗物

图版一四八

1. 陶纺轮（T0916G1②:17）

2. 石斧（T0916G1②:14）

3. 石磨棒（T0717G1②:15）

4. 石磨棒（T0917G1②:16）

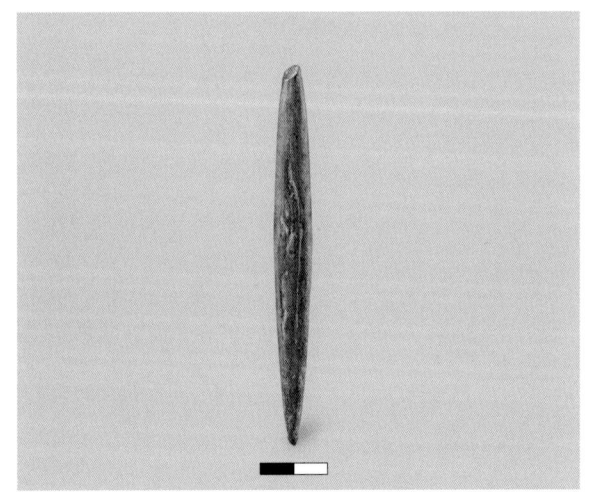
5. 骨笄（T0916G1②:20）

6. 陶钵（T0717G1③:1）

G1②、G1③出土遗物

图版一四九

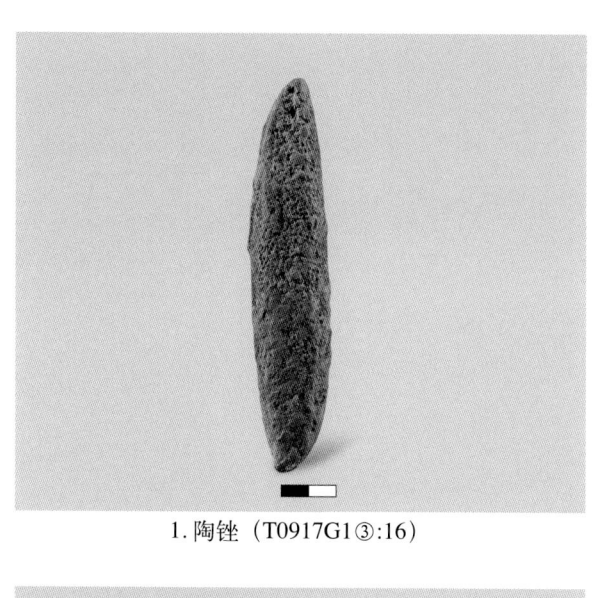
1. 陶锉（T0917G1③:16）

2. 石球（T0204G1③:23）

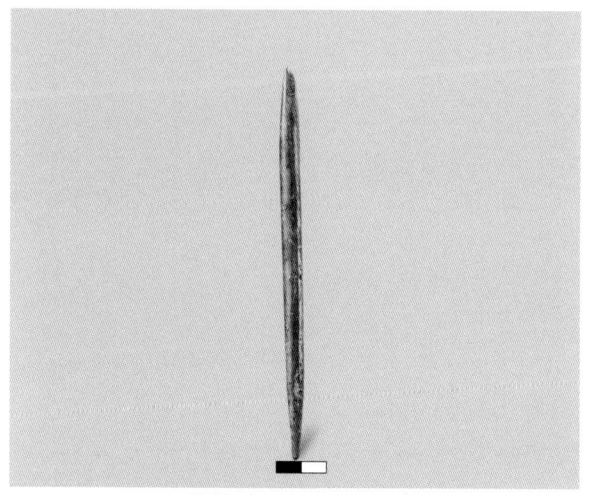
3. 骨笄（T0204G1③:17）

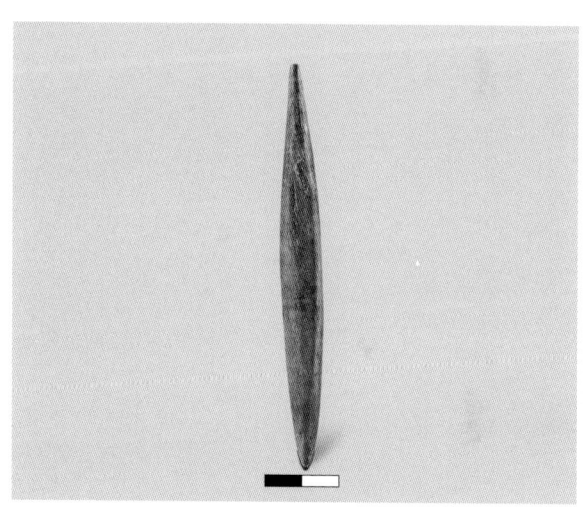
4. 骨笄（T0204G1③:19）

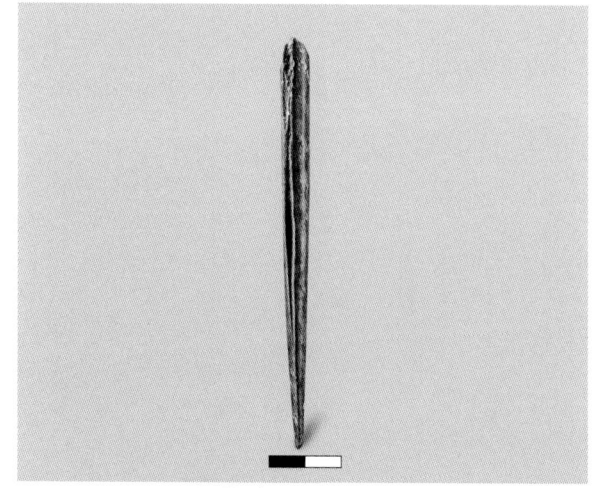
5. 骨笄（T0204G1③:20）

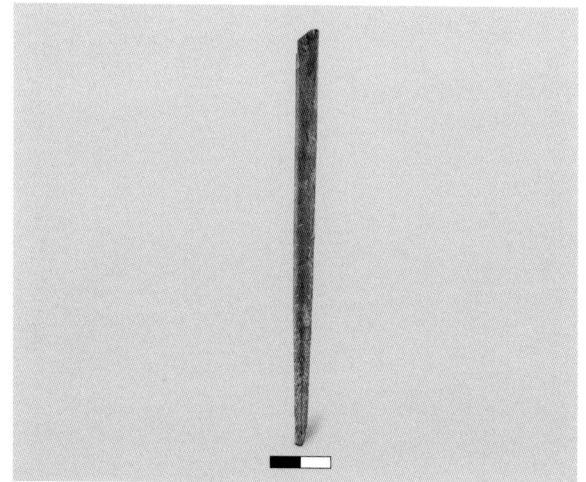
6. 骨锥（T0915G1③:18）

G1③出土遗物

图版一五〇

1. 骨镞 (T0204G1③:21)

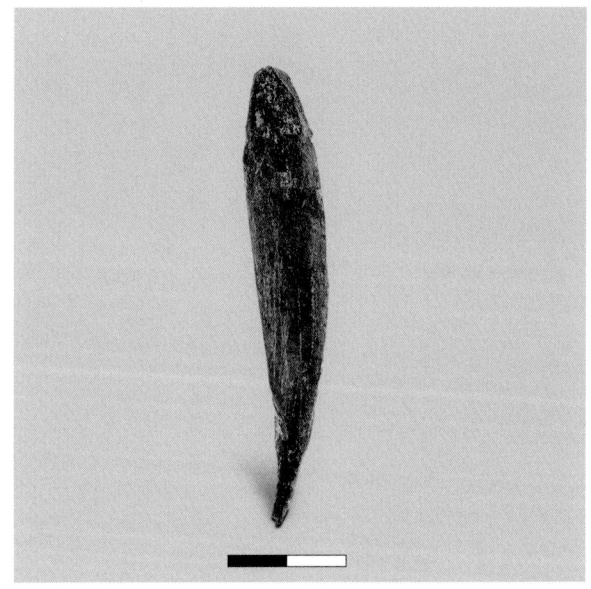
2. 骨镞 (T0204G1③:22)

3. 蚌饰 (T0206G1③:1)

4. 陶钵刻划符号 (T0916G1④:3)

5. 陶盂 (T0916G1⑤:19)

6. 陶釜 (T0916G1⑤:20)

G1③、G1④、G1⑤出土遗物

图版一五一

1. 陶锉（T0816G1⑤:23）

2. 石锤（T0417G1⑤:24）

3. 石锛（T0617G1⑤:1）

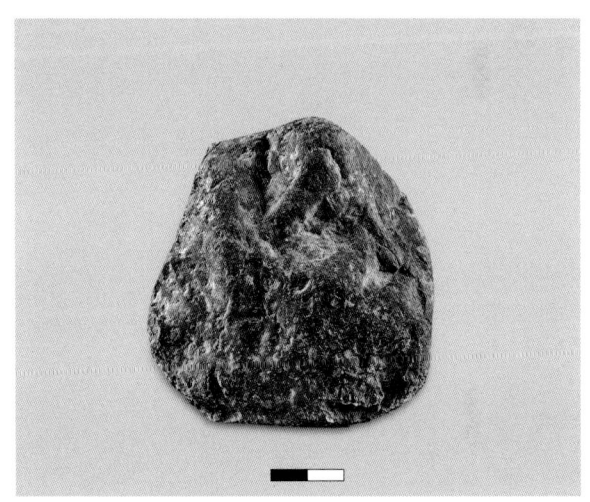

4. 石研磨器（T0817G1⑤:25）

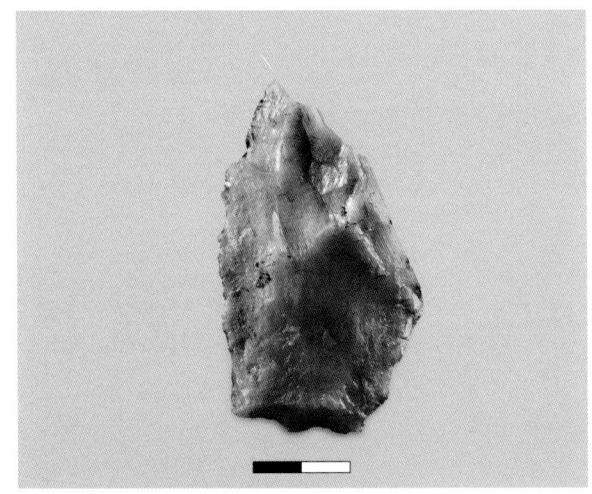

5. 石刮削器（T0717G1⑤:26）

6. 石雕刻器（T0915G1⑤:27）

G1⑤出土遗物

图版一五二

1. 磨石（T0417G1⑤:22）

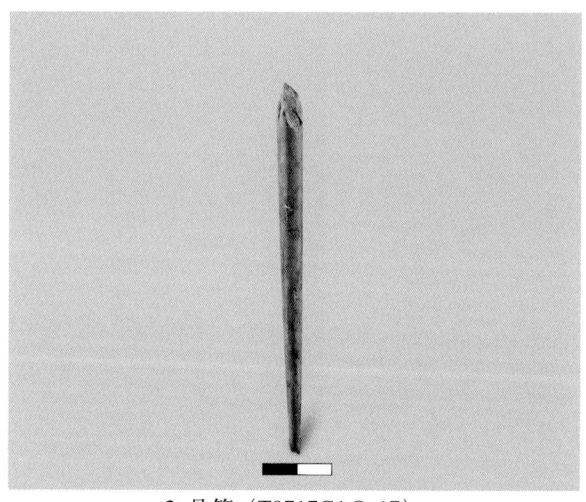
2. 骨笄（T0717G1⑥:17）

3. 陶刀（T0916G1⑦:8）

4. 石锤（T0816G1⑦:9）

5. 陶球（T0916G1⑧:16）

6. 石磨棒（T0717G1⑧:14）

G1⑤、G1⑥、G1⑦、G1⑧出土遗物

图版一五三

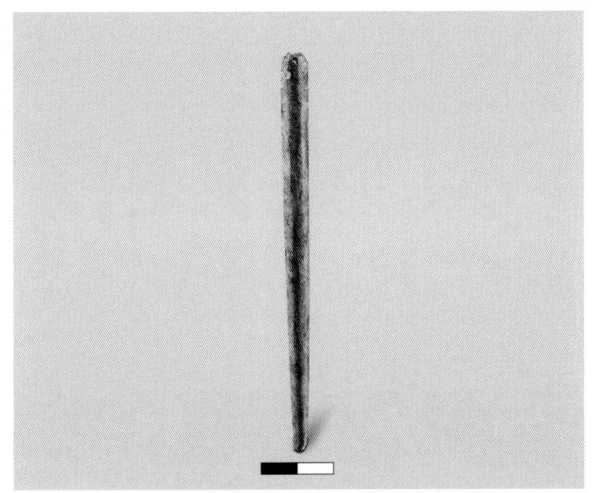

1. 骨笄（T0917G1⑧:10）

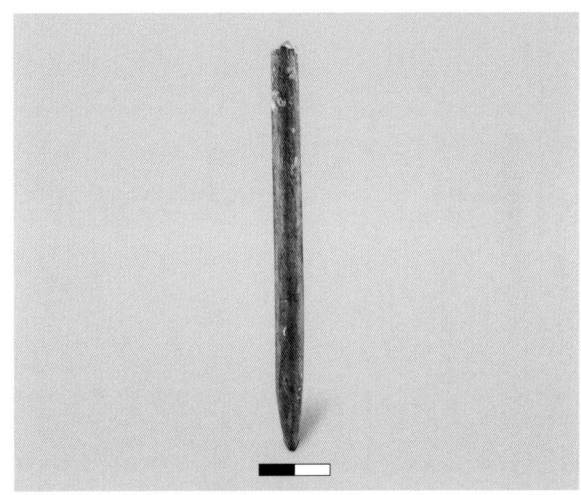

2. 骨笄（T0717G1⑧:12）

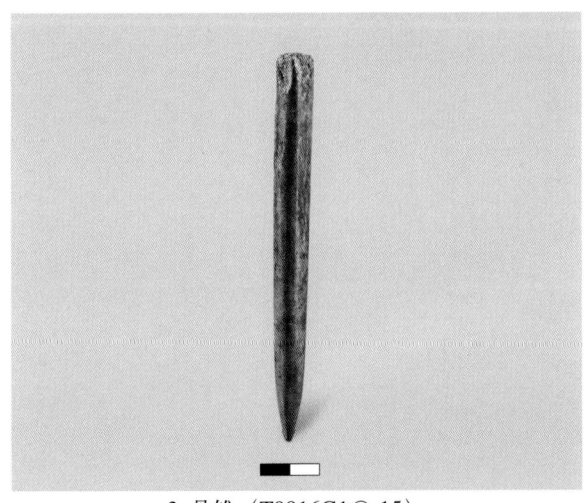

3. 骨锥（T0916G1⑧:15）

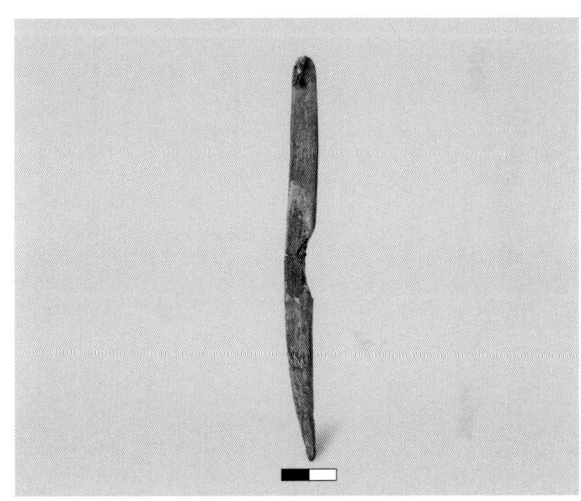

4. 骨匕（T0917G1⑧:13）

5. 蚌刀（T0717G1⑧:9）

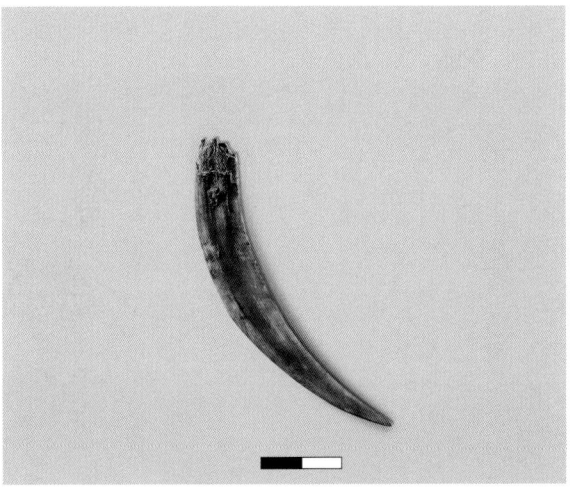

6. 牙锥（T0717G1⑧:11）

G1⑧出土遗物

图版一五四

1. 圆陶片（T0716G1⑨:16-1）

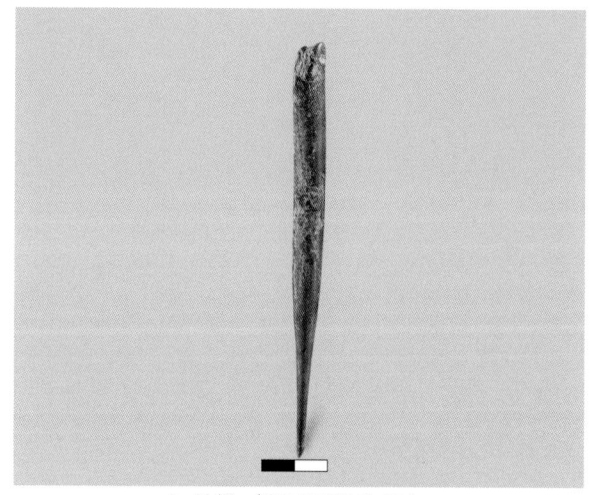

2. 骨锥（T0717G1⑨:18）

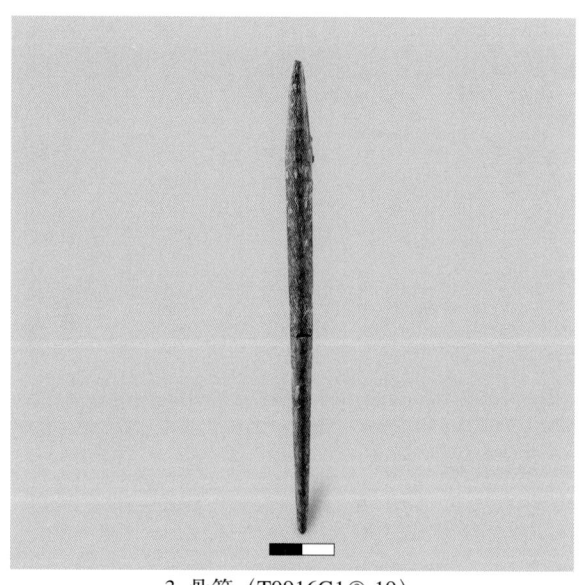

3. 骨笄（T0916G1⑨:19）

4. 骨镞（T0617G1⑨:17）

5. 陶盆（T0717G1⑩:4）

6. 陶钵（T0717G1⑩:1）

G1⑨、G1⑩出土遗物

图版一五五

1. 圆陶片（T0916G1⑪:14）

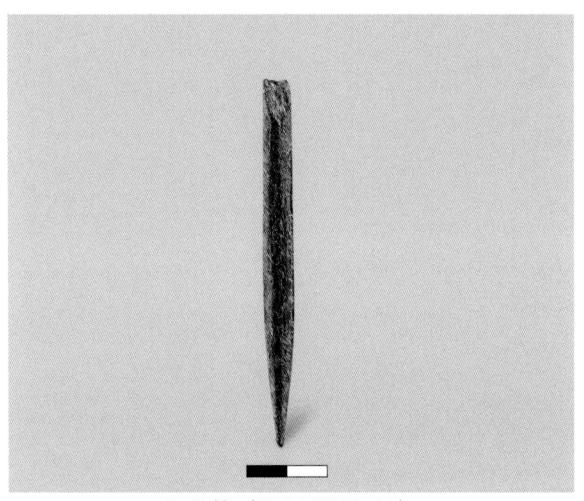
2. 骨笄（T0717G1⑪:15）

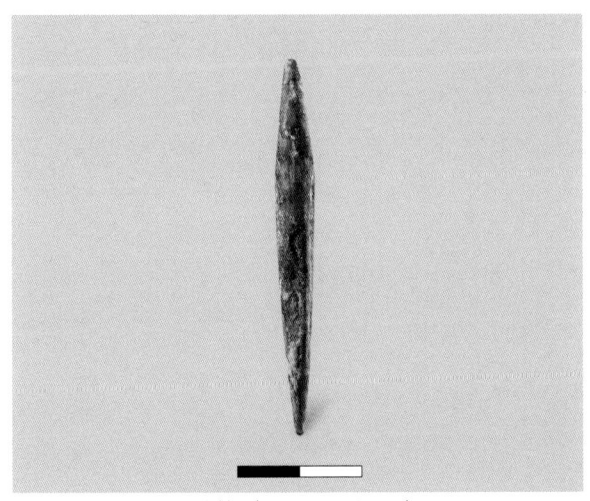
3. 骨笄（T0916G1⑪:17）

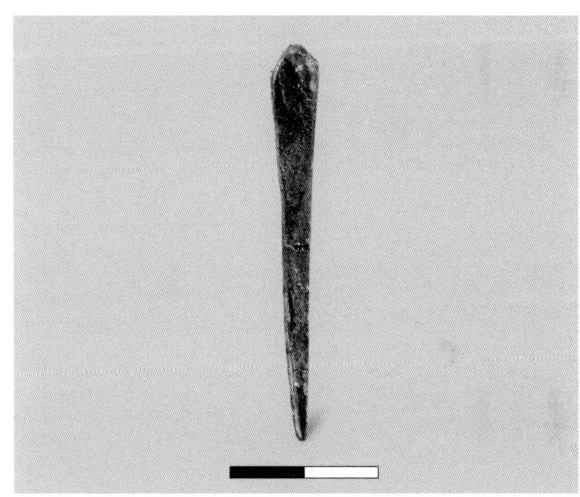
4. 骨锥（T0916G1⑪:18）

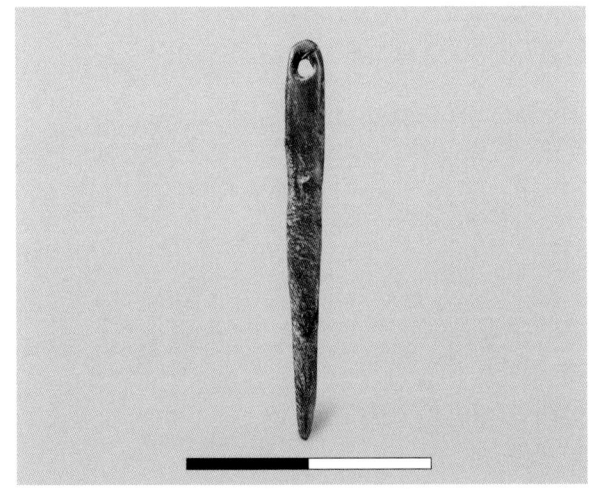
5. 骨针（T0916G1⑪:2）

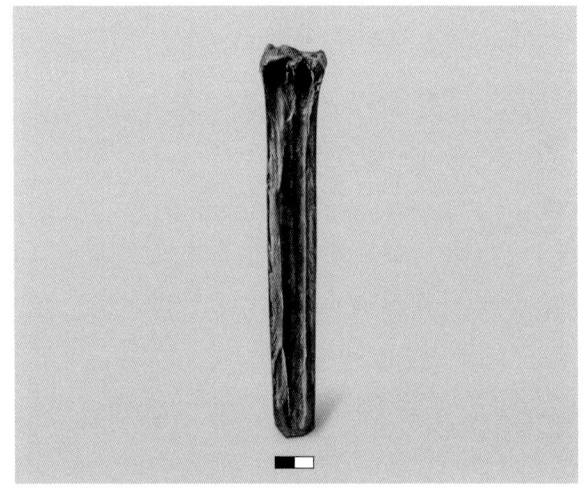
6. 骨匕（TG1G1⑪:4）

G1⑪出土遗物

图版一五六

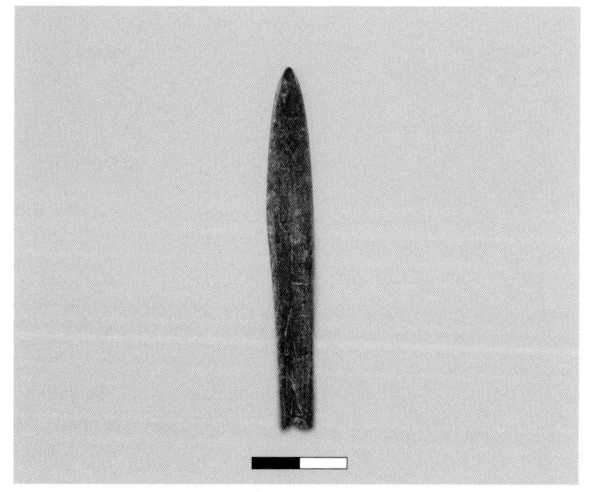
1. 骨镞（T0717G1⑪:16）

2. 陶钵（T0716G1⑫:1）

3. 石锤（T0916G1⑫:13）

4. 石片（T0716G1⑫:14）

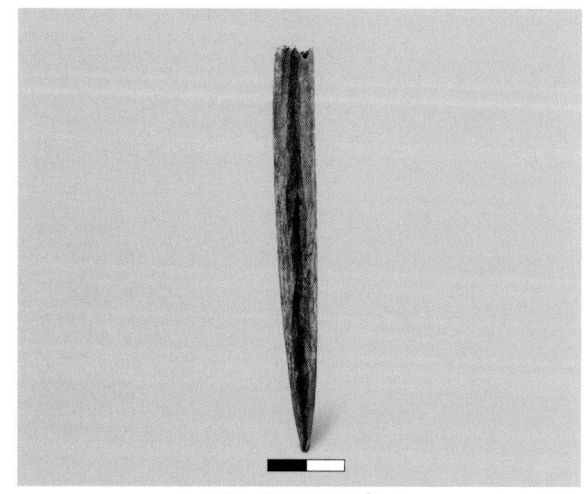
5. 骨笄（T0617G1⑬:7）

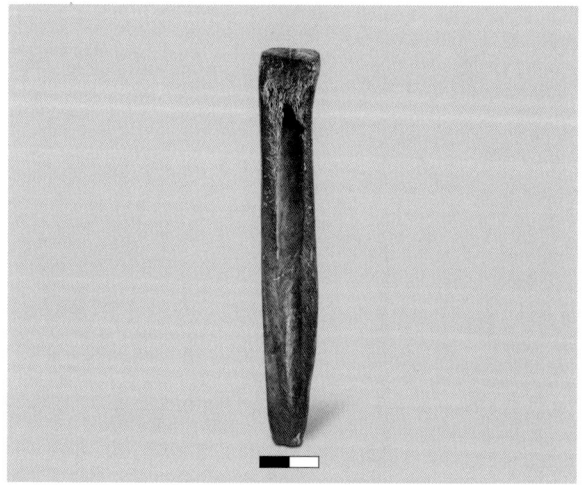
6. 骨匕正面（T0617G1⑬:6）

G1⑪、G1⑫、G1⑬出土遗物

图版一五七

1. 骨匕背面（T0617G1⑬:6）

2. 石锛（T0617G1⑮:8）

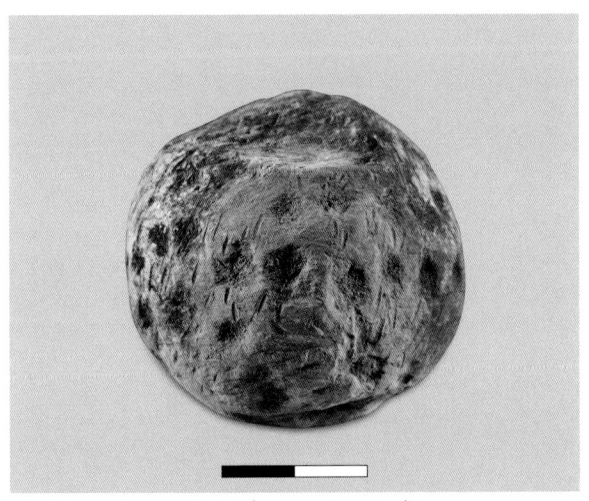
3. 陶球（T0809G2②:14）

4. 石研磨器（T0909G2②:12）

5. 石坠饰（T0809G2②:13）

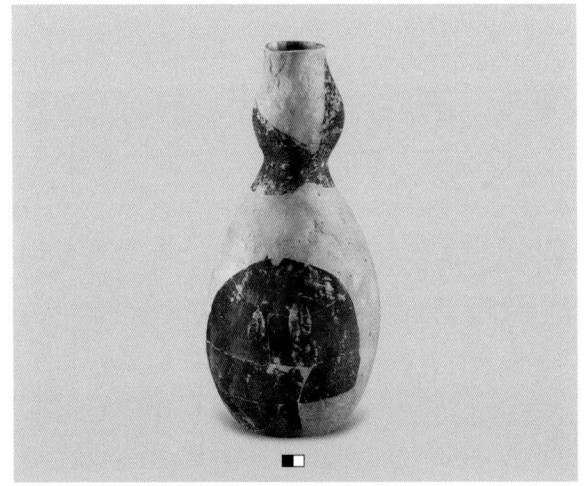
6. 陶瓶（T0809G2③:15）

G1⑬、G1⑮、G2②、G2③出土遗物

图版一五八

1. 圆陶片（T0809G2③:18-2）

2. 陶锉（T0809G2③:19）

3. 陶锉（T0809G2③:20）

4. 陶纺轮（T0809G2③:22）

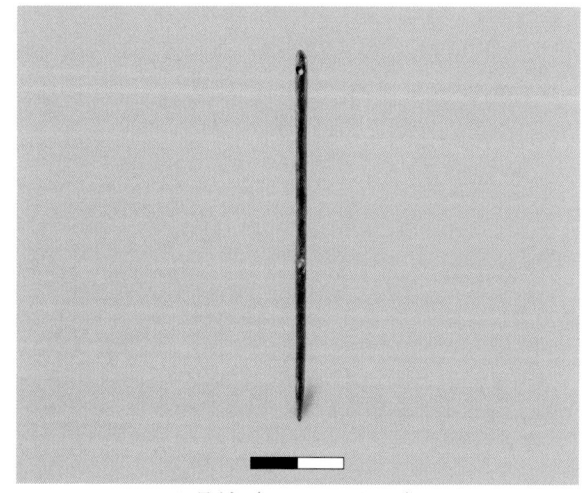
5. 骨针（T0810G2③:24）

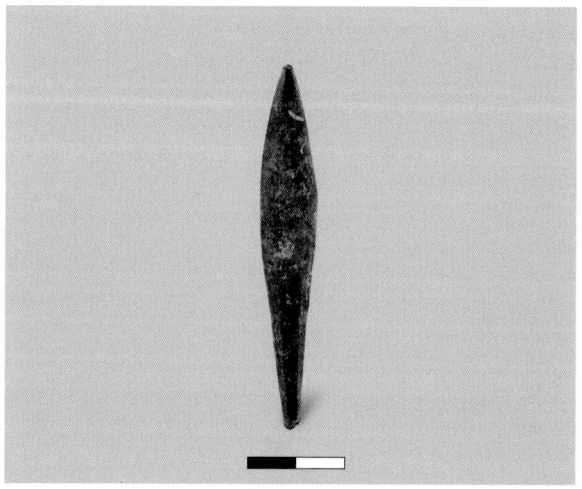
6. 骨镞（T0809G2③:21）

G2③出土遗物

图版一五九

1. 圆陶片（T0809G2④:15）

2. 陶锉（T0909G2④:10）

3. 陶锉（T0909G2④:26）

4. 陶纺轮（T0809G2④:13）

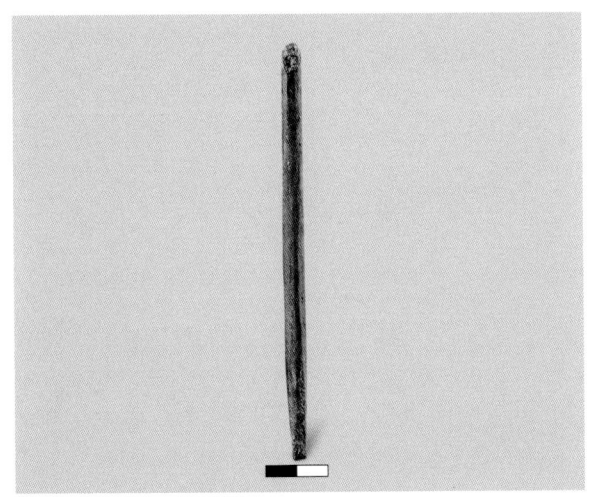
5. 骨笄（T0809G2④:12）

6. 骨镞（T0909G2④:11）

G2④出土遗物

图版一六〇

1. 陶盆（T0809G2⑤:1）

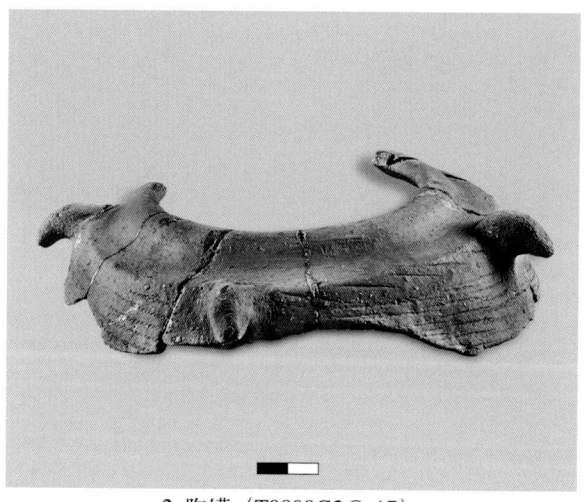

2. 陶罐（T0809G2⑤:17）

3. 陶铲（T0809G2⑤:28）

4. 石铲（T0809G2⑤:25）

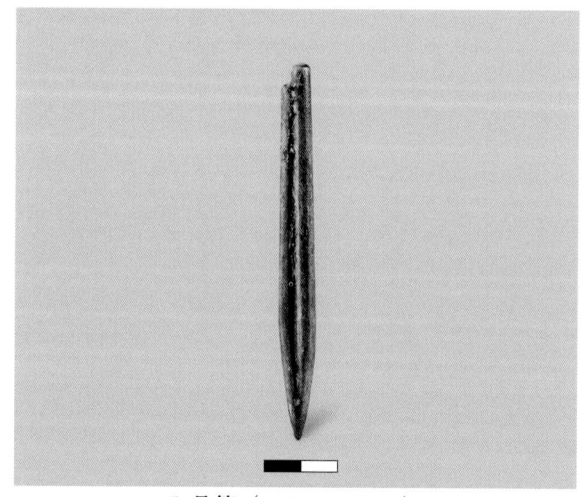

5. 骨笄（T0809G2⑤:30）

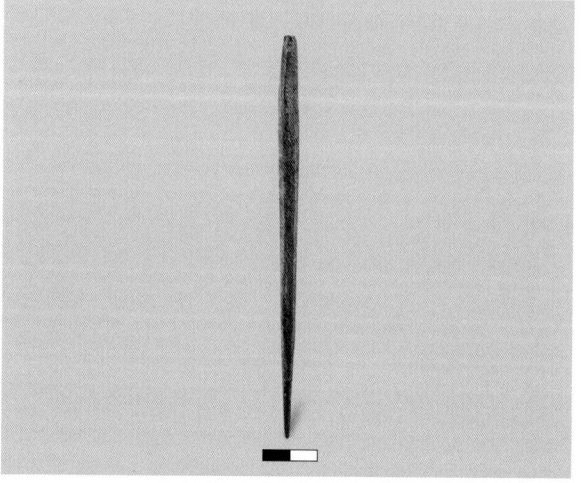

6. 骨笄（T0809G2⑤:29）

G2⑤出土遗物

图版一六一

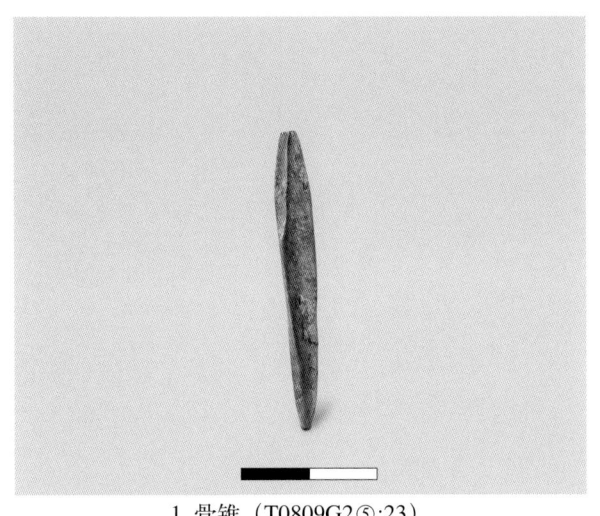
1. 骨锥（T0809G2⑤:23）

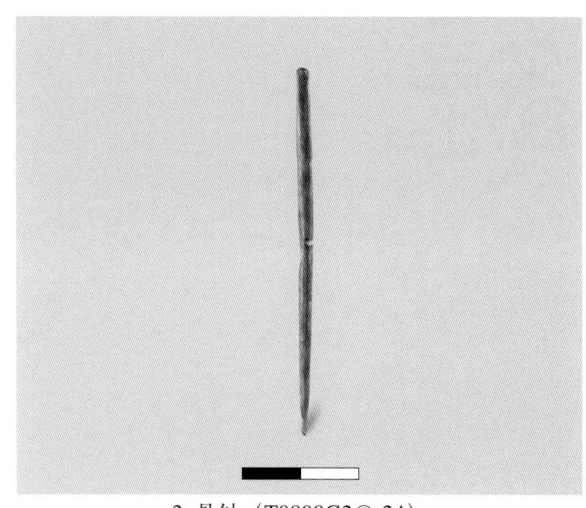
2. 骨针（T0809G2⑤:24）

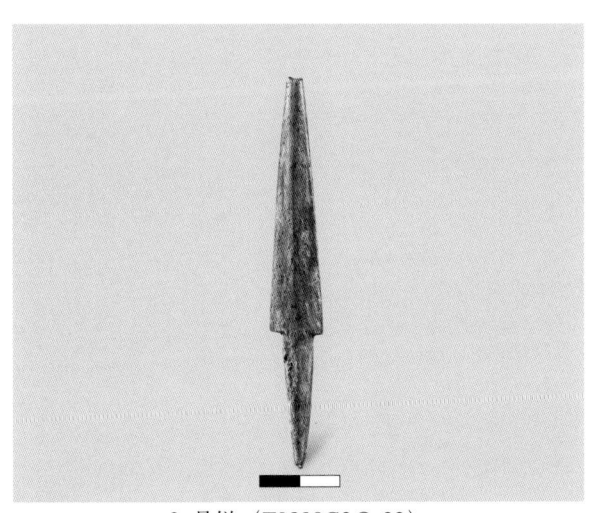
3. 骨镞（T0809G2⑤:22）

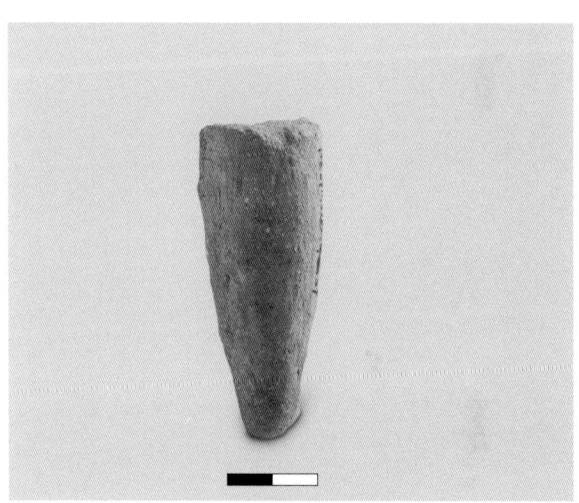
4. 器足（T0809G2⑥:27）

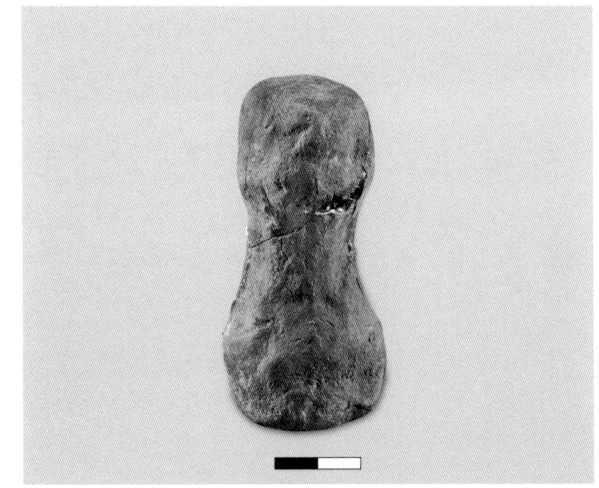
5. 陶拍（T0909G2⑥:20）

6. 玉锛（T0809G2⑥:23）

G2⑤、G2⑥出土遗物

图版一六二

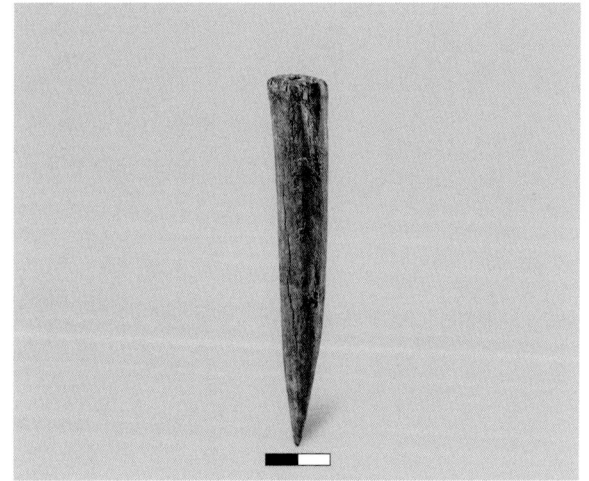

1. 骨锥（T0809G2⑥:25）

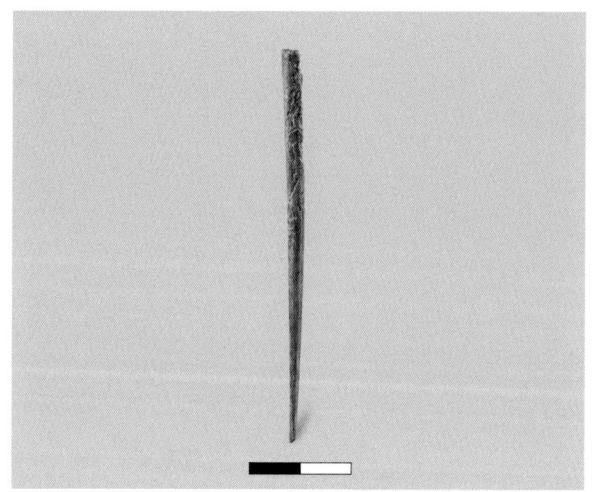

2. 骨针（T0809G2⑥:26）

3. 陶钵（T0809G2⑦:1）

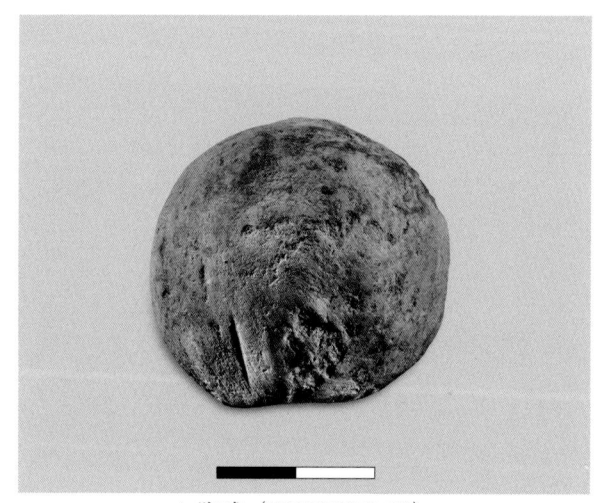

4. 陶球（T0909G2⑦:25）

5. 石斧（T0809G2⑦:26）

6. 石铲（T0809G2⑦:27）

G2⑥、G2⑦出土遗物

图版一六三

1. 石核（T0809G2⑦:28）

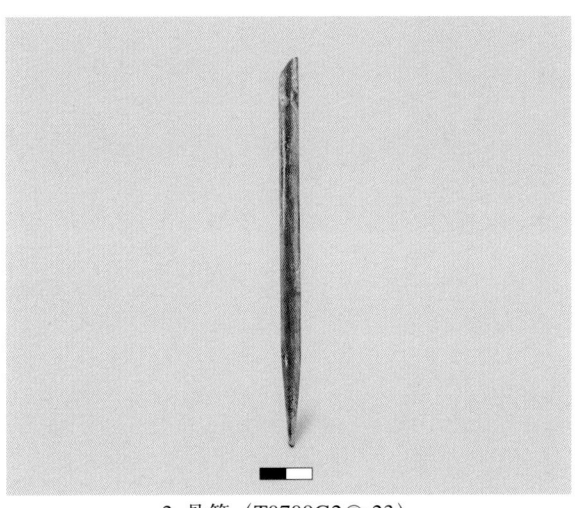
2. 骨笄（T0709G2⑦:23）

3. T0909G2⑦:24

4. 圆陶片（T0809G2⑧:16-3）

5. 圆陶片（T0809G2⑧:16-2）

6. 骨锥（T0909G2⑧:19）

G2⑦、G2⑧出土遗物

图版一六四

1. 瓮（W2:1）　　2. 钵（W2:2）

3. 瓮（W26:1）　　4. 钵（W26:2）

5. 钵（W27:2）　　6. 盆（W30:2）

W2、W26、W27、W30出土陶器

1. 瓮（W68:1）
2. 盆（W68:2）
3. 钵（W69:2）
4. 瓮（W76:1）
5. 钵（W76:2）
6. 锉（W76:3）

W68、W69、W76出土陶器

图版一六六

1. 钵（W77:2）

2. 瓮（W100:1）

3. 钵（W100:2）

4. 钵（W101:2）

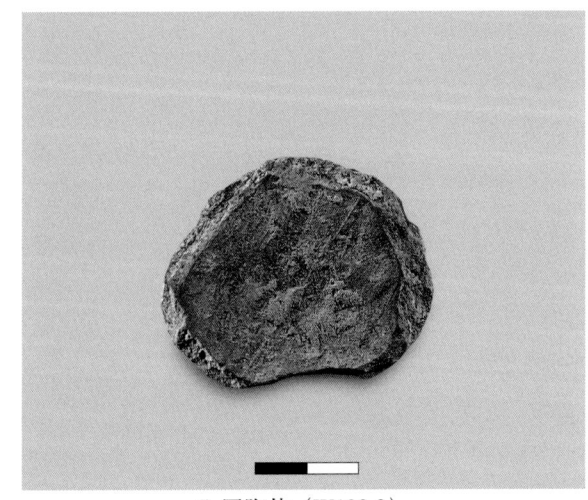
5. 圆陶片（W102:3）

6. 盆（W104:2）

W77、W100、W101、W102、W104出土陶器

图版一六七

1. 瓮（W107:1）

2. 瓮（W108:1）

3. W108陶器组合

4. 瓮（W108:2）

5. 瓮（W108:3）

W107、W108出土陶器

图版一六八

1. 瓮（W109:1）

2. 钵（W109:2）

3. 瓮（W110:1）

4. 钵（W110:2）

5. 瓮（W111:1）

6. 钵（W111:2）

W109、W110、W111出土陶器

图版一六九

1. 瓮（W113:1）

2. 钵（W113:2）

3. 瓮（W114:1）

4. 钵（W114:2）

W113、W114出土陶器

图版一七〇

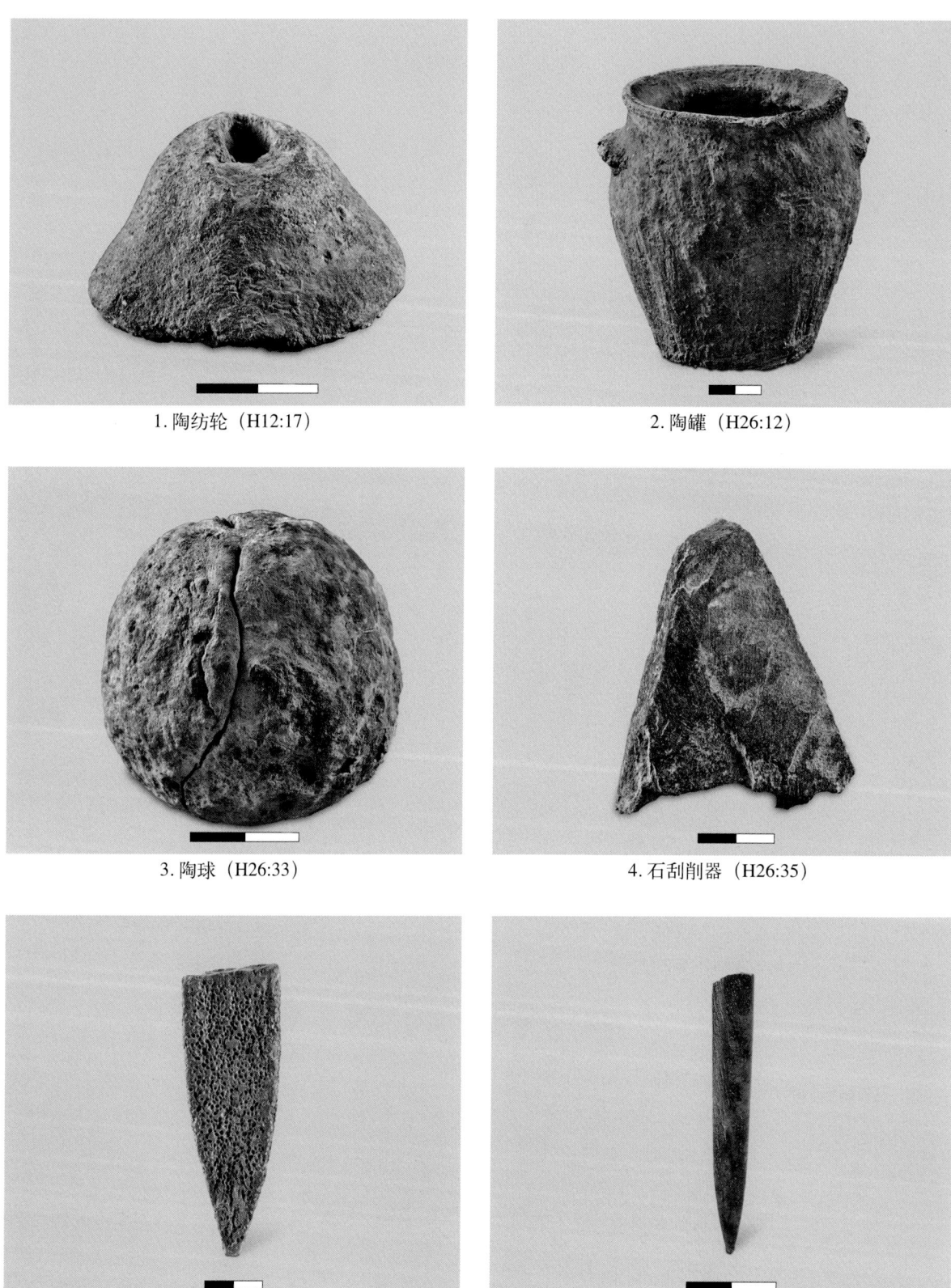

1. 陶纺轮（H12:17）
2. 陶罐（H26:12）
3. 陶球（H26:33）
4. 石刮削器（H26:35）
5. 陶锉（H19:22）
6. 玉笄（H26:34）

H12、H19、H26出土遗物

图版一七一

1. 陶钵（H27:1）　　2. 陶纺轮（H27:26）

3. 陶环（H27:28）　　4. 陶罐（H29:7）

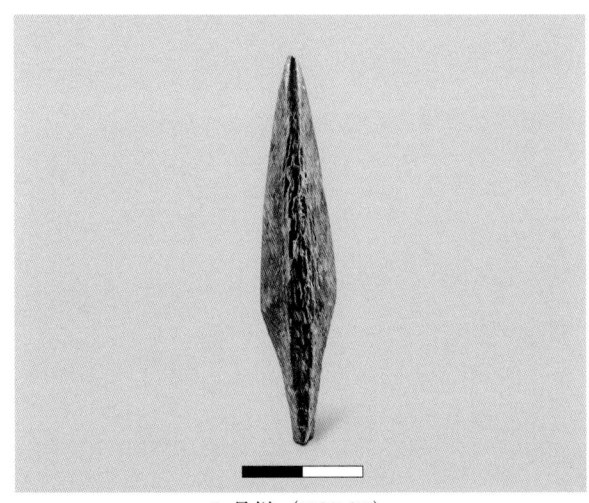

5. 骨镞（H27:27）　　6. 石锛（H29:23）

H27、H29出土遗物

图版一七二

1. 磨石（H29:24）

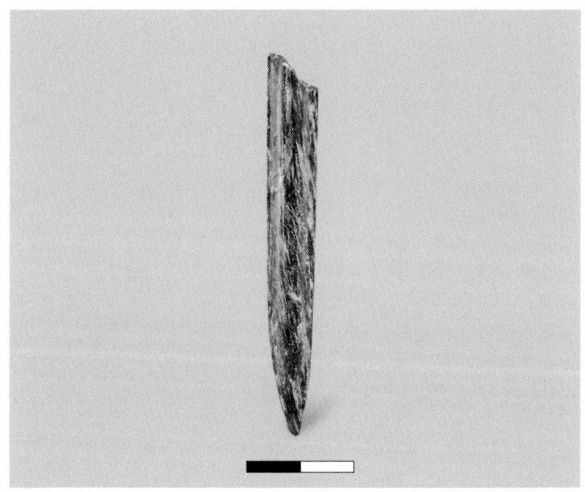
2. 玉笄（H35:71）

3. 陶盆（H35:27）

4. 陶盆（H35:65）

5. 陶刀（H35:66）

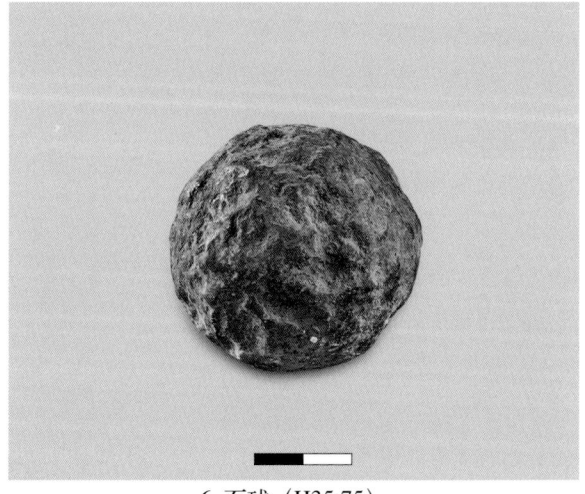
6. 石球（H35:75）

H29、H35出土遗物

图版一七三

1. 磨石 (H35:68)

2. 陶钵 (H36:1)

3. 陶塑 (H36:29)

4. 陶钵 (H37:1)

5. 骨镞 (H40:42)

6. 陶盆 (H41:13)

H35、H36、H37、H40、H41出土遗物

图版一七四

1. 陶钵（H41:12）

2. 陶笄（H41:73）

3. 石环（H41:72）

4. 陶罐（H44:20）

5. H46出土陶器组合

H41、H44、H46出土遗物

图版一七三

1. 磨石 (H35:68)

2. 陶钵 (H36:1)

3. 陶塑 (H36:29)

4. 陶钵 (H37:1)

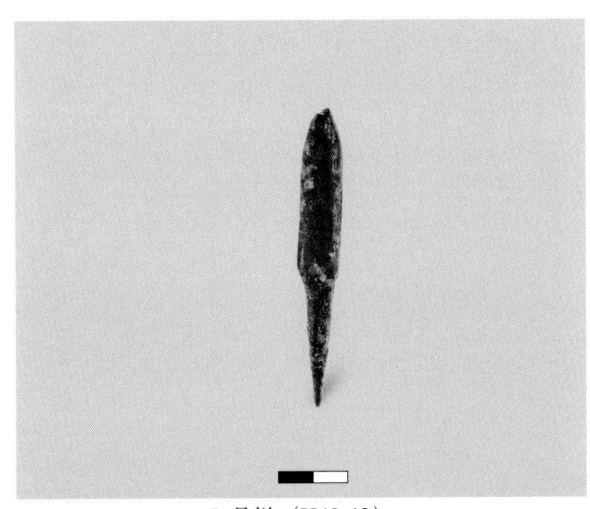

5. 骨镞 (H40:42)

6. 陶盆 (H41:13)

H35、H36、H37、H40、H41出土遗物

图版一七四

1. 陶钵（H41:12）

2. 陶筹（H41:73）

3. 石环（H41:72）

4. 陶罐（H44:20）

5. H46出土陶器组合

H41、H44、H46出土遗物

图版一七五

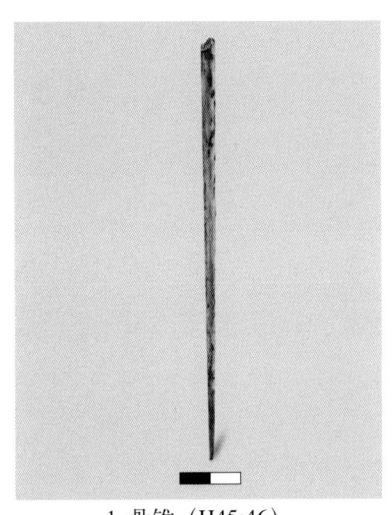
1. 骨锥 (H45:46)

2. 陶罐 (H46:9)

3. 陶罐 (H46:8)

4. 陶钵 (H46:1)

5. 陶钵 (H46:2)

6. 陶杯 (H59:34)

7. 器盖 (H63:35)

H45、H46、H59、H63出土遗物

图版一七六

1. 铡（H63:38）

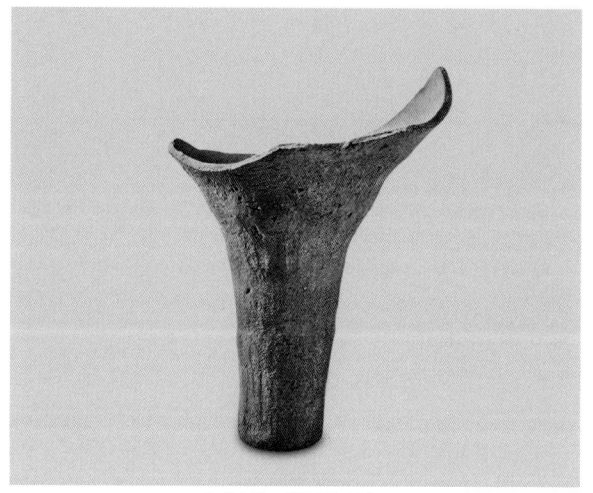

2. 漏斗（H64:12）

3. H72陶器组合

4. 盆(H72:4)

5. 罐(H72:7)

H63、H64、H72出土陶器

图版一七七

1. 罐（H72:8）
2. 缸（H72:17）
3. 器盖（H72:18）
4. 钵（H75:6）
5. 瓶（H76:23）
6. 盆（H76:13）

H72、H75、H76出土陶器

图版一七八

1. 钵（H76:1）

2. 钵（H76:2）

3. 盆（H83:32）

4. 钵（H83:1）

5. 瓶（H84:5）

6. 钵（H84:10）

H76、H83、H84遗物

图版一七九

1. 陶钵（H86:1）

2. 陶盆（H89:15）

3. 陶罐（H89:18）

4. 陶钵（H89:1）

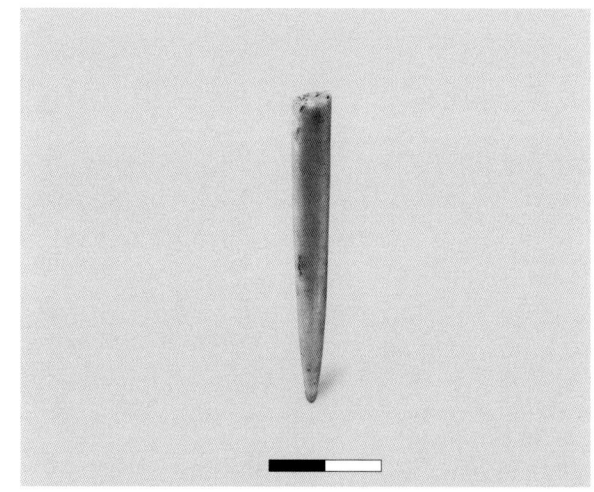
5. 玉笄（H90:40）

6. 陶罐（H104:4）

H86、H89、H90、H104出土遗物

图版一八〇

1. 陶钵（H104:1）

2. 器盖（H119:29）

3. 石纺轮（H119:30）

4. 陶盆（H120:1）

5. 陶纺轮（H120:4）

6. 陶钵（H123:1）

H104、H119、H120、H123出土遗物

1. 陶刀（H123:15）

2. 陶刀（H123:16）

3. 陶刀（H123:17）

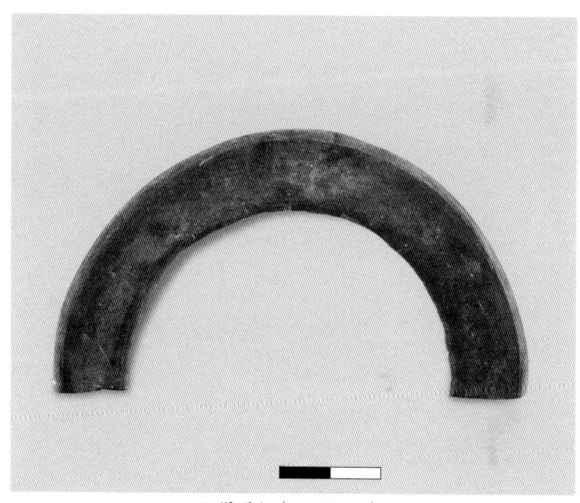
4. 陶环（H123:18）

5. 陶环（H123:20）

6. 石斧（H125:22）

H123、H125出土遗物

图版一八二

1. 杯 (H126:41)

2. 罐 (H129:4)

3. 瓶 (H130:32)

4. 罐 (H130:16)

5. 钵 (H130:1)

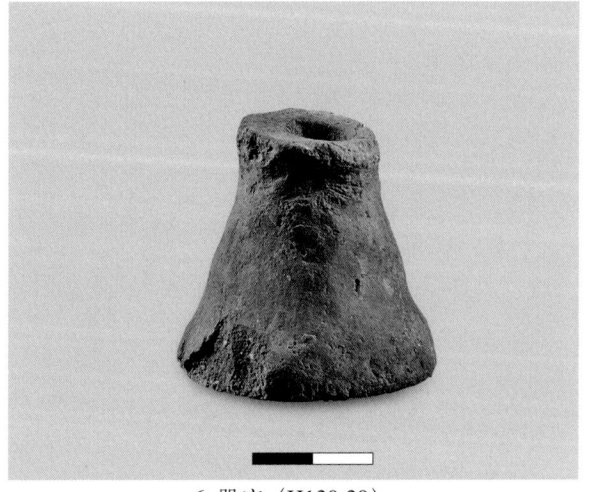
6. 器座 (H130:39)

H126、H129、H130出土陶器

图版一八三

1. 刀（H130:40）
2. 瓶（H131:7）
3. 杯（H131:15）
4. 锉（H131:17）
5. 环（H131:20）
6. 笄（H132:36）

H130、H131、H132出土陶器

图版一八四

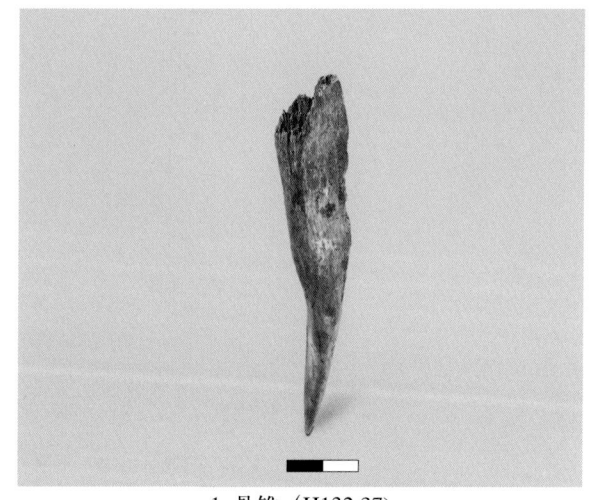
1. 骨锥（H132:37）

2. 陶盆（H136:6）

3. 陶杯（H137:25）

4. 石研磨器（H137:30）

5. 陶纺轮（H137:31）

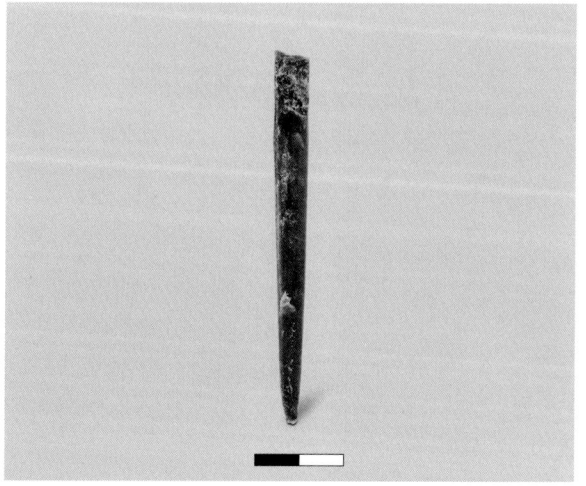
6. 玉笄（H137:32）

H132、H136、H137出土遗物

图版一八五

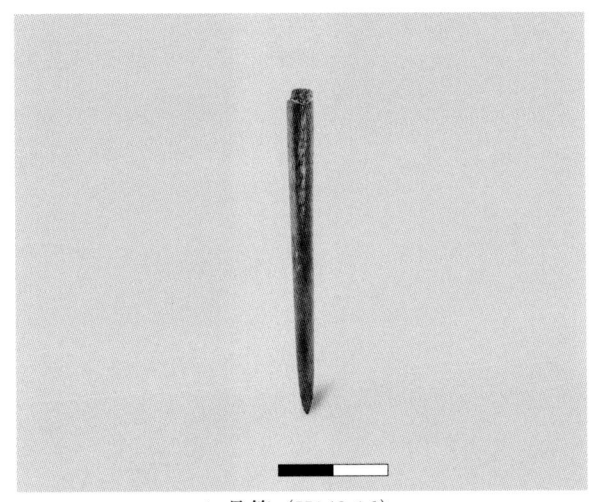
1. 骨笄（H140:16）

2. 陶盂（H184:44）

3. 陶盆（H186:15）

4. 陶甑（H186:43）

5. 陶甑底（H186:43）

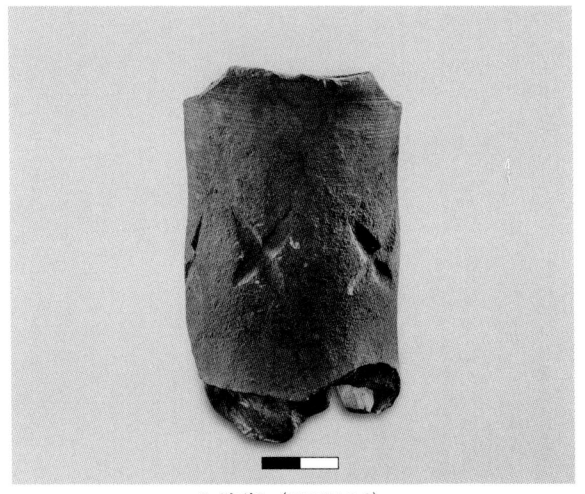
6. 陶瓶（H187:16）

H140、H184、H186、H187出土遗物

图版一八六

1. 钵（H187:29）

2. 钵（H204:1）

3. H211陶器组合

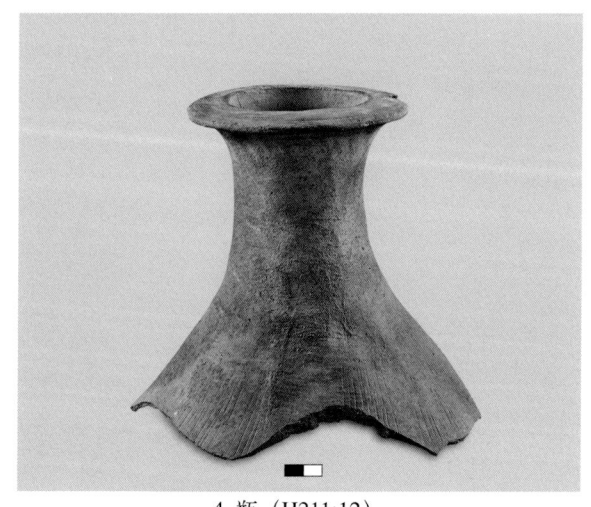
4. 瓶（H211:12）

5. 盆（H211:10）

H187、H204、H211出土陶器

图版一八七

1. 陶罐（H211:15）

2. 陶罐（H211:18）

3. 陶钵（H211:1）

4. 陶钵（H211:2）

5. 石料（H212:20）

6. 骨锥（H212:21）

H211、H212出土遗物

图版一八八

1. 球 (H214:18)

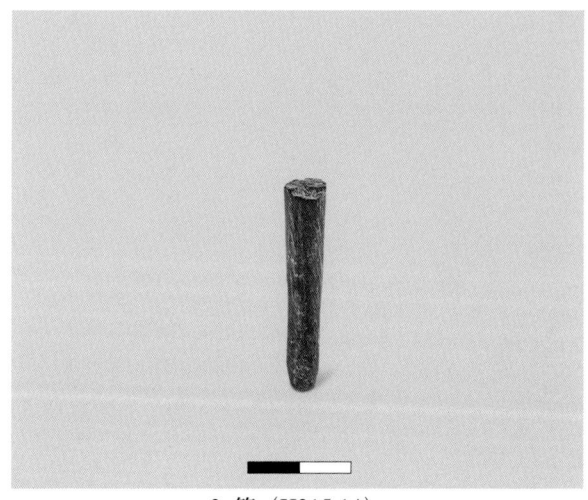
2. 笄 (H215:14)

3. 杯 (H233:13)

4. 器足 (H233:14)

5. 钵 (H237:1)

6. 钵 (H237:3)

H214、H215、H233、H237出土陶器

图版一八九

1. 陶筈（H237:38）

2. 陶球（H237:40）

3. 蚌刀（H237:43）

4. 陶盆（H246:7）

5. 陶钵（H246:1）

6. 陶瓮（W3:1）

H237、H246、W3出土遗物

图版一九〇

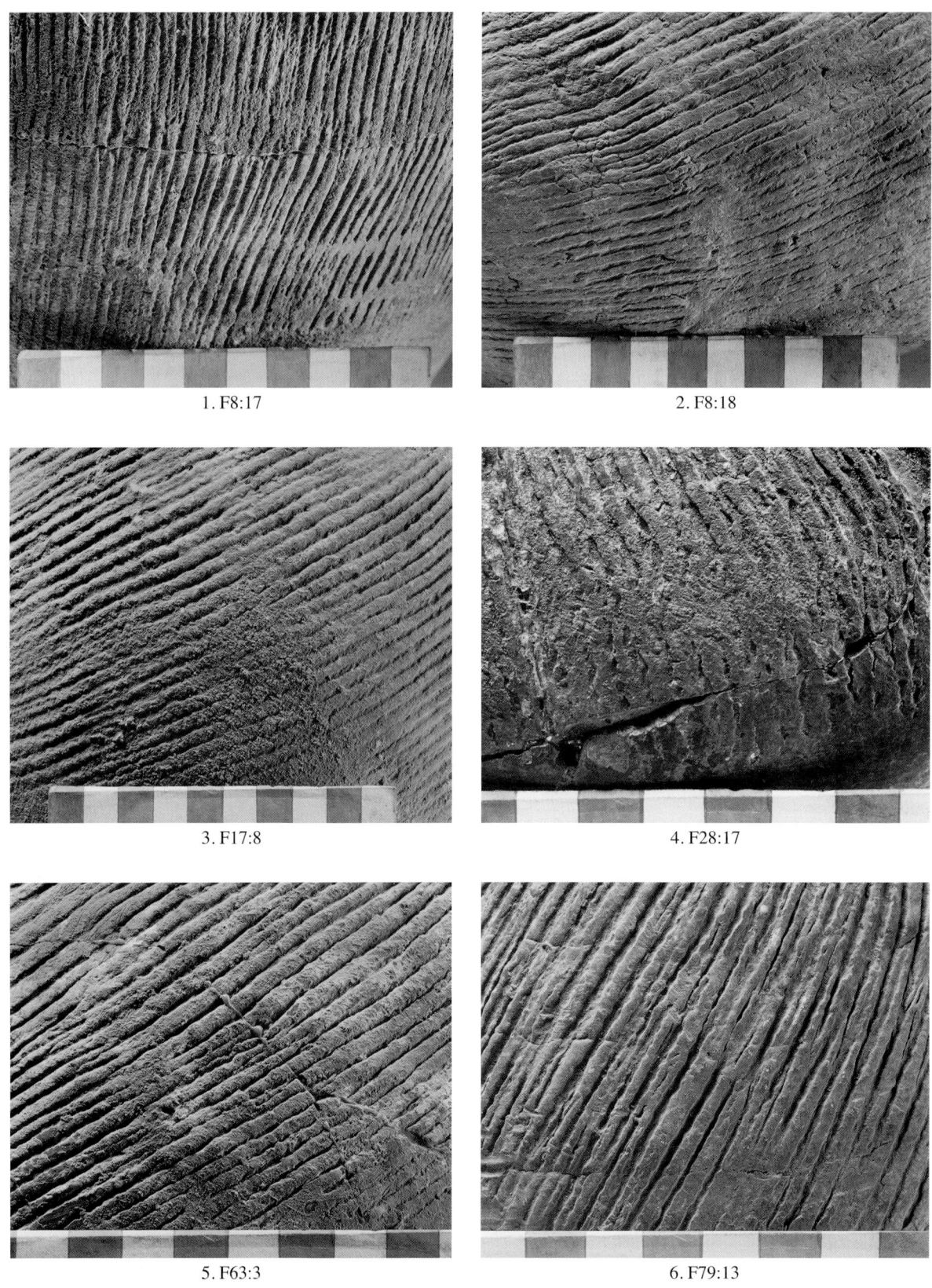

1. F8:17
2. F8:18
3. F17:8
4. F28:17
5. F63:3
6. F79:13

绳纹

图版一九一

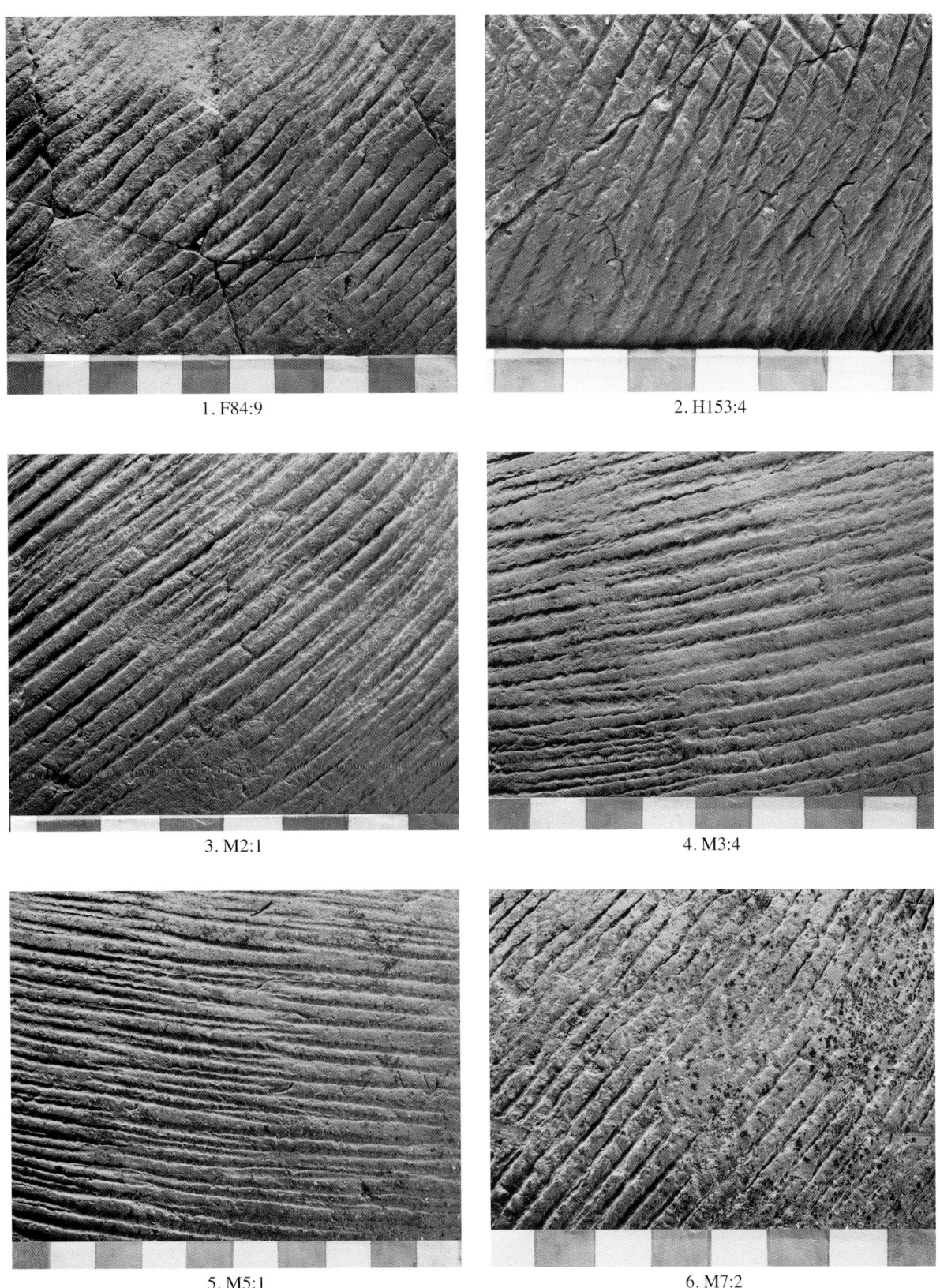

1. F84:9
2. H153:4
3. M2:1
4. M3:4
5. M5:1
6. M7:2

绳纹

图版一九二

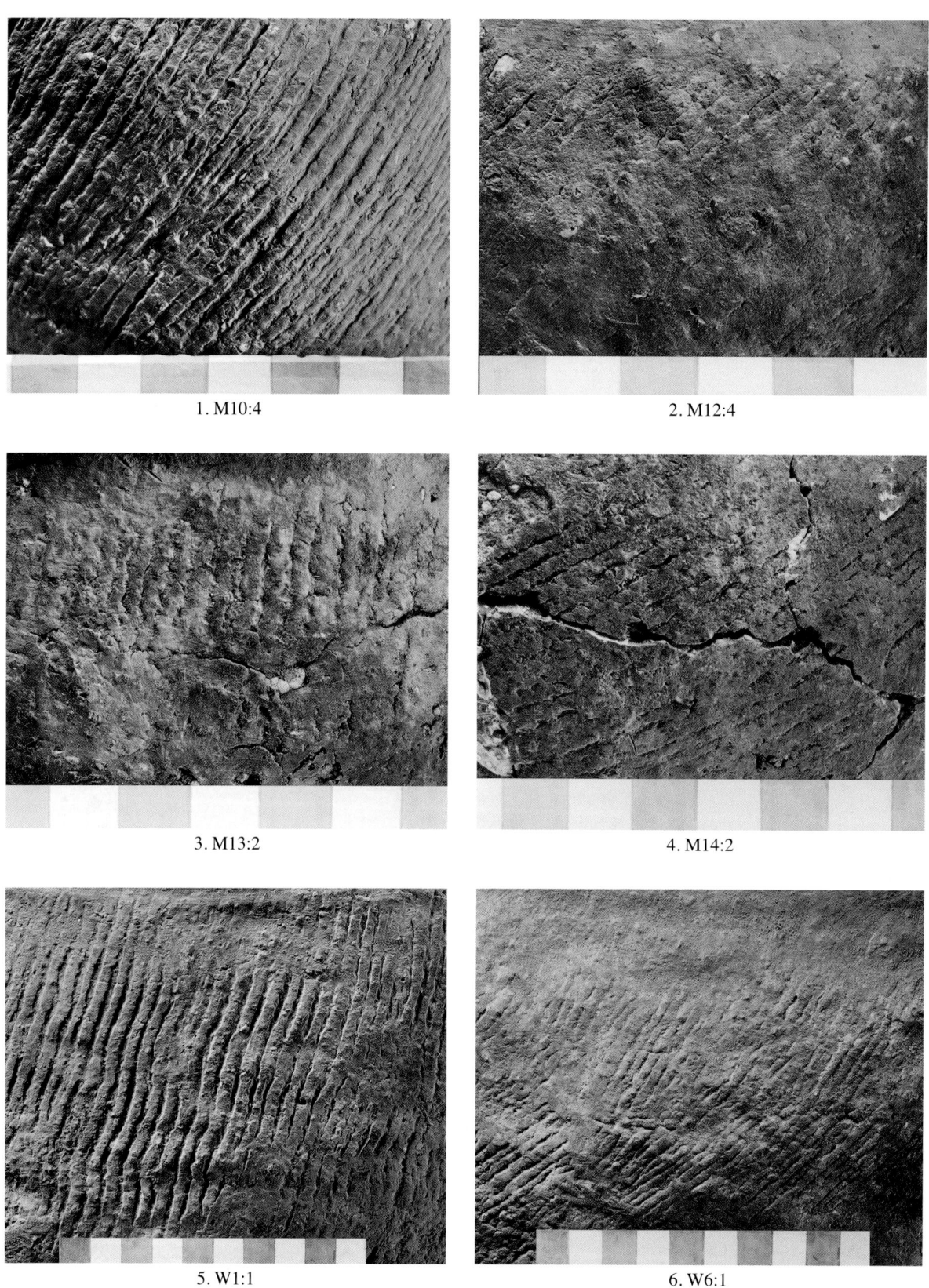

1. M10:4
2. M12:4
3. M13:2
4. M14:2
5. W1:1
6. W6:1

绳纹

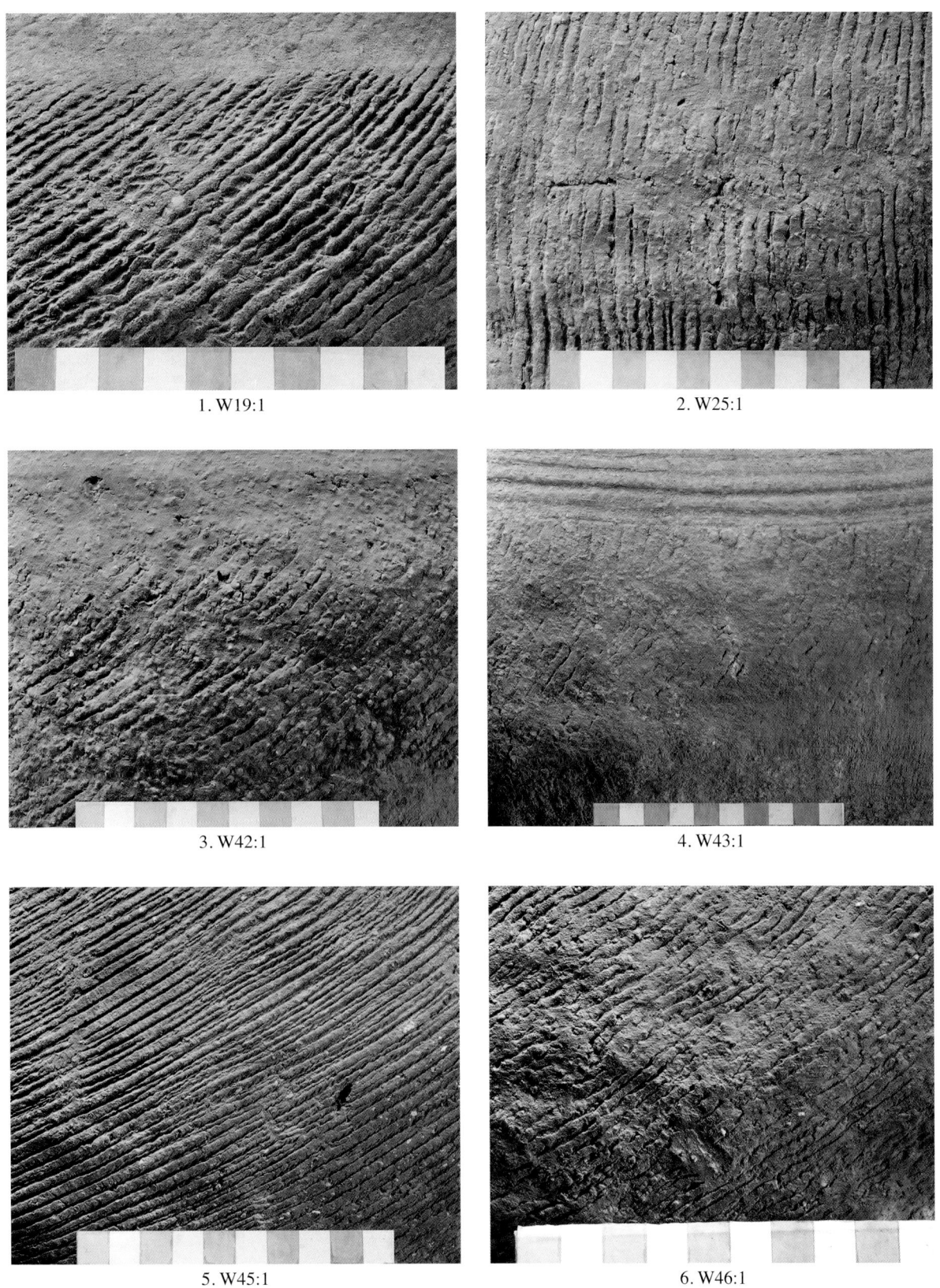

1. W19:1　　2. W25:1
3. W42:1　　4. W43:1
5. W45:1　　6. W46:1

绳纹

图版一九四

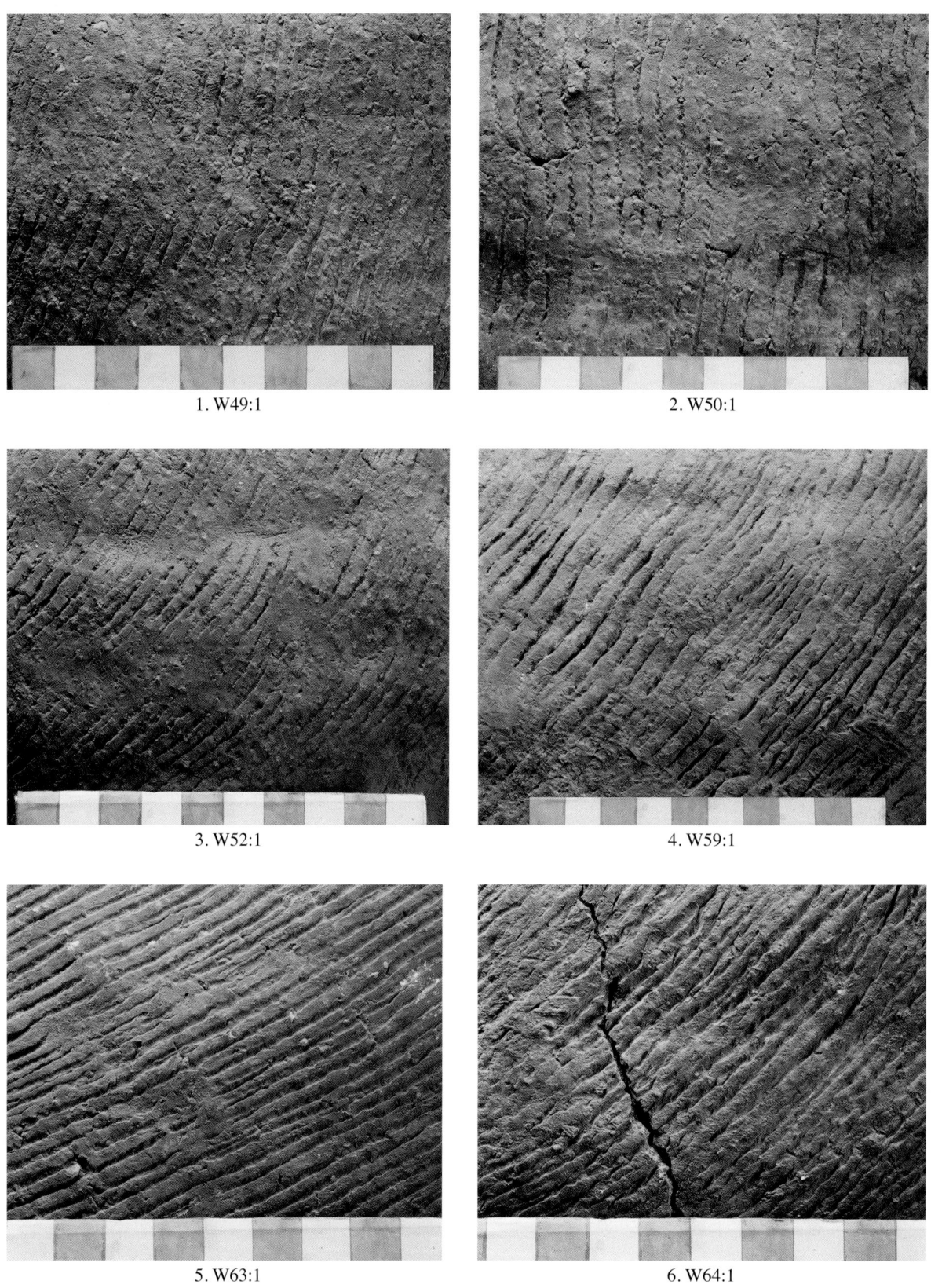

1. W49:1
2. W50:1
3. W52:1
4. W59:1
5. W63:1
6. W64:1

绳纹

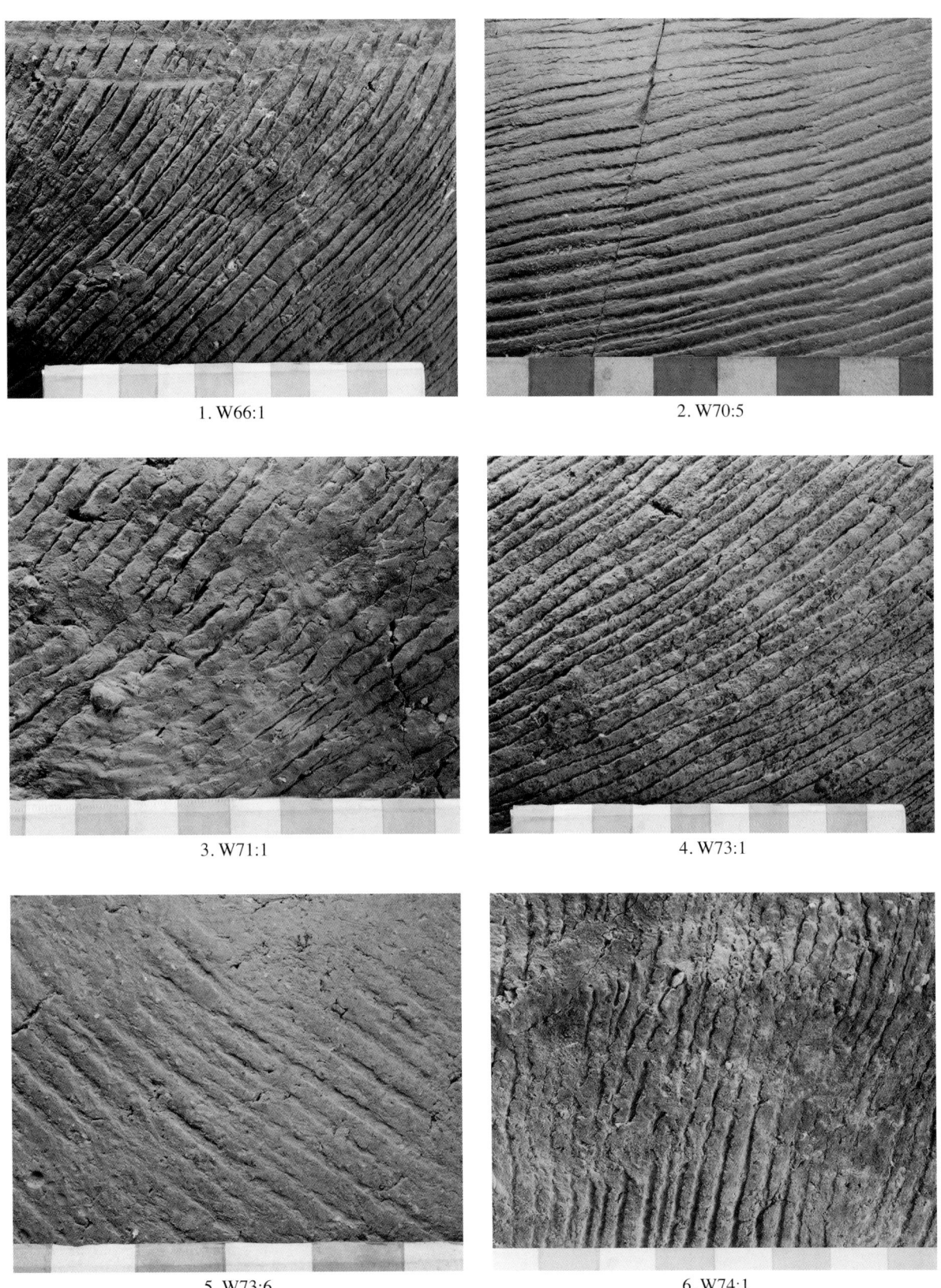

1. W66:1
2. W70:5
3. W71:1
4. W73:1
5. W73:6
6. W74:1

绳纹

图版一九六

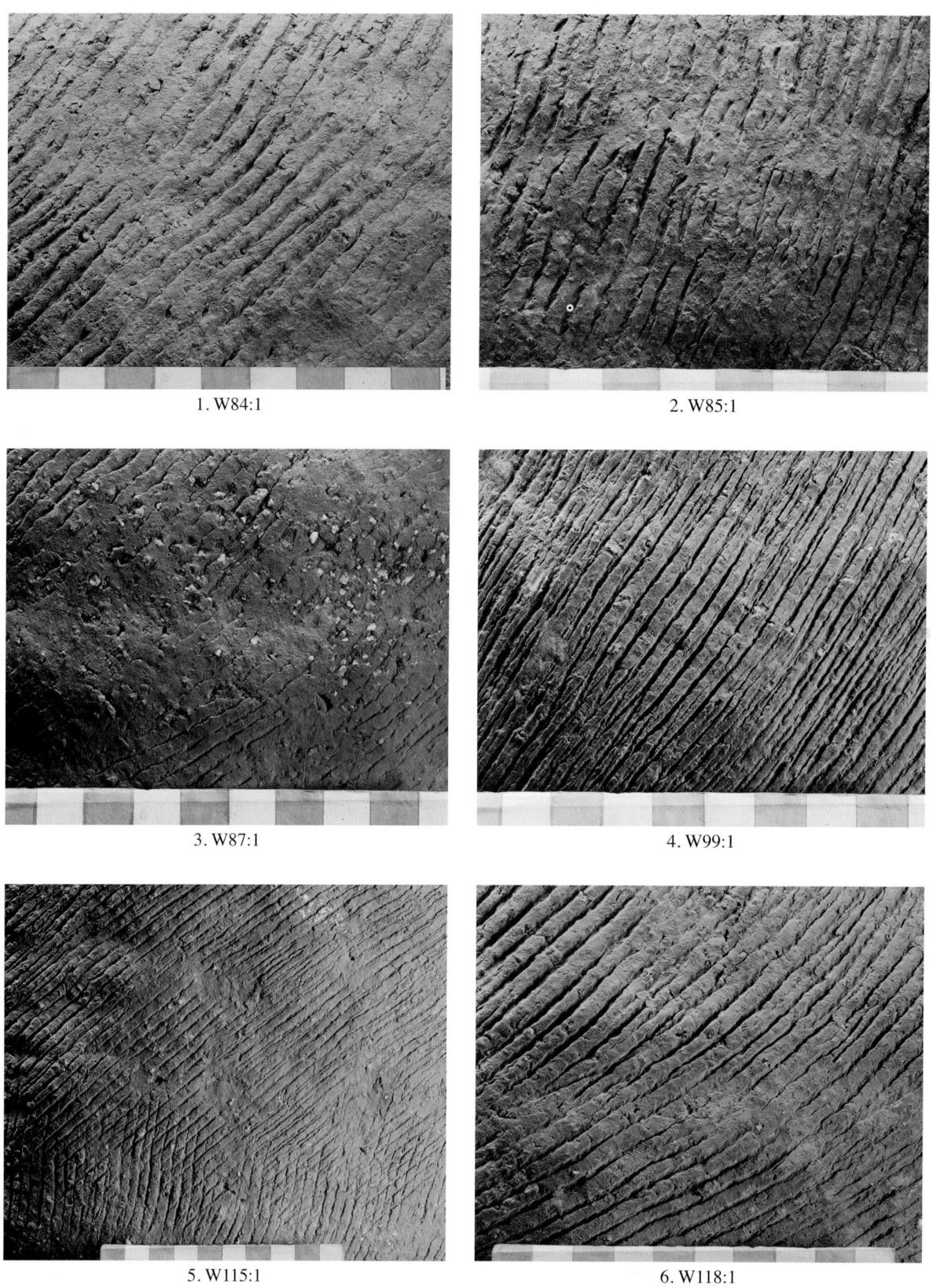

1. W84:1
2. W85:1
3. W87:1
4. W99:1
5. W115:1
6. W118:1

绳纹

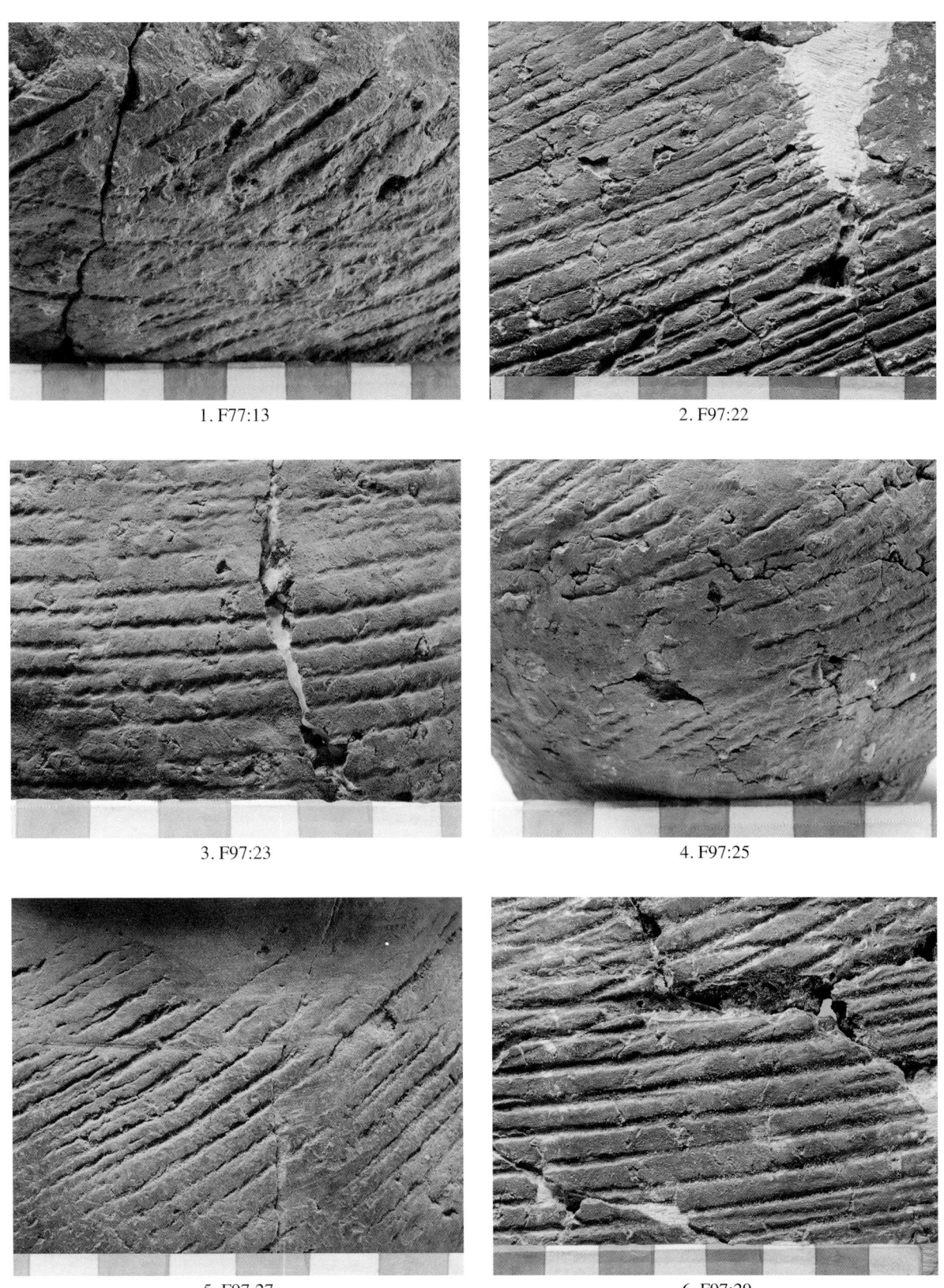

1. F77:13
2. F97:22
3. F97:23
4. F97:25
5. F97:27
6. F97:29

绳纹

图版一九八

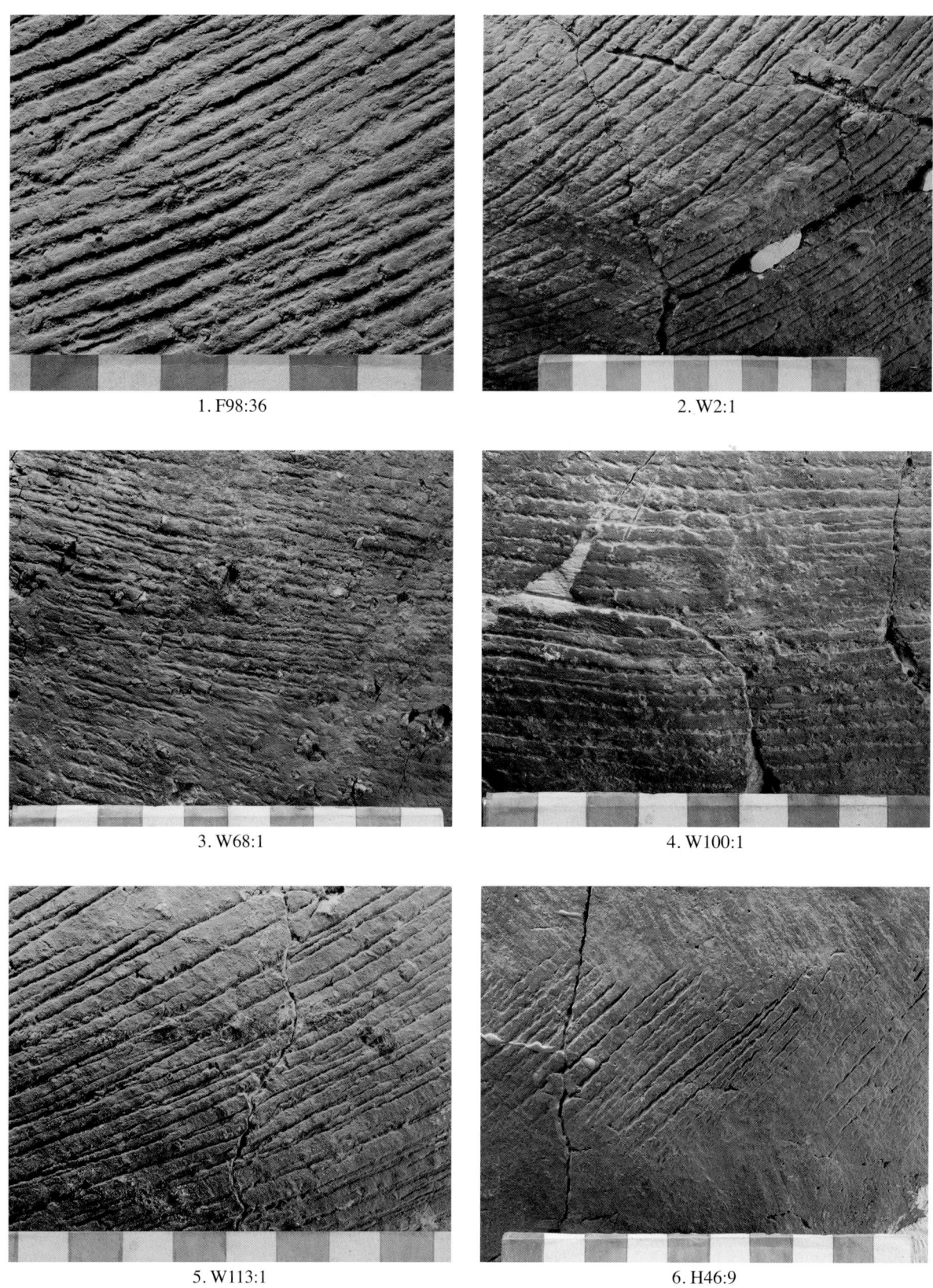

1. F98:36
2. W2:1
3. W68:1
4. W100:1
5. W113:1
6. H46:9

绳纹

图版一九九

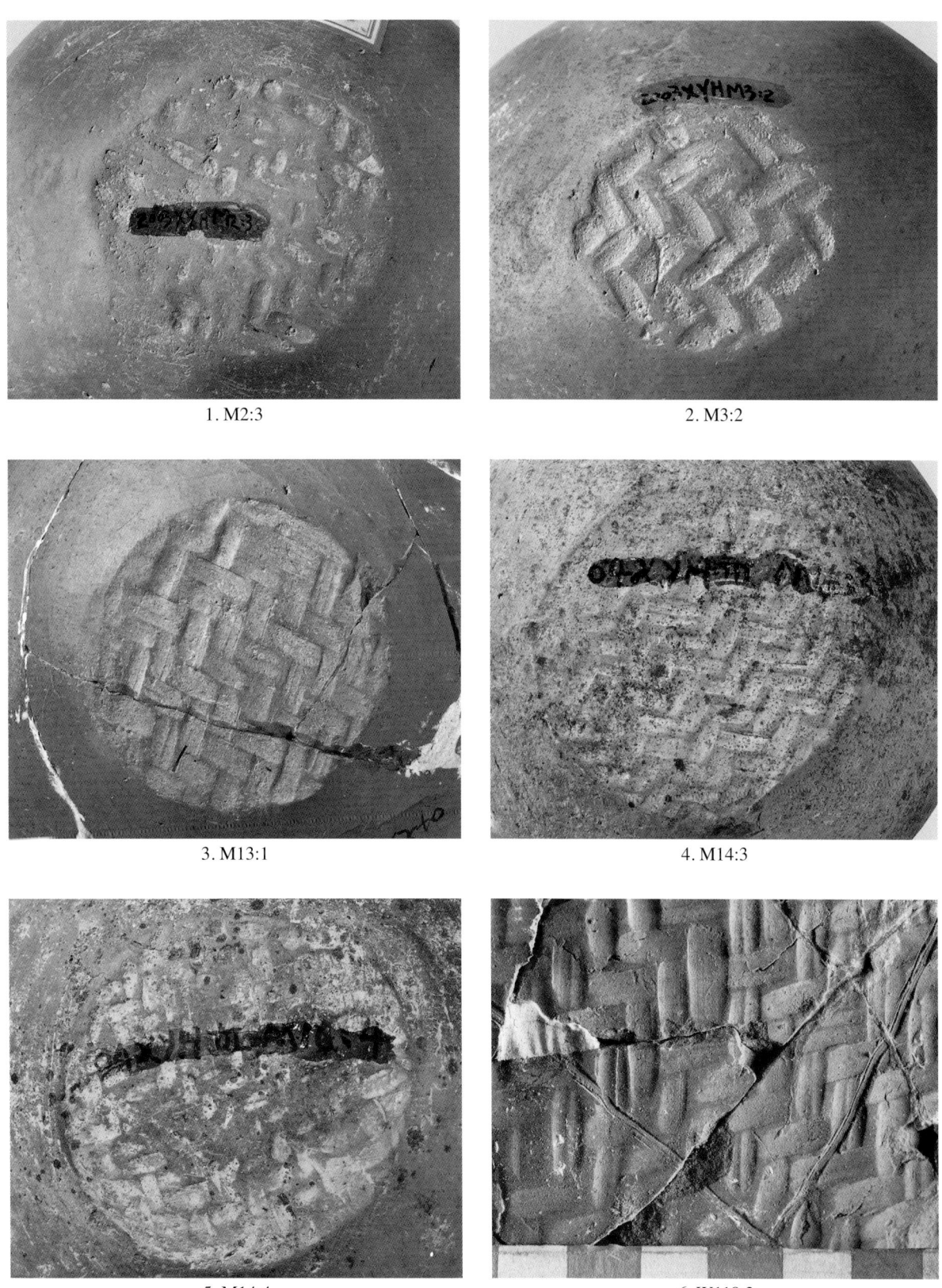

1. M2:3
2. M3:2
3. M13:1
4. M14:3
5. M14:4
6. W118:2

席纹

图版二〇〇

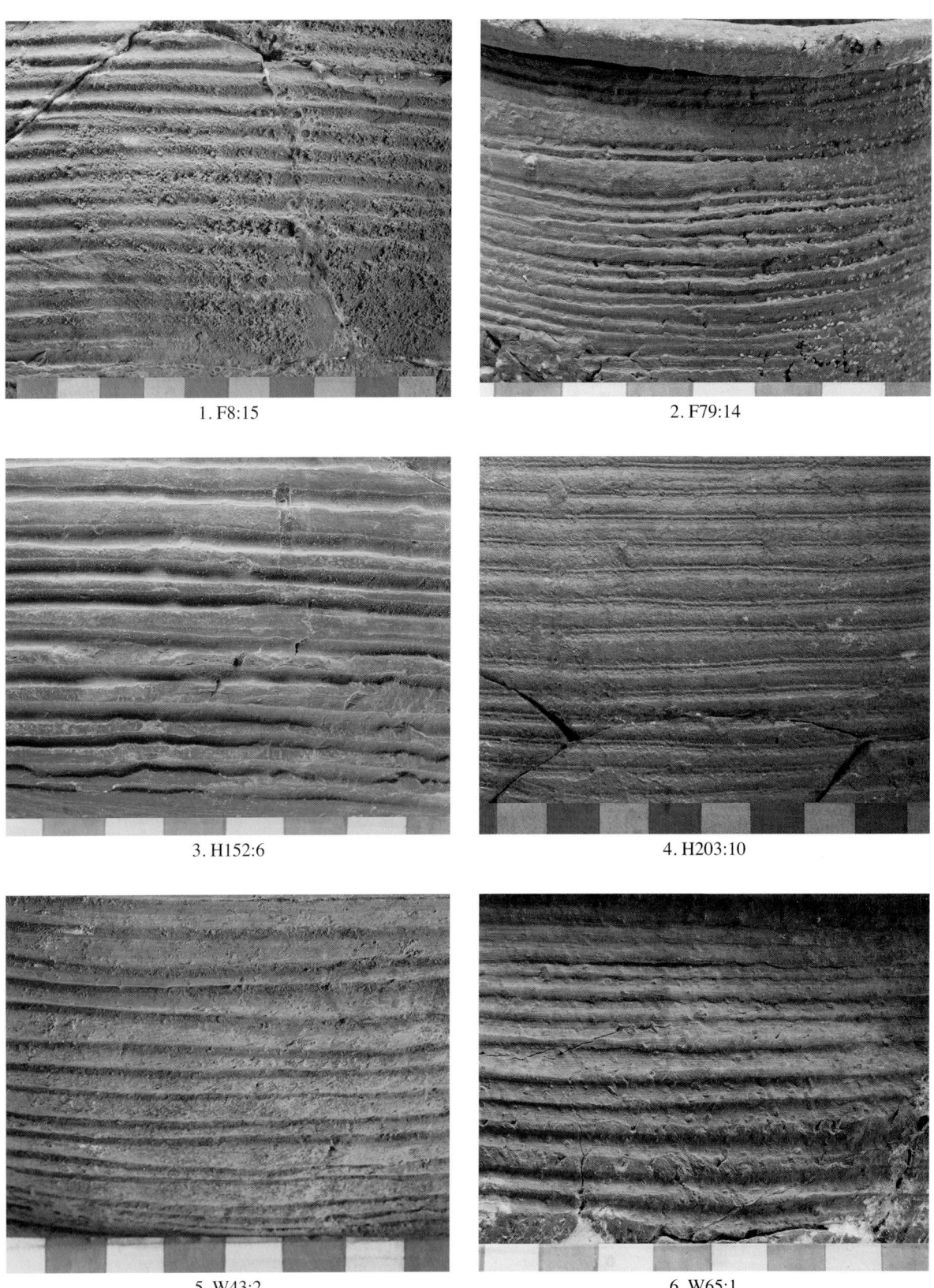

1. F8:15
2. F79:14
3. H152:6
4. H203:10
5. W43:2
6. W65:1

弦纹

图版二〇一

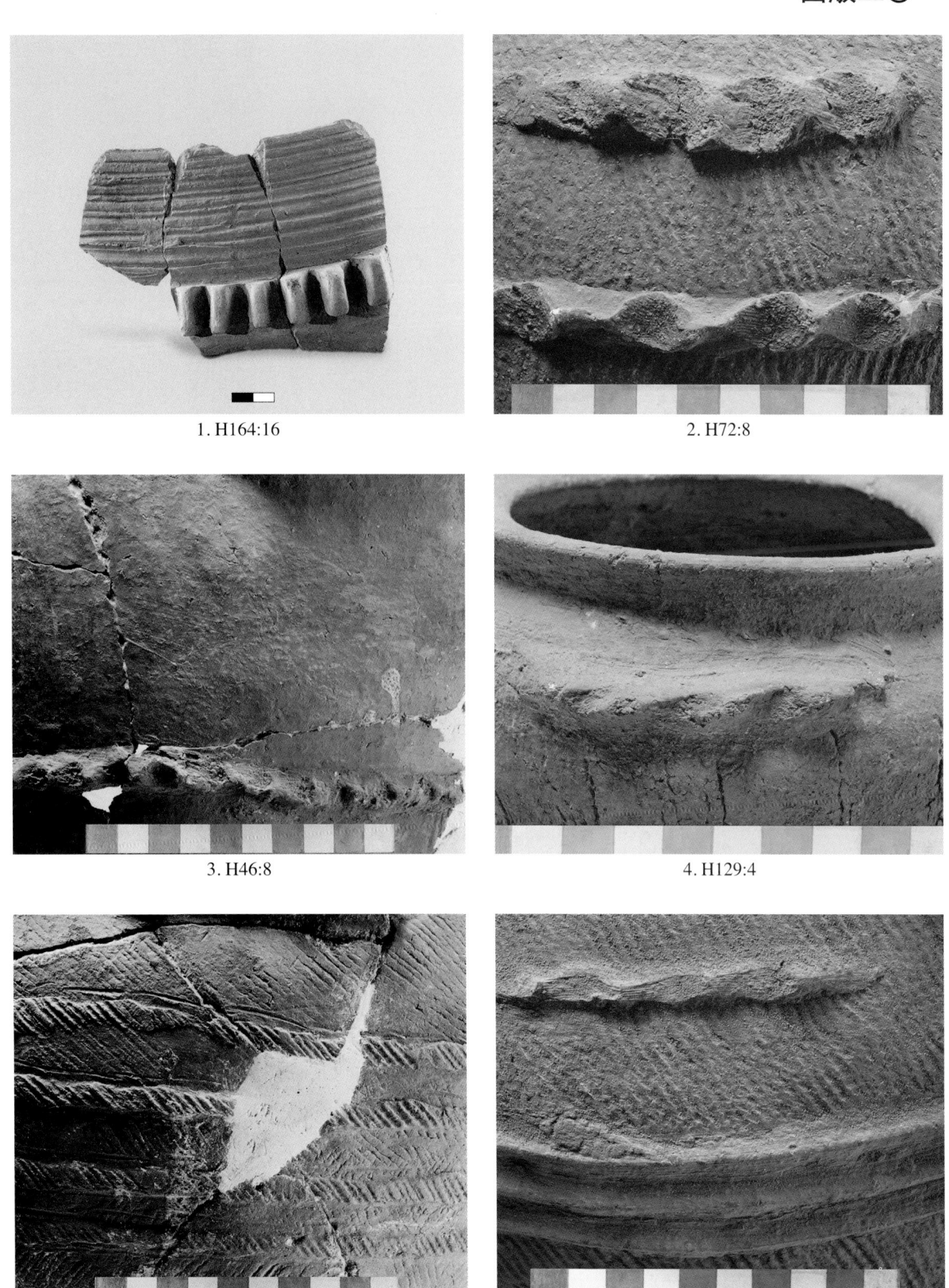

1. H164:16
2. H72:8
3. H46:8
4. H129:4
5. H130:16
6. W3:1

附加堆纹

图版二〇二

1. F79:21
2. W44:5
3. F79:22
4. T0912⑥:7
5. H161:21
6. W26:2
7. T0315③:2

剔刺纹、指甲纹、布纹

图版二〇三

1. W1:2

2. W24:2

3. W42:2

4. W70:2

彩陶盆

图版二〇四

1. H200:15 内壁泥条盘筑痕迹

2. H98:5 内壁泥条盘筑痕迹

3. H132:15 内壁泥条盘筑痕迹

4. W60:2 口下轮修痕迹

5. F90:13 口下轮修痕迹

6. H37:17 口下轮修痕迹

陶器制作痕迹

图版二〇五

1. H225:8局部磨痕

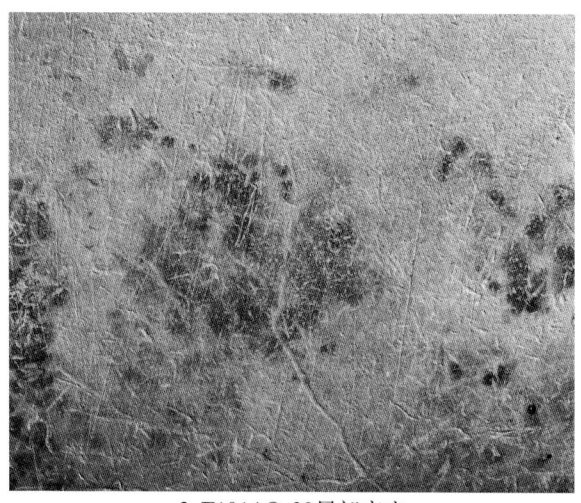
2. T1014③:38局部磨痕

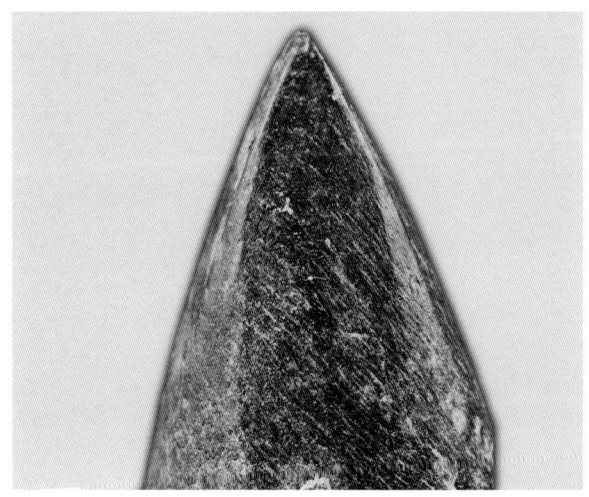
3. F2:44尖部磨痕

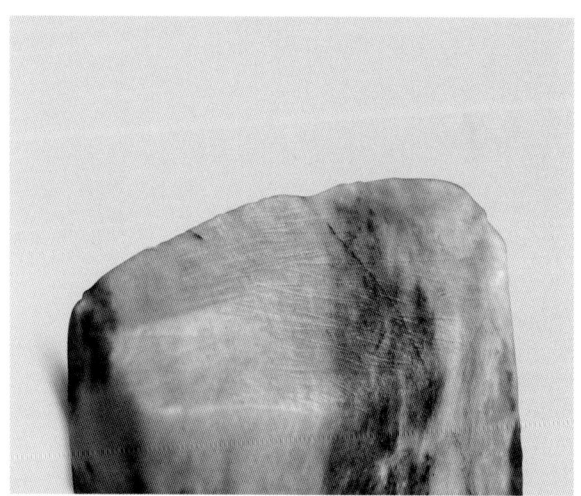
4. F79:67刃部磨痕

5. F77:14局部磨痕

石器制作痕迹

图版二〇六

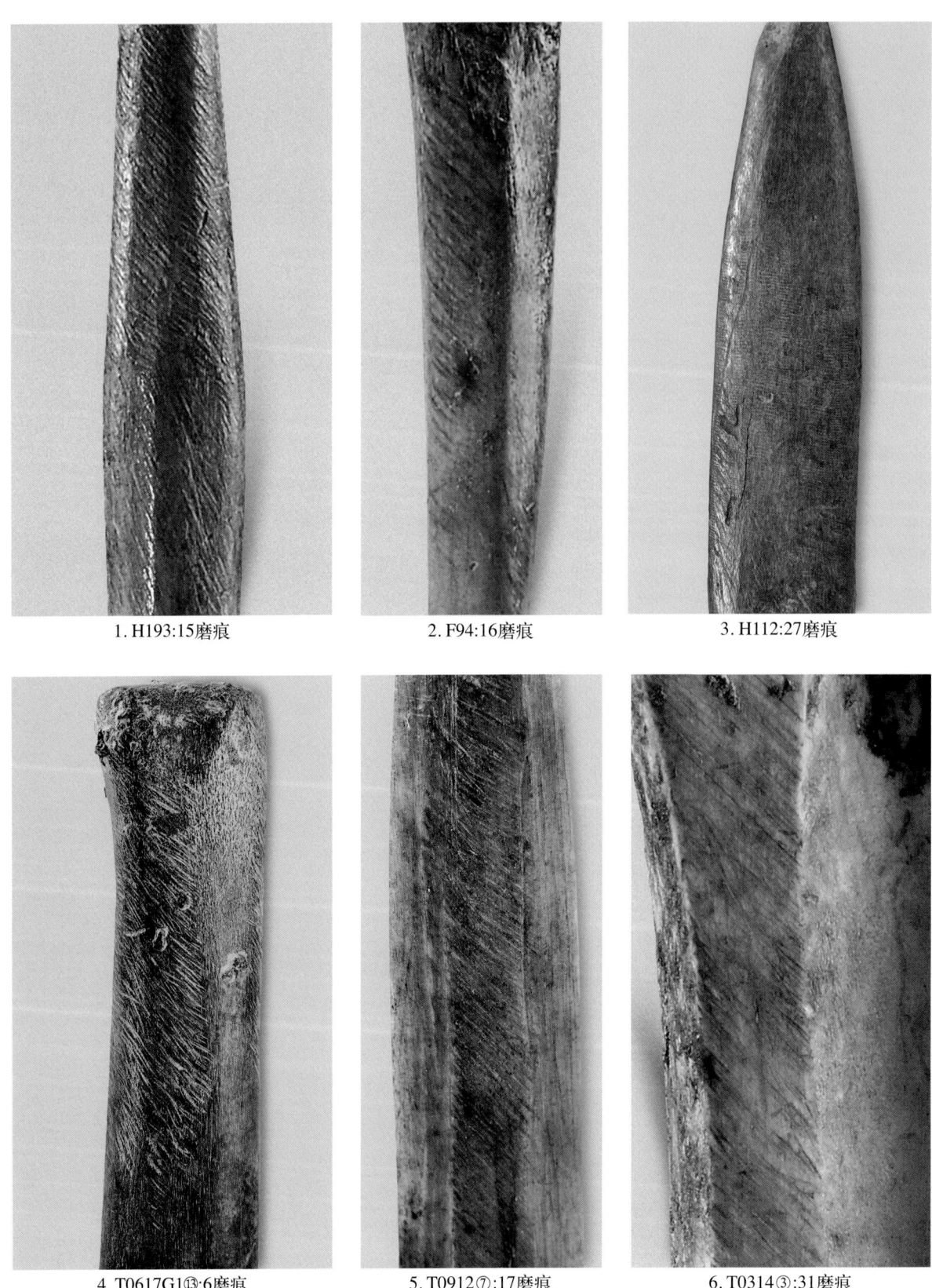

1. H193:15磨痕　　2. F94:16磨痕　　3. H112:27磨痕

4. T0617G1⑬:6磨痕　　5. T0912⑦:17磨痕　　6. T0314③:31磨痕

骨器制作痕迹

图版二〇七

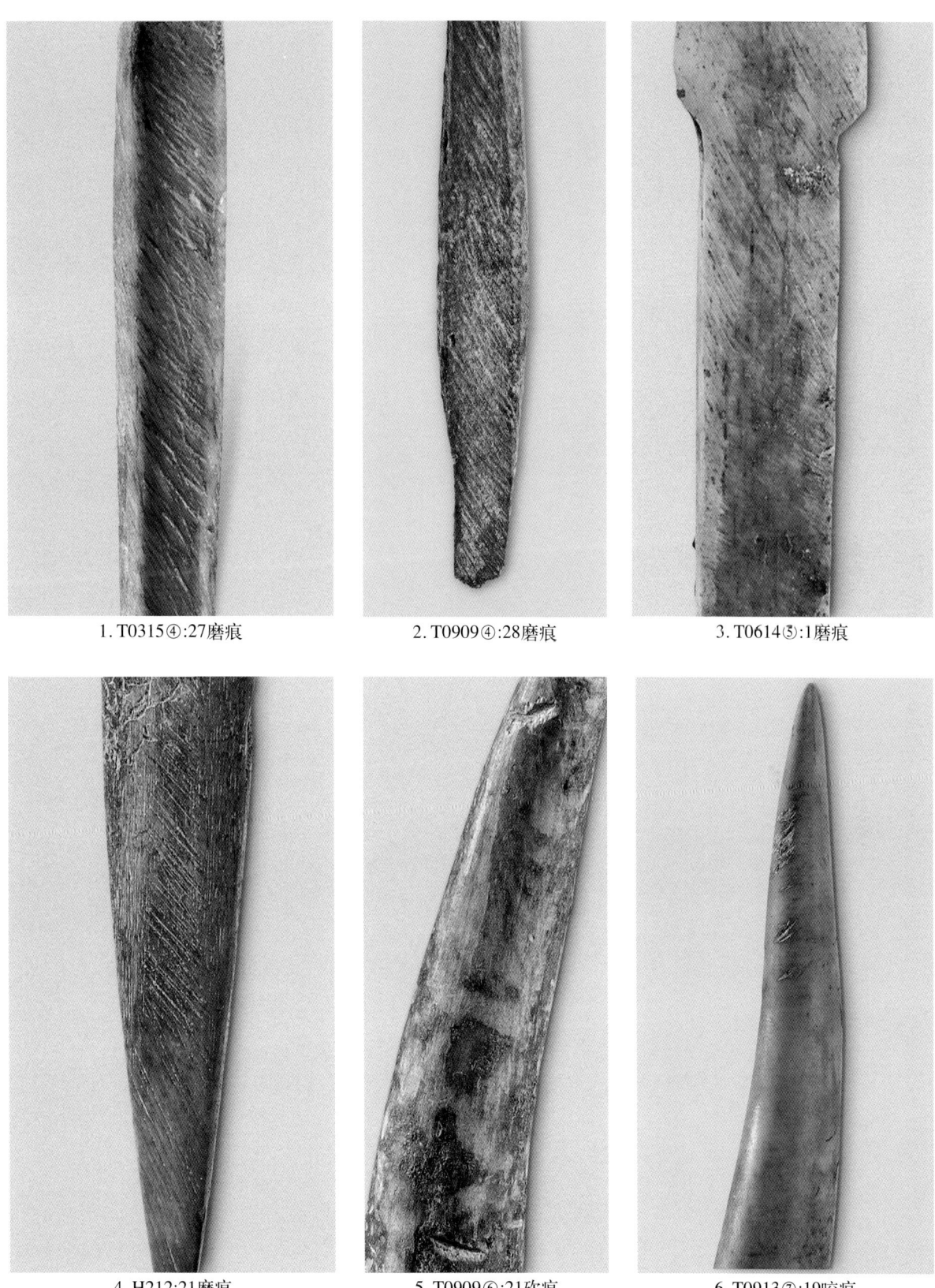

1. T0315④:27磨痕　　2. T0909④:28磨痕　　3. T0614⑤:1磨痕

4. H212:21磨痕　　5. T0909⑥:21砍痕　　6. T0913⑦:19咬痕

骨器制作痕迹与其他痕迹

图版二〇八

1. W122乳门齿（后面观）

2. W122乳门齿（上面观）

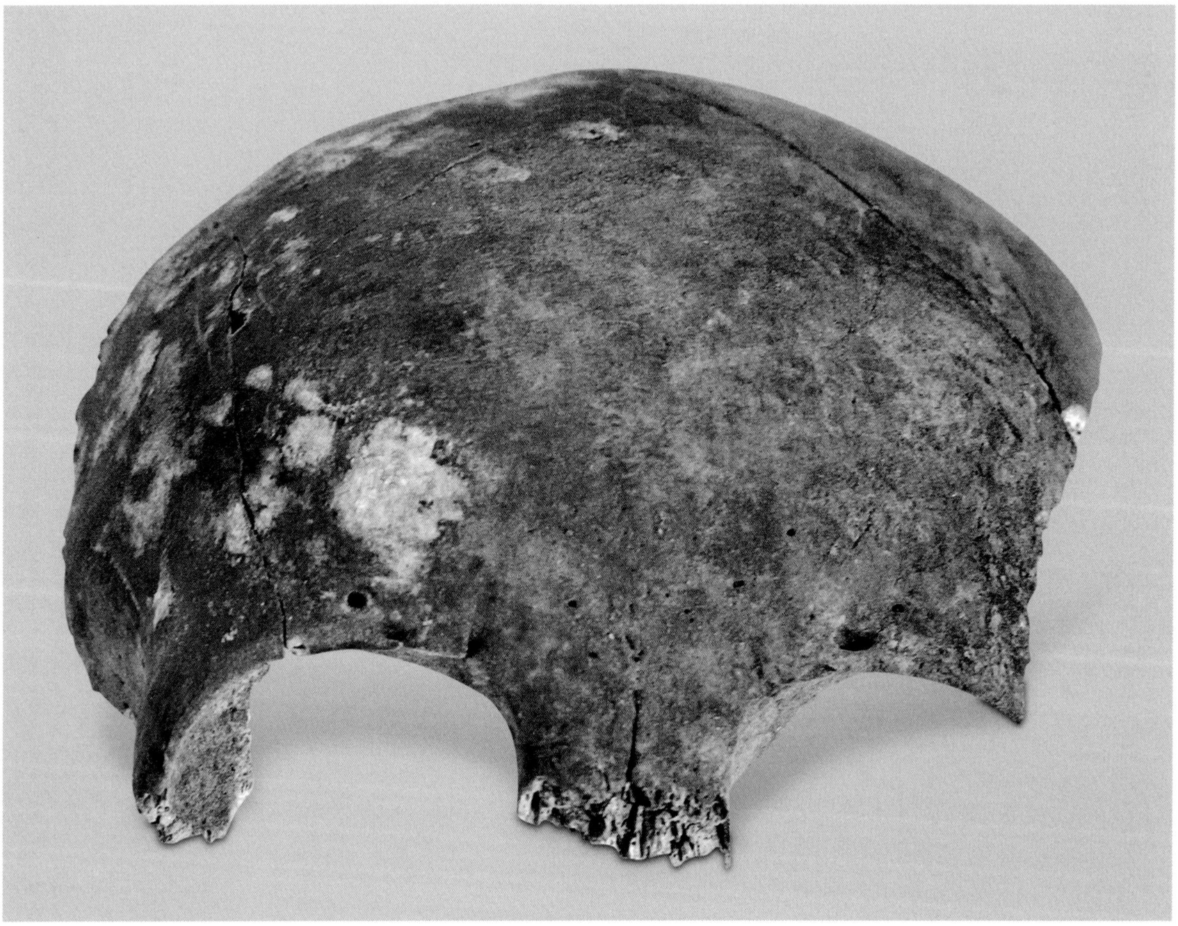

3. W12额部涂满朱砂

人骨

图版二〇九

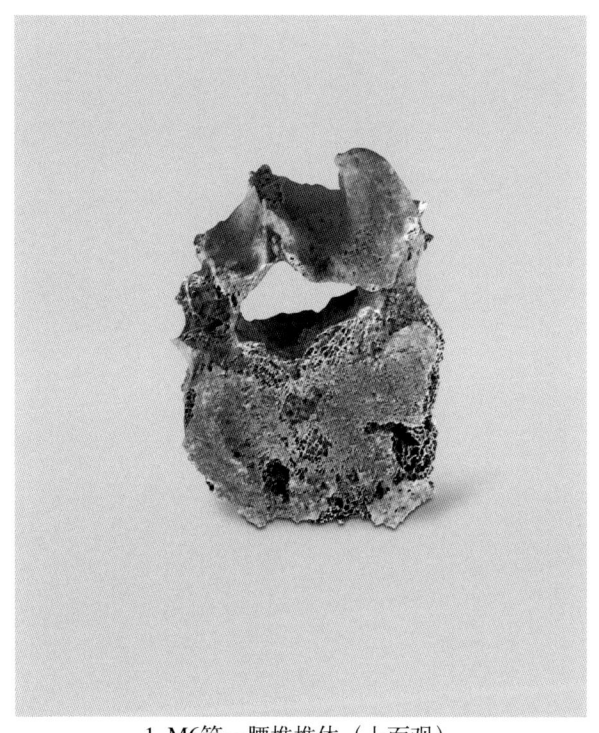

1. M6第一腰椎椎体（上面观）

2. M6第一腰椎椎体（前面观）

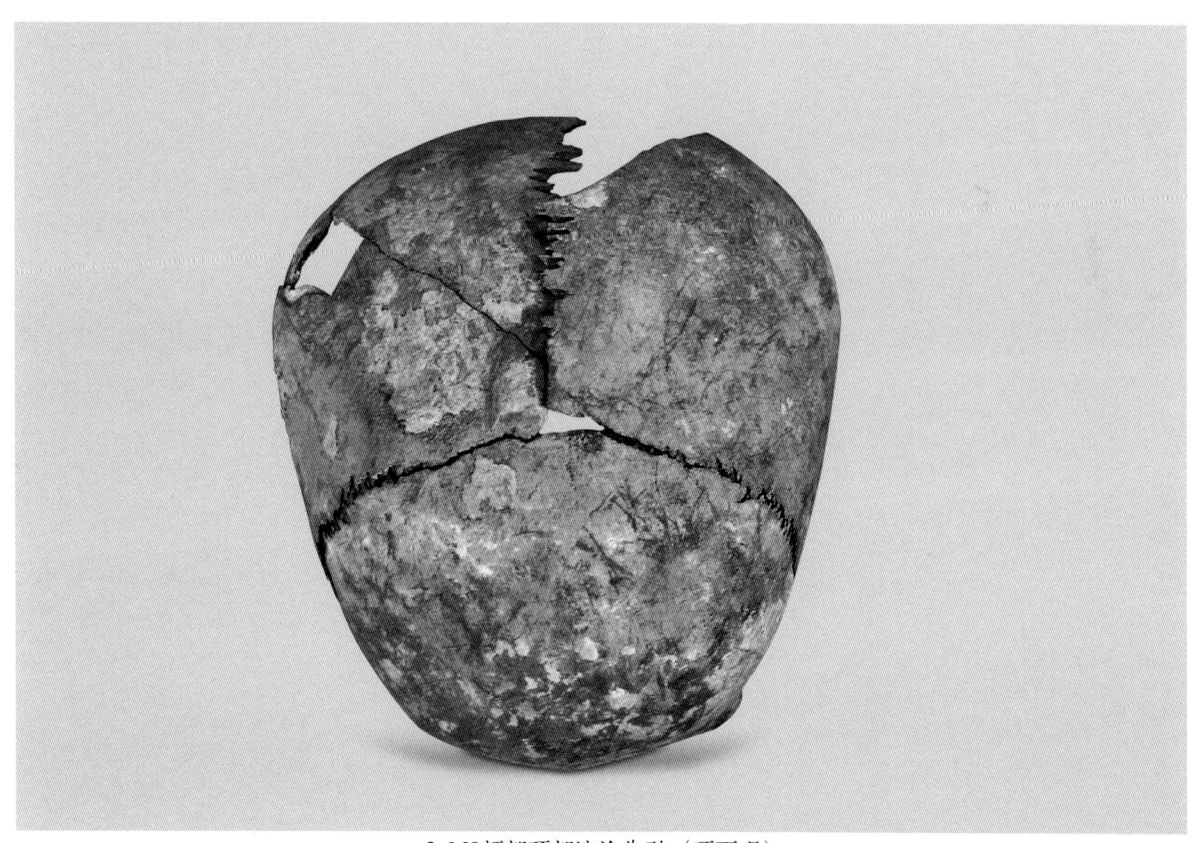

3. M8额部顶部遍涂朱砂（顶面观）

人骨

图版二一〇

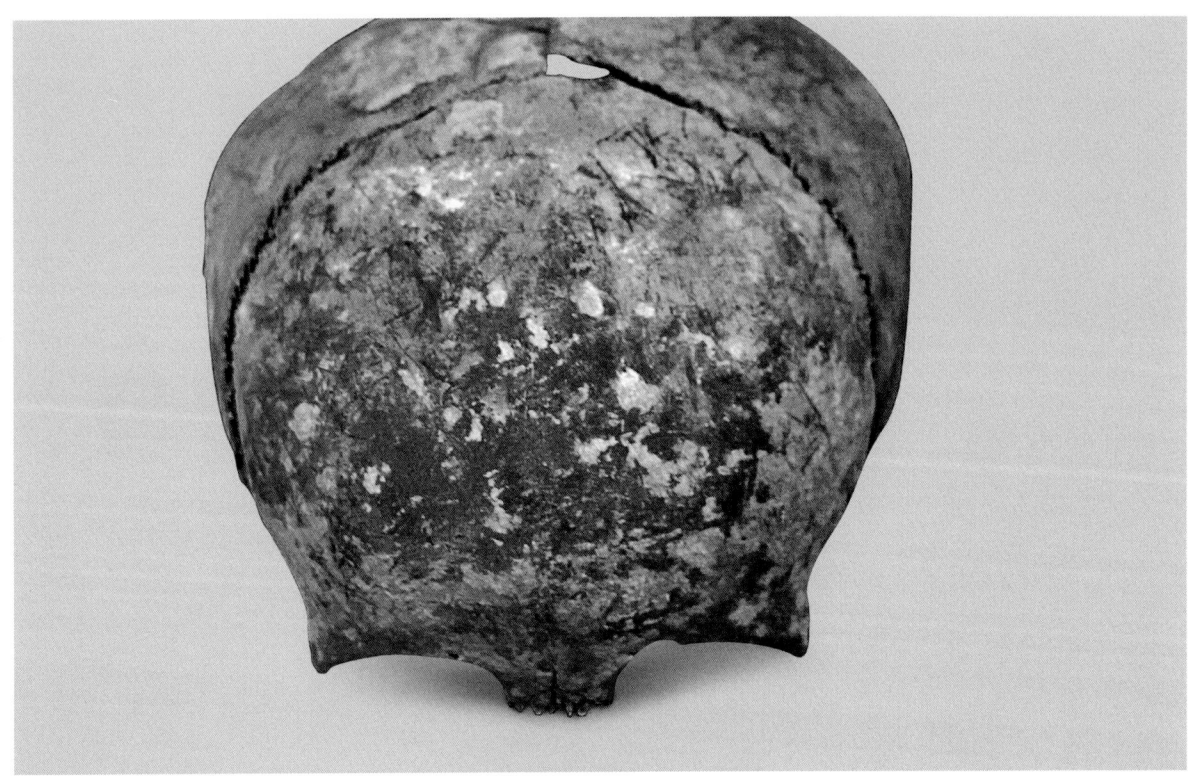

1. M8额部顶部遍涂朱砂（前面观）

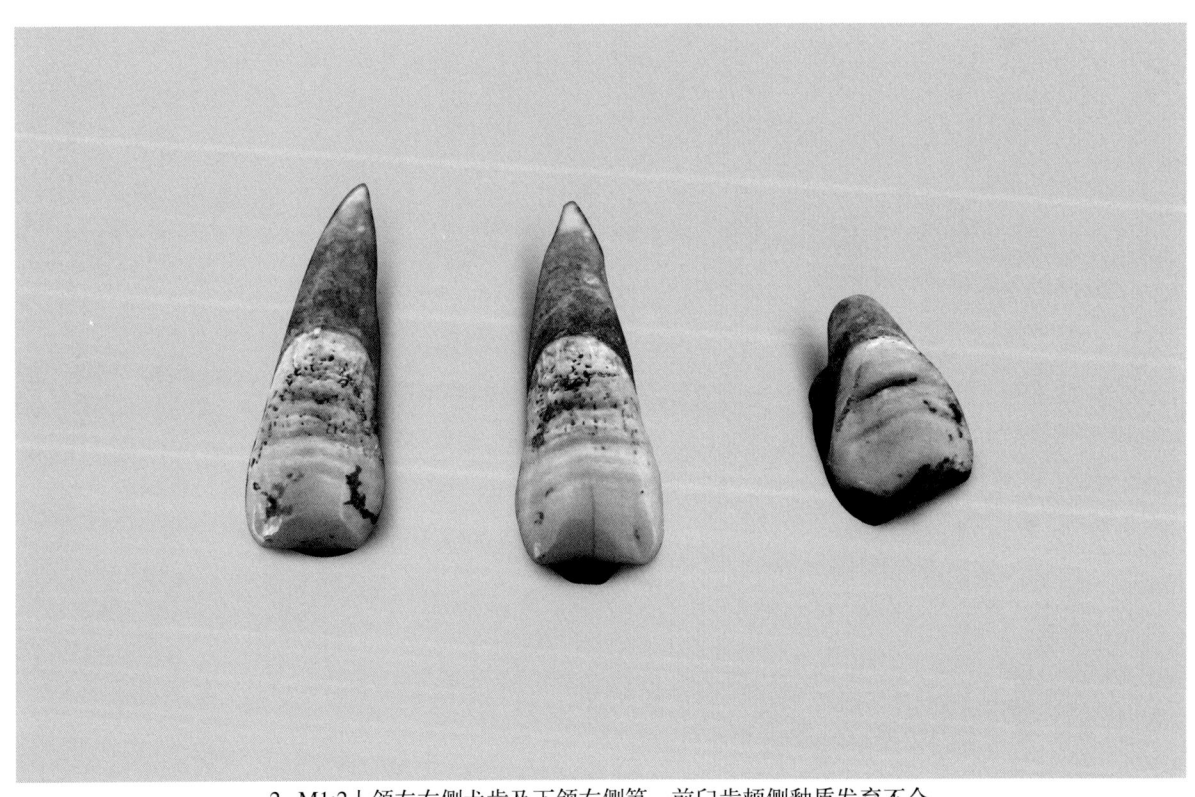

2. M1:2上颌左右侧犬齿及下颌右侧第一前臼齿颊侧釉质发育不全

人骨

图版二一一

1. 中华圆田螺ⅢH55③D:1
   背视、腹视

3. 蚌壳H152D:1外视

2. 圆顶珠蚌ⅢH109D:1
   外视

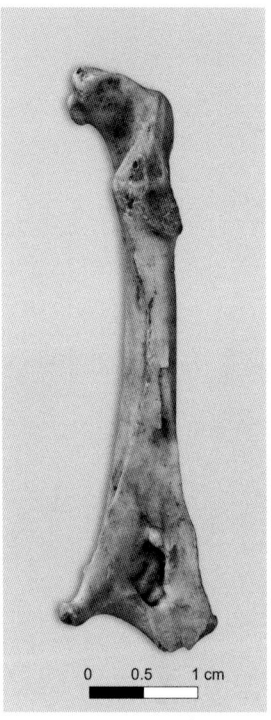
6. 环颈雉右乌喙骨
   ⅢH77D:2后视

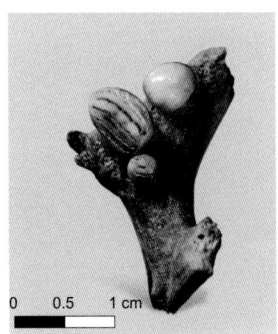
4. 鲤鱼咽齿ⅢF64D:1

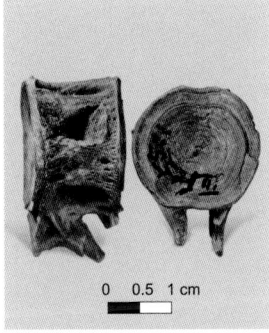
5. 鲤鱼脊椎ⅢF55D:1侧、
   前视

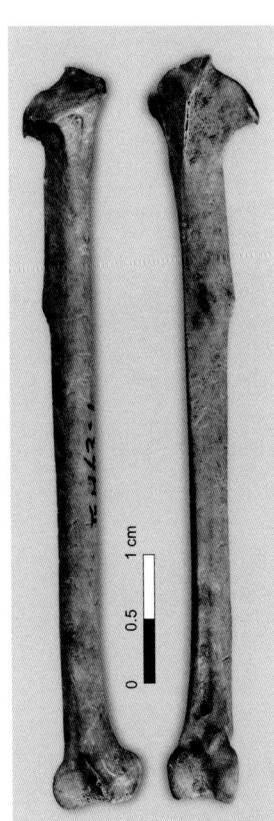
7. 环颈雉左胫骨ⅢH63D:1
   外、后视

8. 鸟胸骨ⅢH77D:1腹视

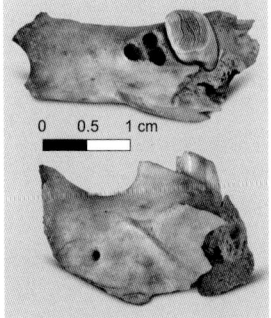
9. 中华竹鼠左下颌
   ⅢH77D:4嚼视、唇视

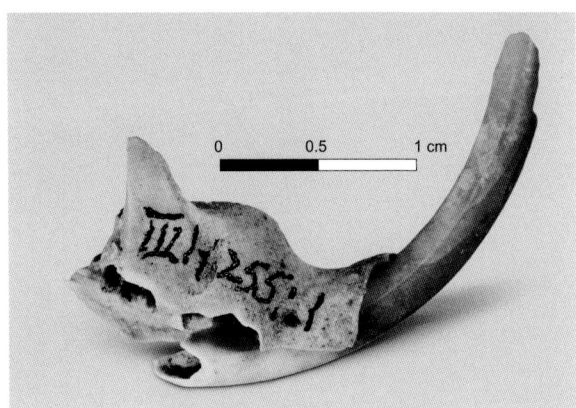
10. 中华鼢鼠ⅢH255D:1唇视

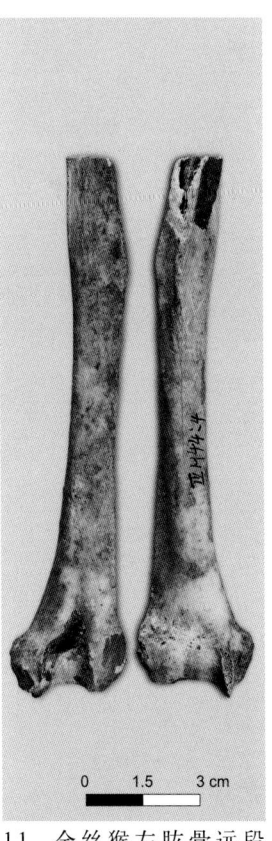
11. 金丝猴左肱骨远段
    ⅢH44D:4后、前视

动物骨

图版二一二

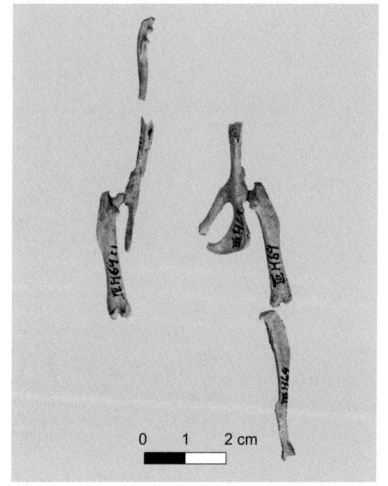
1. 褐家鼠残骨架ⅢH69D:1

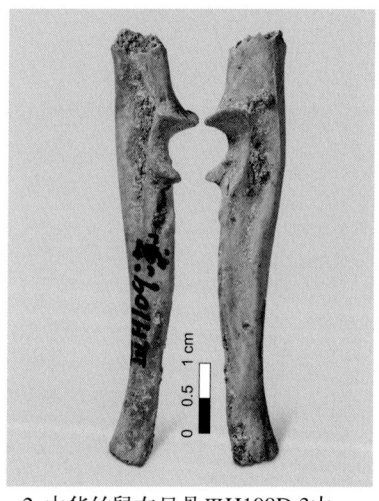
2. 中华竹鼠左尺骨ⅢH109D:3内、外视

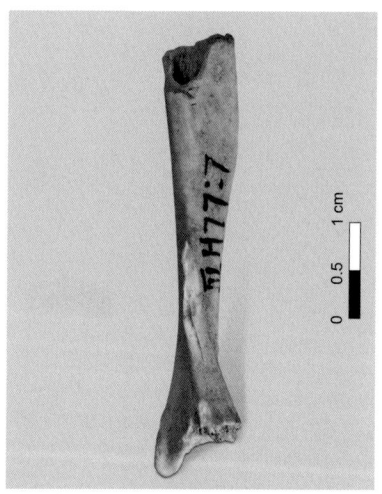
3. 中华竹鼠左胫骨远段ⅢH77D:7背视

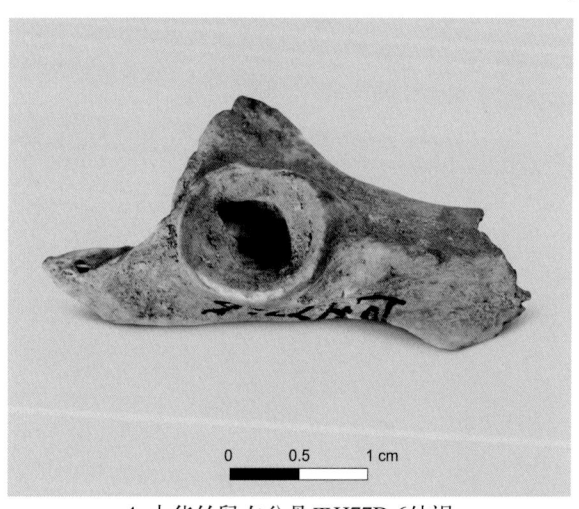
4. 中华竹鼠左盆骨ⅢH77D:6外视

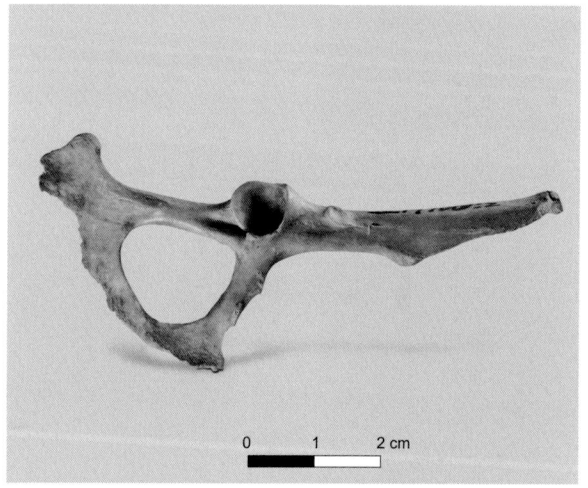
5. 草兔右盆骨ⅢH70②D:2外视

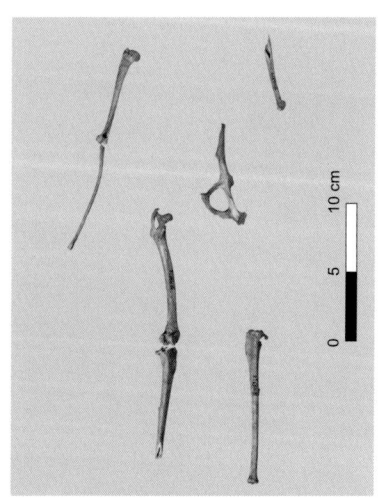
6. 草兔残骨架ⅢH63D:2

7. 草兔右肩胛ⅢZ9D:1外视

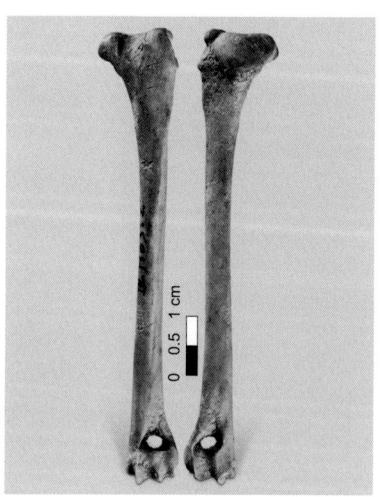
8. 草兔左肱骨ⅢH63D:2前、后视

动物骨

图版二一三

1. 草兔右桡骨ⅢH63D:2前后视

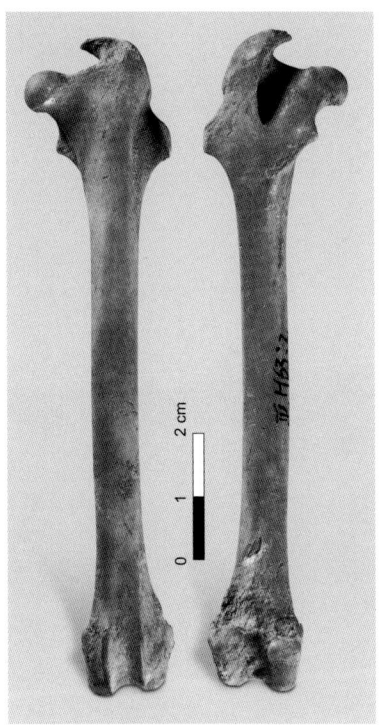

2. 草兔左股骨ⅢH63D:2前后视

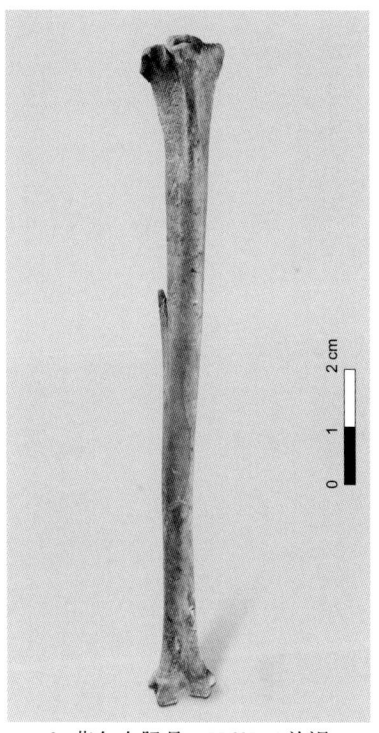

3. 草兔右胫骨ⅢH63D:2前视

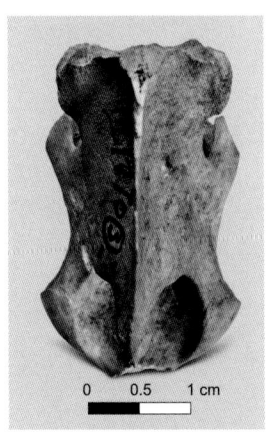

4. 狐狸枢椎ⅢH70③D:1 背视

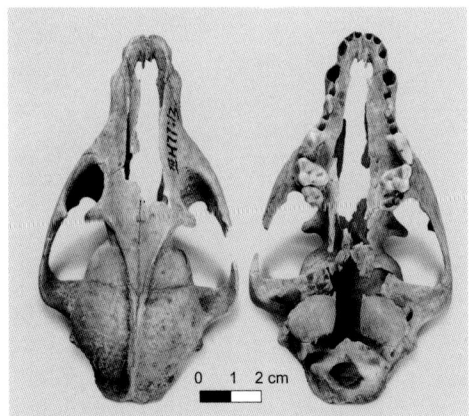

5. 貉头骨ⅢH77D:13背腹视

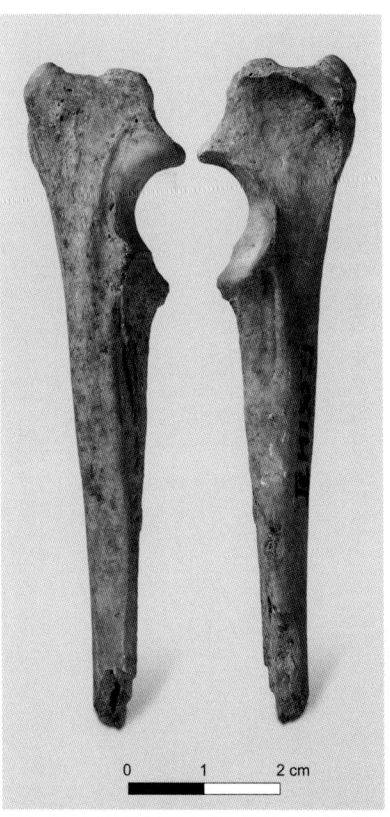

7. 狗右尺骨近段ⅢH135D:1内外视

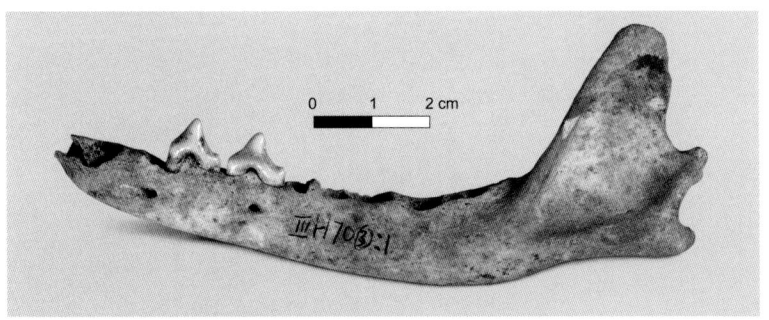

6. 狐狸左下颌ⅢH70③D:1唇视

动物骨

图版二一四

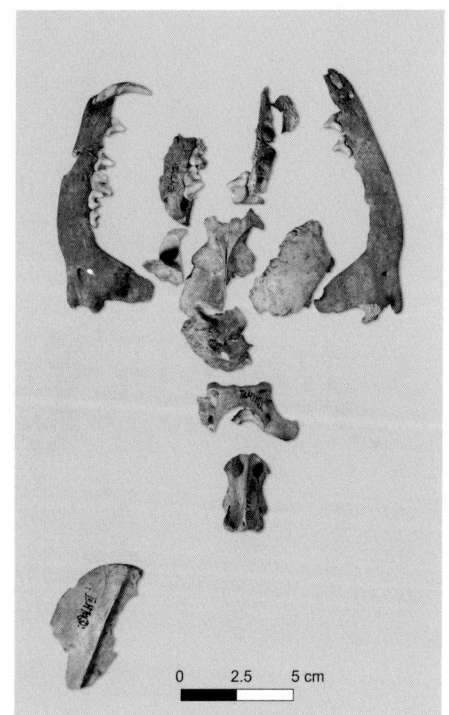

1. 狐狸残骨架ⅢH70③D:1

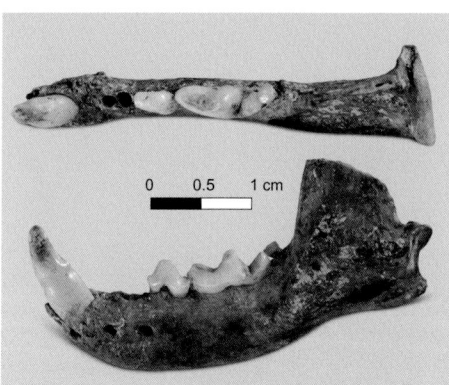

2. 黄鼬左下颌ⅢH48D:1嚼、唇面视

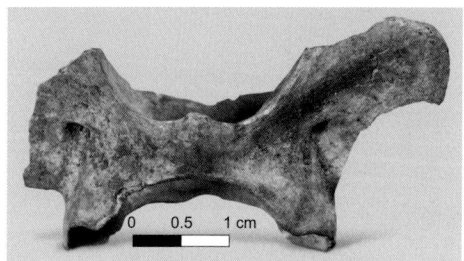

3. 狐狸寰椎ⅢH70③D:1腹视

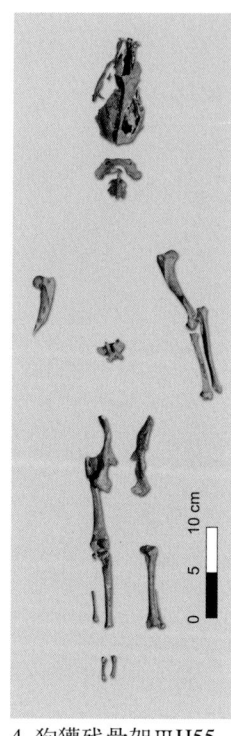

4. 狗獾残骨架ⅢH55③D:5

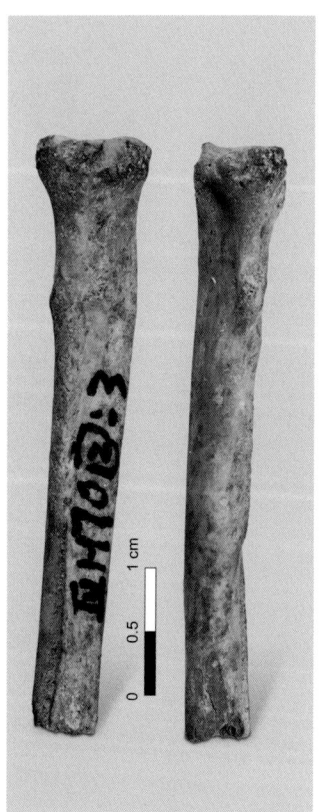

6. 貉左桡骨ⅢH70②D:3前、后视

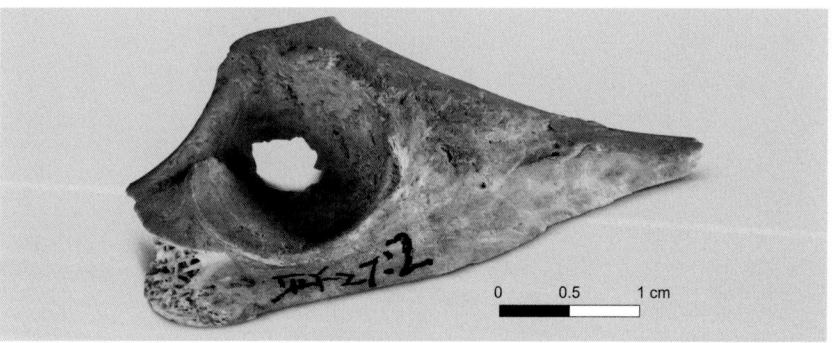

7. 貉左盆骨ⅢF27D:2外视

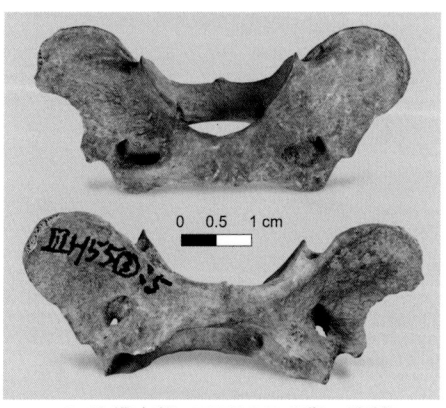

8. 狗獾寰椎ⅢH55③D:5背、腹视

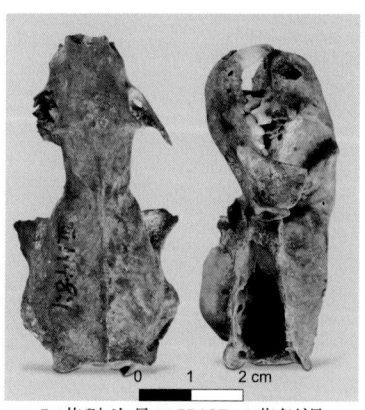

5. 黄鼬头骨ⅢH48D:1背侧视

动物骨

图版二一五

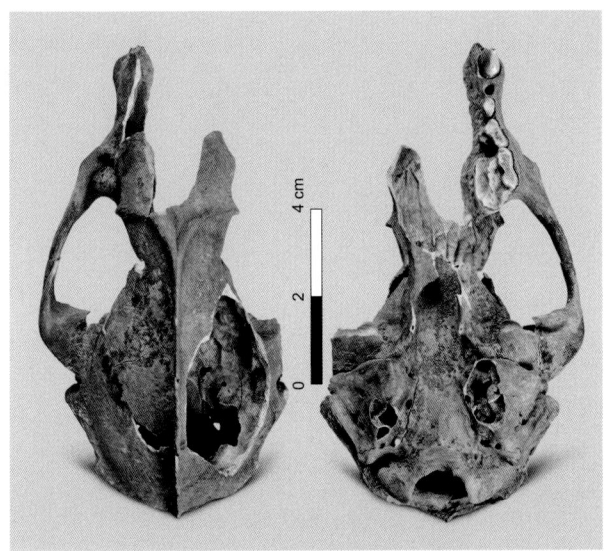
1. 狗獾头骨ⅢH55③D:5背、腹视

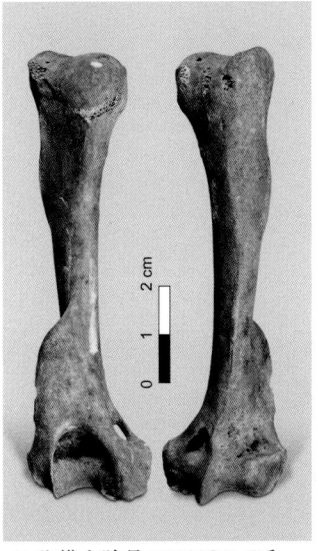
2. 狗獾左肱骨ⅢH55③D:5后、前视

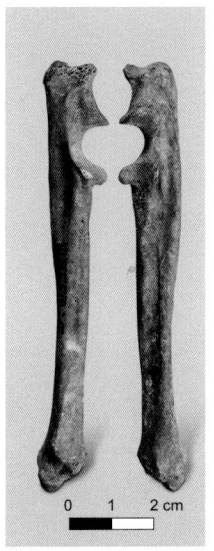
3. 狗獾左尺骨ⅢH55③D:5内、外视

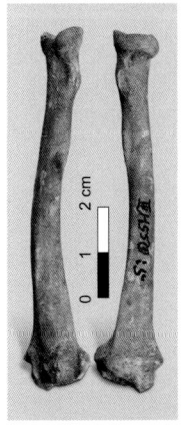
4. 狗獾左桡骨ⅢH55③D:5前、后视

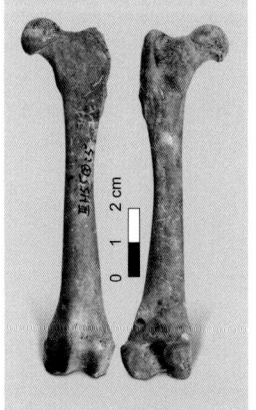
5. 狗獾左股骨ⅢH55③D:5前、后视

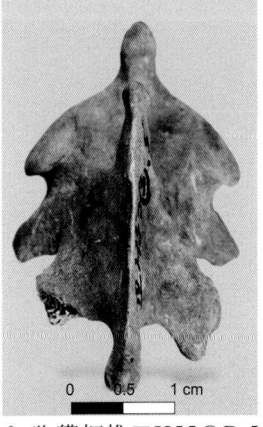
6. 狗獾枢椎ⅢH55③D:5背视

8. 猫右尺骨近段ⅢH109D:4外视

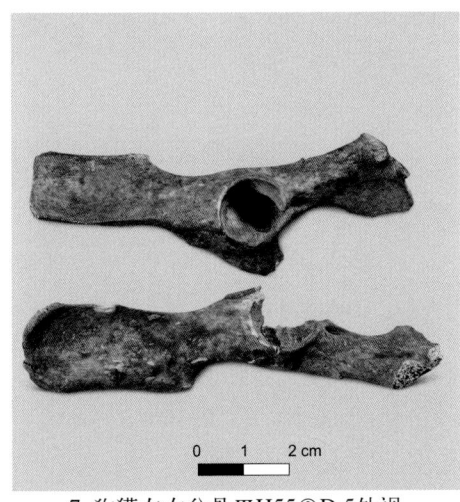
7. 狗獾左右盆骨ⅢH55③D:5外视

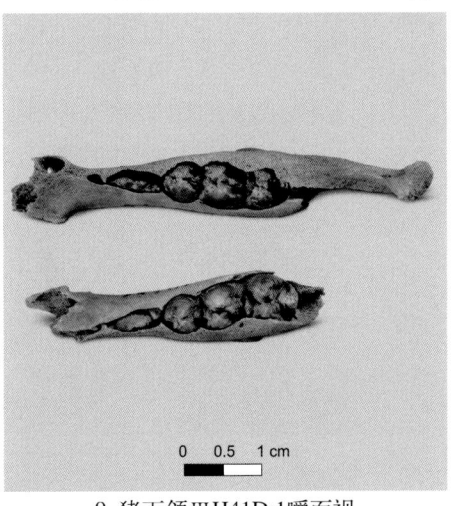
9. 猪下颌ⅢH41D:1嚼面视

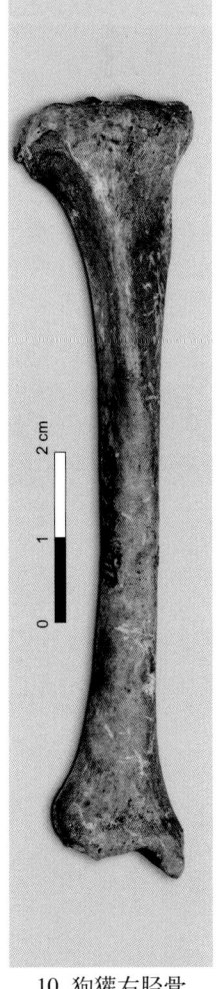
10. 狗獾右胫骨ⅢH55③D:5前视

动物骨

图版二一六

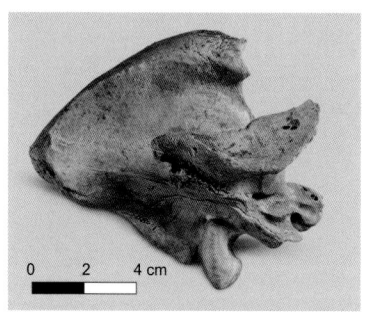
1. 猪右侧头骨残块ⅢH180D:1外视

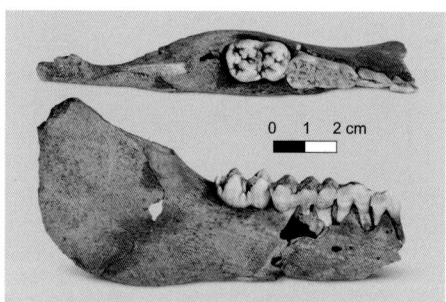
2. 猪右下颌ⅢH41D:2嚼、唇面视

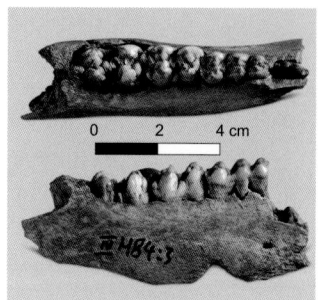
3. 猪右下颌ⅢH84D:3嚼、唇面视

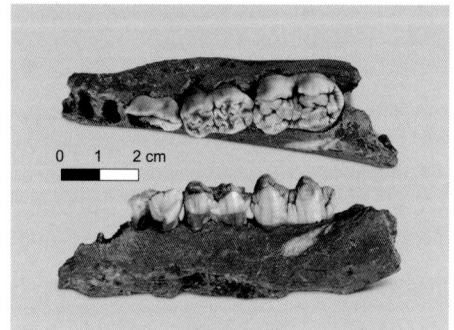
4. 猪左下颌ⅢF44D:1嚼、唇面视

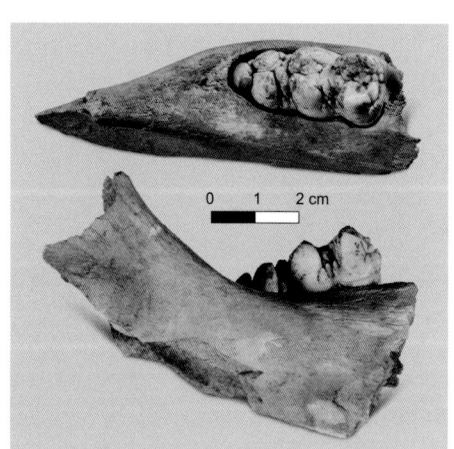
5. 猪右下颌ⅢF27D:7嚼、唇面视

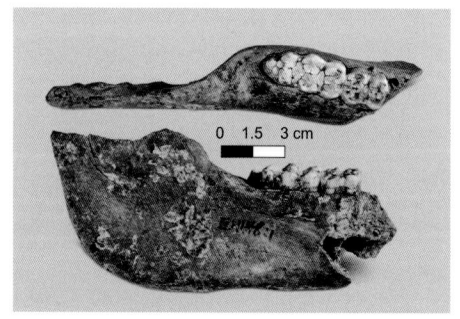
6. 猪右下颌ⅢH148D:1嚼、唇面视

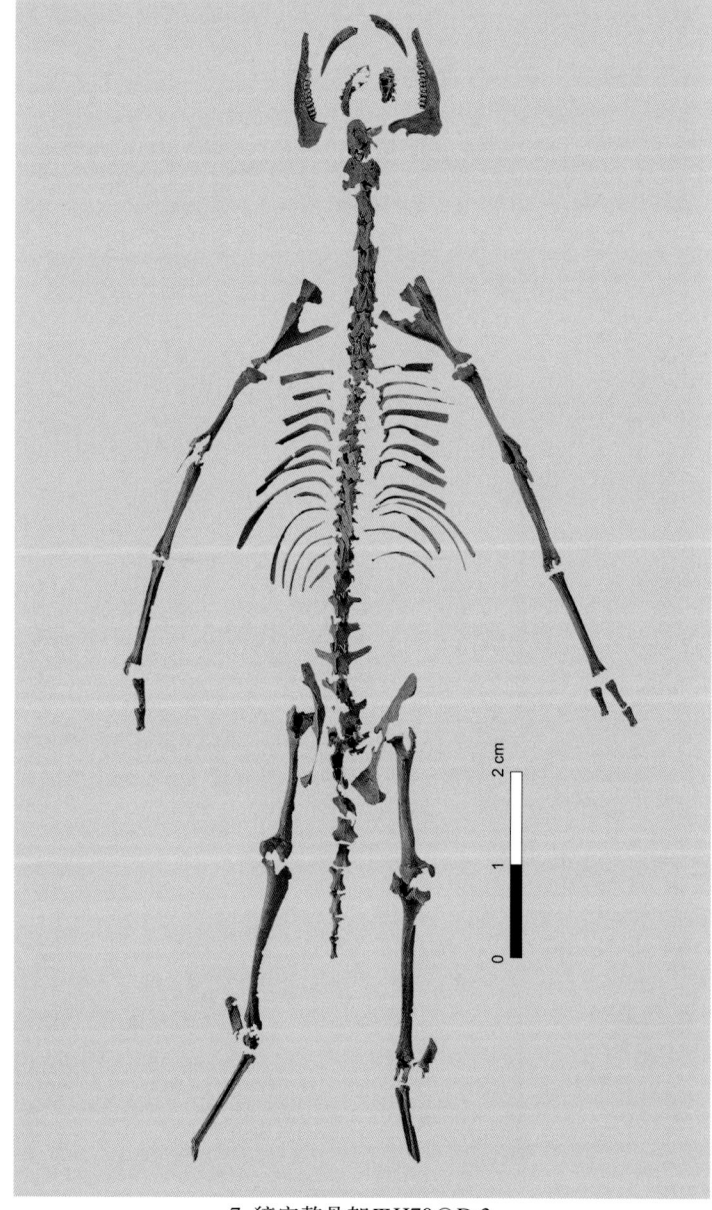
7. 獐完整骨架ⅢH70①D:3

动物骨

图版二一七

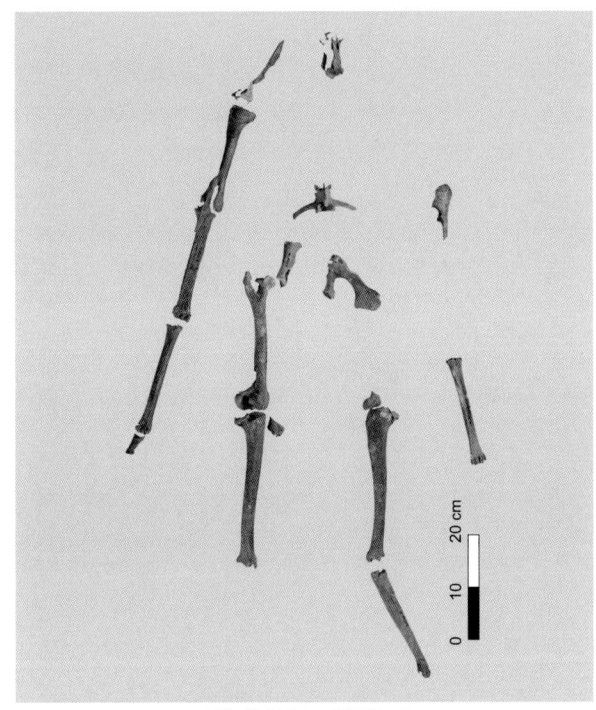
1. 獐残骨架ⅢH63D:3

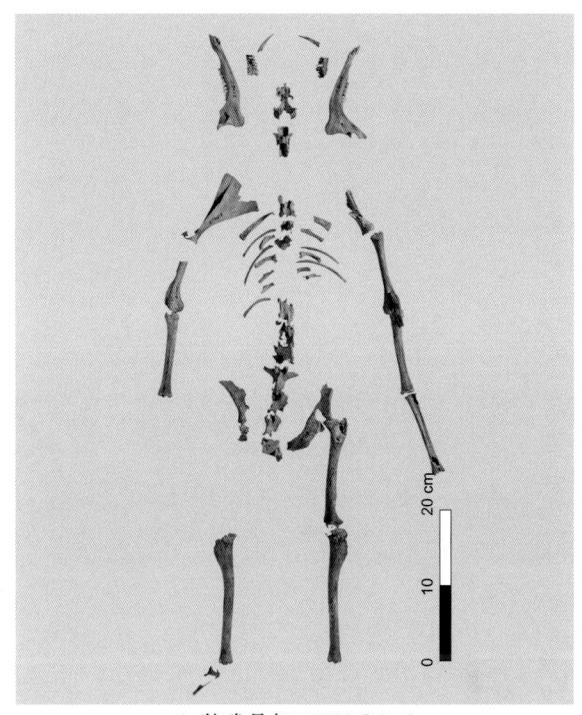
2. 獐残骨架ⅢH70②D:5

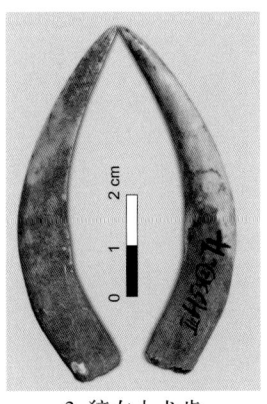
3. 獐左上犬齿
ⅢH55②D:4内、外视

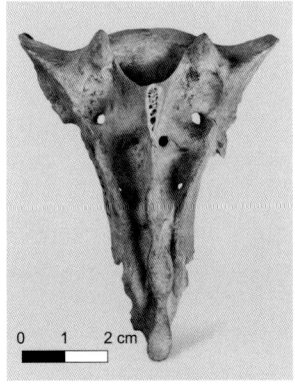
4. 獐荐椎ⅢH77D:57背视

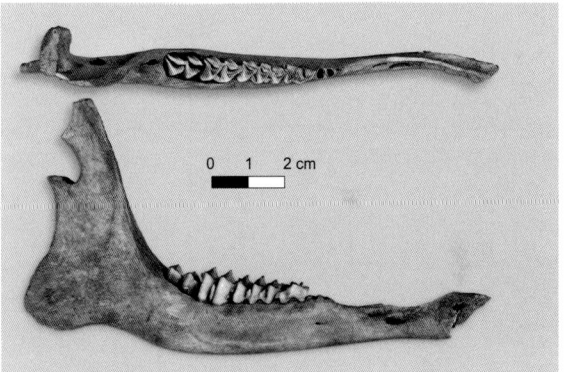
5. 獐右下颌ⅢH70①D:3嚼、唇面视

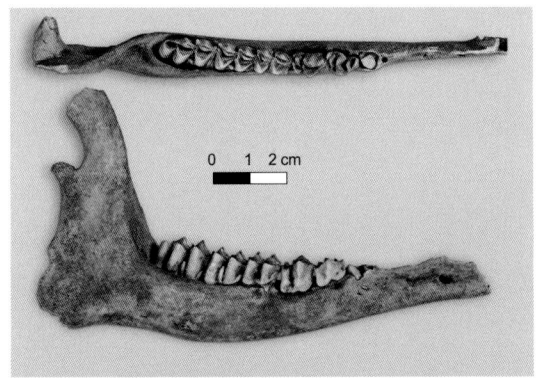
6. 獐右下颌ⅢH70②D:5嚼、唇面视

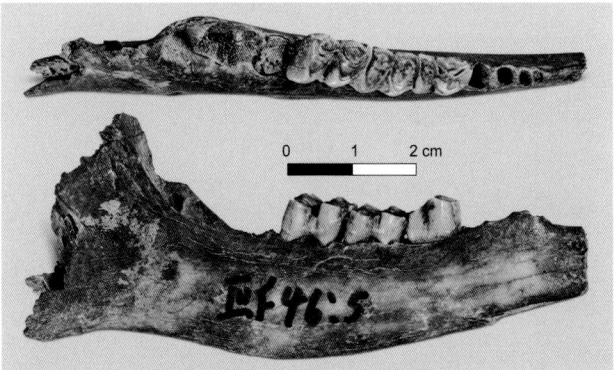
7. 獐右下颌ⅢF46D:5嚼、唇面视

动物骨

图版二一八

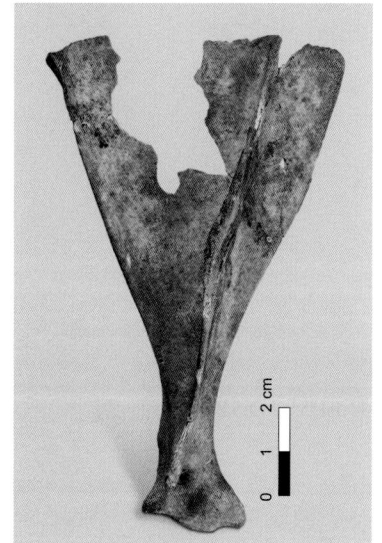

1. 獐右肩胛ⅢH70①D:3外视

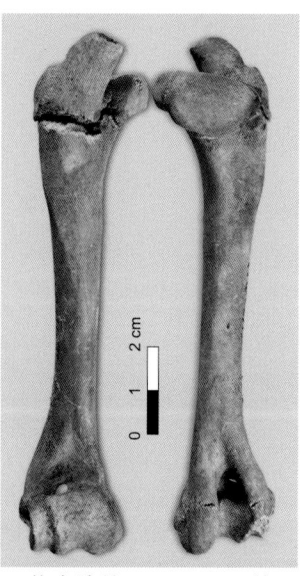

2. 獐右肱骨ⅢH70①D:3前、后视

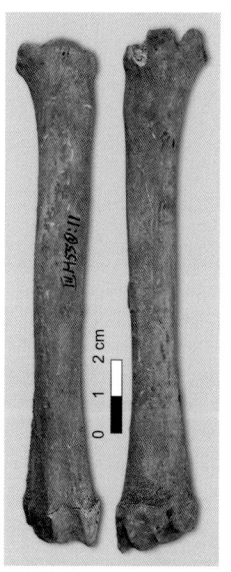

3. 獐右桡骨ⅢH55②D:11前、后视

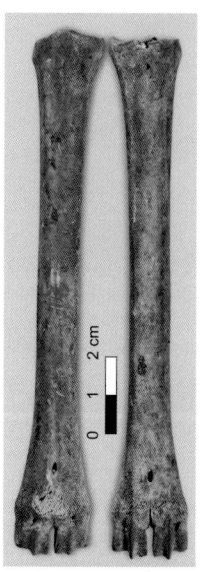

4. 獐右掌骨ⅢH55②D:17背、掌面视

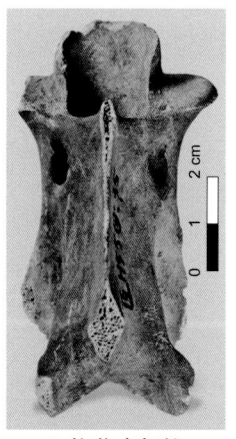

5. 梅花鹿枢锥ⅢH55②D:35背视

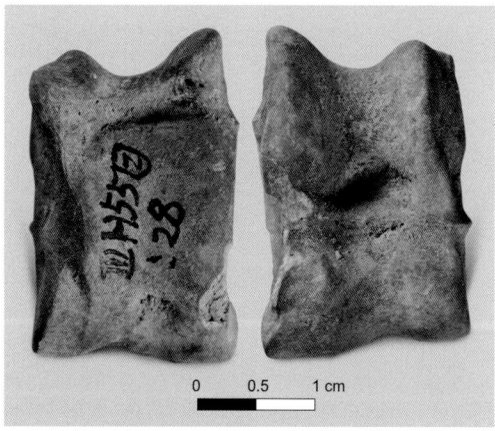

7. 獐距骨ⅢH55②D:28后、前视

8. 獐中央跗骨ⅢH55②D:31腹、背视

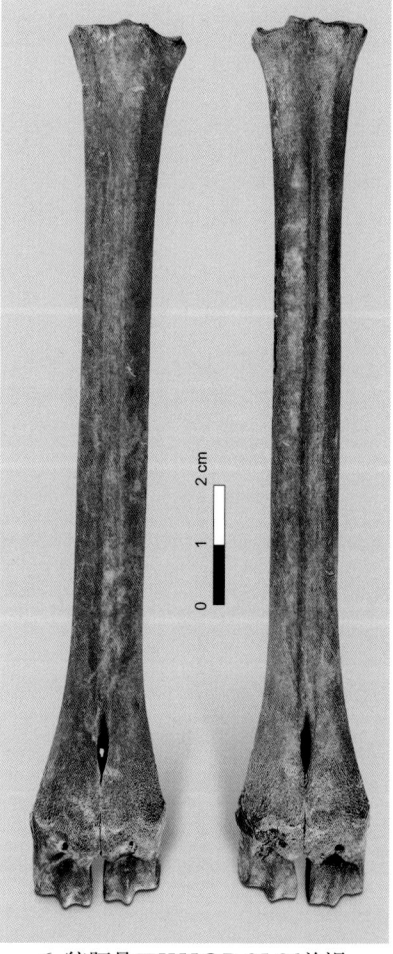

6. 獐跖骨ⅢH55②D:25-26前视

动物骨

图版二一九

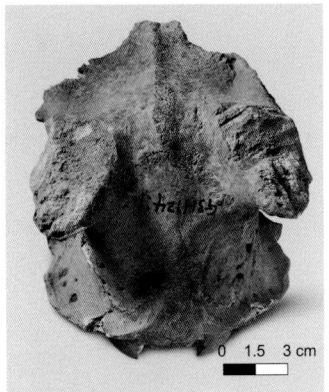
1. 梅花鹿头骨TG3H124D:1 背视

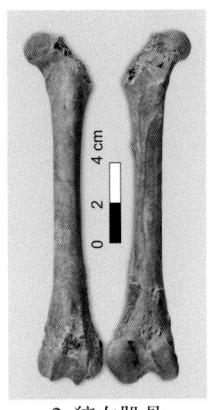
2. 獐左股骨 ⅢH55①D:28前、后视

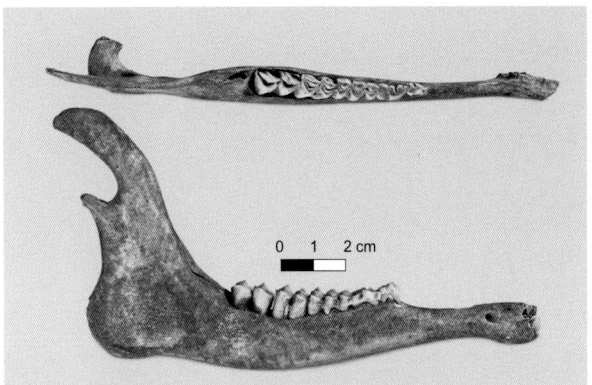
3. 梅花鹿右下颌ⅢH55③D:51嚼、唇面视

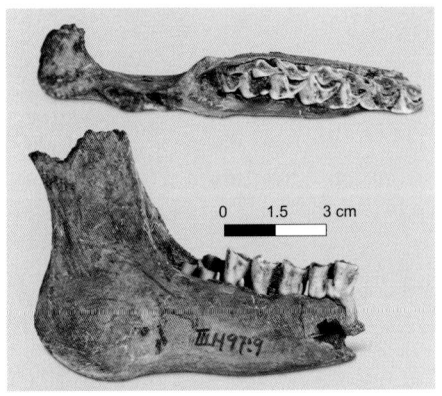
4. 梅花鹿右下颌ⅢH97D:9嚼、唇面视

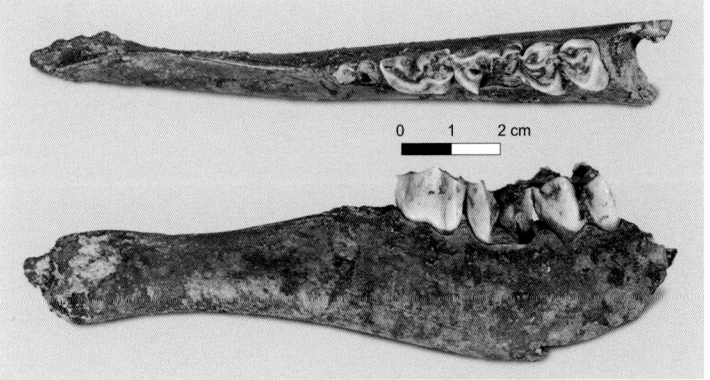
5. 梅花鹿左下颌ⅢH229D:2嚼、唇面视

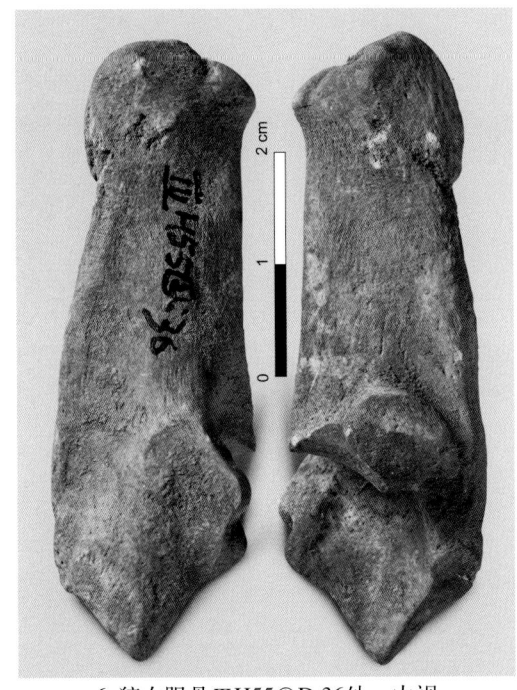
6. 獐右跟骨ⅢH55②D:36外、内视

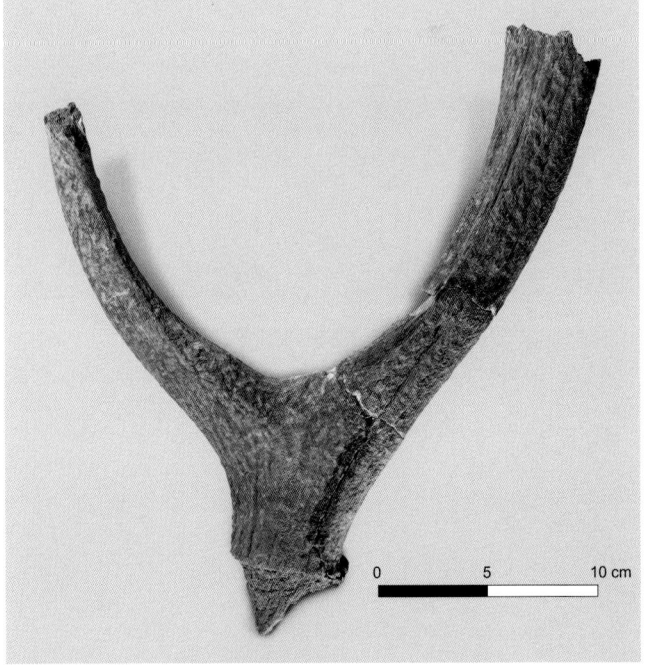
7. 梅花鹿残右角ⅢH55③D:49外视

动物骨

图版二二〇

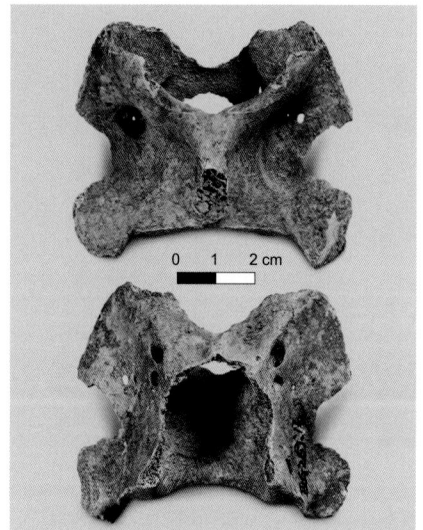

1. 梅花鹿寰椎ⅢG2⑤D:12背、腹视

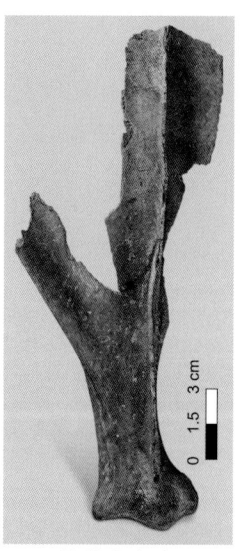

2. 梅花鹿右肩胛ⅢH86D:12外视

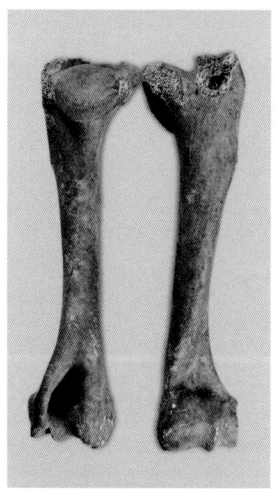

3. 梅花鹿左肱骨ⅢH55②D:38后、前视

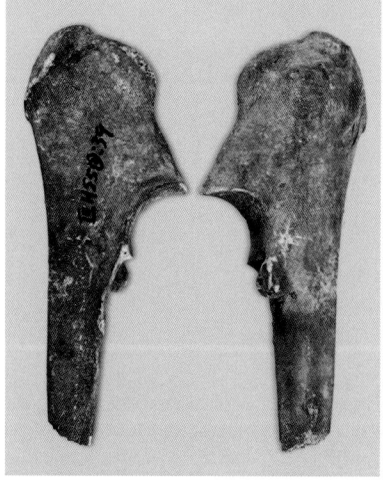

4. 梅花鹿左尺骨ⅢH55②D:39内、外视

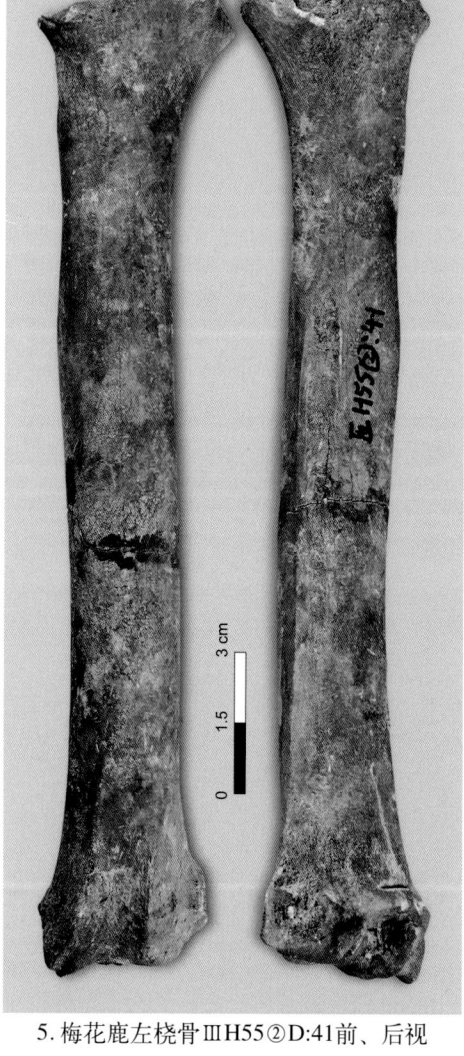

5. 梅花鹿左桡骨ⅢH55②D:41前、后视

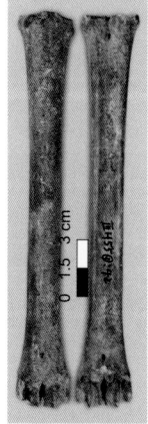

6. 梅花鹿左掌骨ⅢH55②D:42背、掌面视

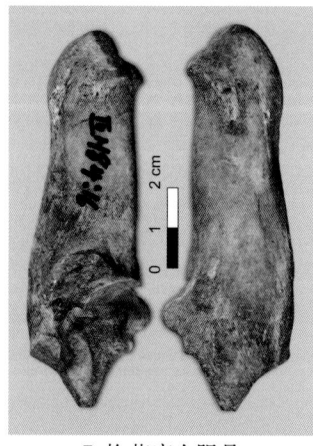

7. 梅花鹿左跟骨ⅢH84D:16内、外视

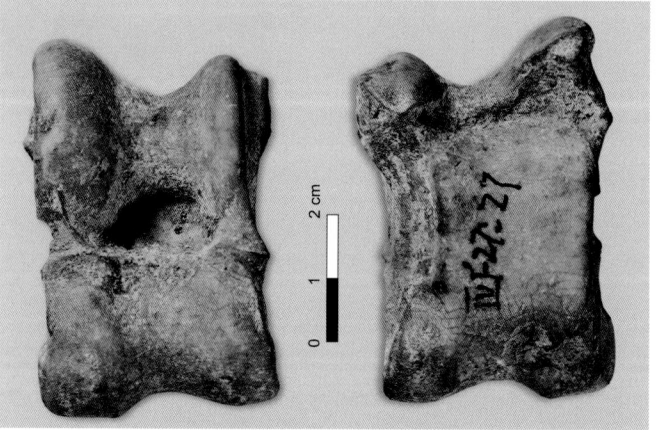

8. 梅花鹿右距骨ⅢF27D:27前、后视

动物骨

图版二二一

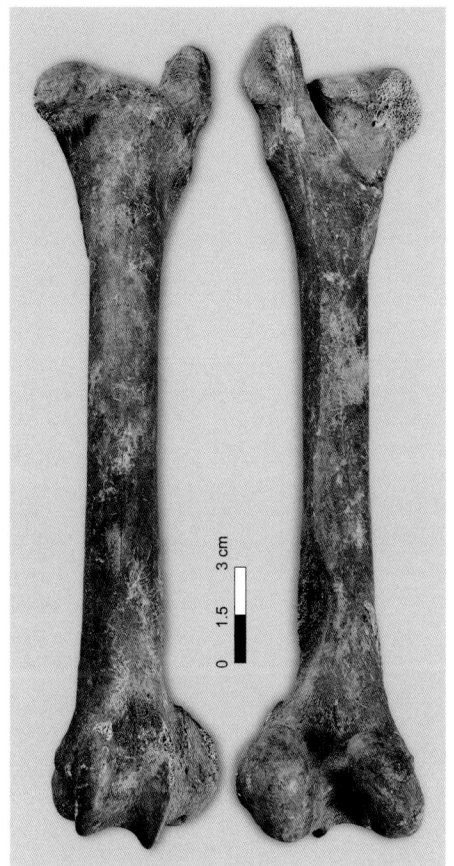

1. 梅花鹿左股骨ⅢH55②D:46前、后视

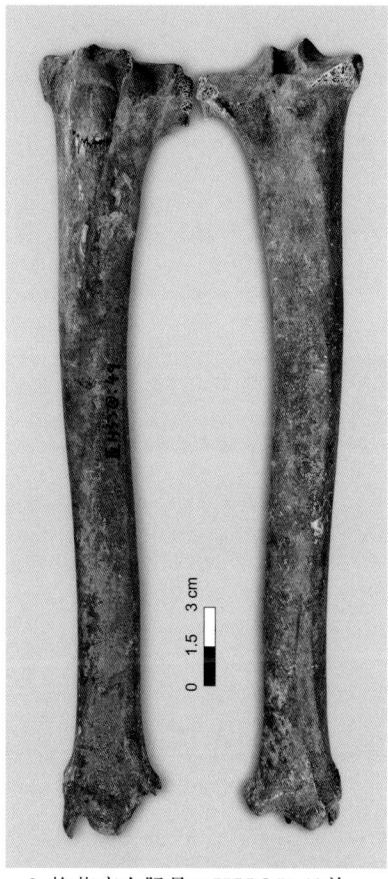

2. 梅花鹿左胫骨ⅢH55②D:49前、后视

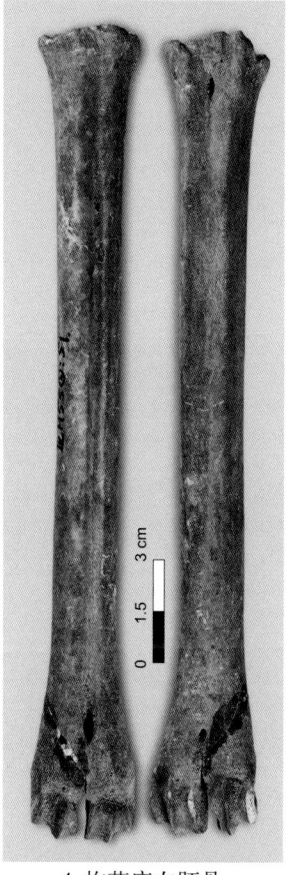

4. 梅花鹿左跖骨ⅢH55②D:51背、掌面视

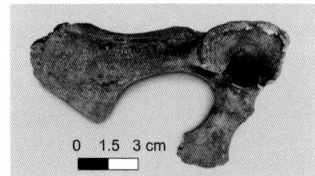

3. 梅花鹿右盆骨ⅢH55②D:45外视

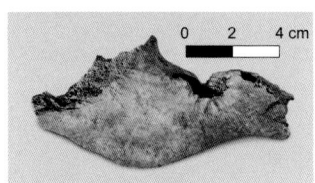

5. 猪残左盆骨ⅢF27D:14上的咬痕

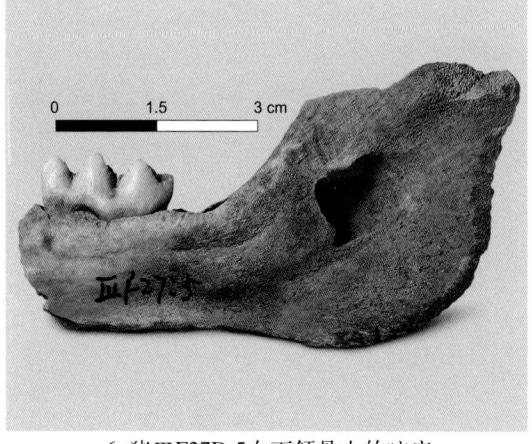

6. 猪ⅢF27D:5右下颌骨上的咬痕

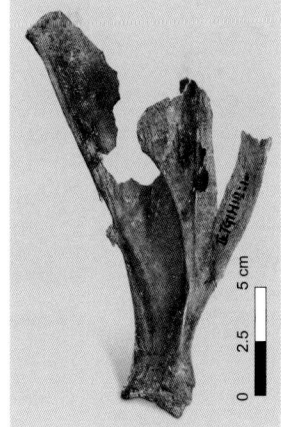

7. 猪肩胛骨病理ⅢTG1H112D:10

动物骨

科学出版社互联网入口　赛博古二维码

文物考古分社
部门：(010) 64010983
部门E-mail：arch@mail.sciencep.com

www.sciencep.com

ISBN 978-7-03-044319-9

定价：1800.00元（全四册）